第十六卷．漢詩研究

第十七卷．建安詩研究

第十八卷．魏晉詩研究

方祖燊全集

（七）

國家圖書館出版品預行編目資料

方祖燊全集 / 方祖燊著. -- 初版. -- 臺北市：文史哲, 民 85-88
冊： 公分
ISBN 957-549-044-4 (一套：平裝). -- ISBN 957-549-221-8 (第五冊：平裝). -- ISBN 957-549-222-6 (第六冊：平裝). -- ISBN 957-549-223-4 (第七冊：平裝). -- ISBN 957-549-224-2 (第八冊：平裝). -- ISBN 957-549-225-0 (第九冊：平裝). -- ISBN 957-549-226-9 (第十冊：平裝). -- ISBN 957-549-227-7 (第十一冊：平裝). -- ISBN 957-549-228-5 (第十二冊：平裝). -- ISBN 957-549-229-3(第十三冊：平裝)

089.86　　85013624

方祖燊全集・七

漢詩、建安詩、魏晉詩研究

著　者：方　祖　燊
出版者：文　史　哲　出　版　社
登記證字號：行政院新聞局版臺業字五三三七號
發行人：彭　正　雄
發行所：文　史　哲　出　版　社
印刷者：文　史　哲　出　版　社
臺北市羅斯福路一段七十二巷四號
郵政劃撥帳號：一六一八〇一七五
電話 886-2-23511028・傳眞 886-2-23965656

實價新臺幣三〇〇元

中華民國八十八年七月初版

ISBN 957-549-223-4

漢詩研究、建安詩研究、魏晉詩研究

自序

一九六一年(民國五十年)，我完成《建安詩研究》，約七萬言，屬於斷代詩史的研究，也是我在師大升講師的論著。接著，我開始蒐集研究漢詩的資料，目耕手耘，常工作至深夜，採用二百多種典籍，筆鈔數千頁稿紙；由於過去細讀各家文學史，發現有關「漢古詩十九首」、「枚乘五言詩」、「李陵、蘇武五言詩」、「班婕妤怨歌行」及「漢武帝柏梁臺詩」的論述，有許多地方令我置疑。經過三、四年努力，到一九六五年(民國五十四年)我寫成〈漢五言詩作者與時代問題的辨疑與新證〉、〈漢武帝柏梁臺詩考〉、〈漢朝詩歌形式的研究〉、〈漢朝樂府詩的簡史與解題〉四篇論文，約二十萬字，彙成《漢詩研究》；我也因此升為副教授。我接著又研究「魏晉詩」與「宋齊詩」。一九七一年(民國六十年)，因這兩部分的論著，我升為教授。

這些古典詩研究的著作，都跟我升等有關，可以說都是我心血的結晶。一九六七年(民國五十六年)六月，「漢詩」與「建安詩」合編一起，書名《漢詩研究》，由正中書局出版。這是我的第一本論文。「魏晉詩」在一九七三年(民國六十二年)，由蘭臺書局出版，書名《魏晉時代詩人與詩歌》。

《漢詩研究》二版之後，早就不再印了，跡近絕版。蘭臺書局已經歇業，《魏晉時代詩人與詩歌》也已經無處購買。在一九八九年（民國七十八年），我將《漢詩研究》中的「古詩十九首」、「李陵、蘇武詩」重加增補，和「魏晉宋齊詩」部分的論文：〈陶淵明的生活及其作品〉、〈謝康樂評傳〉、〈山水詩人謝玄暉〉一起收進了《談詩錄》（東大圖書公司出版）。去年，我又將〈漢朝樂府詩的簡史與解題〉一篇，編進《方祖燊全集》第三冊裡。

《方祖燊全集》第七冊，包括《漢詩研究》、《建安詩研究》、《魏晉詩研究》三部分，所收論文都是前述的舊著。只有「漢詩研究」不包括原有「古詩十九首」、「李陵、蘇武詩」；各位如果想參看那兩部分的文字，則請向台北東大圖書公司購買。不便之處，還請鑒諒。至《建安詩》、《魏晉詩》則完全保持原貌，沒有更動。

方祖燊　序於一九九九年花園新城桃林樓

漢詩研究．建安詩研究．魏晉詩研究

漢詩研究目次

建安詩研究　目次

魏晉詩研究　目次

漢詩研究

梁容若序

從民國三十九年九月起，祖燊在臺灣省立師範學院，開始從我讀中國文學史、目錄學、歷代文選等科目，成績很優異，表現出卓越的理解力和記憶力。畢業以後，隨我到國語日報，作注音詳解《古今文選》的編輯。那時隨我試編的青年朋友很多，但是對於這種枯燥費力不討好的工作，很難保持興趣。不久編輯室就只剩下鍾露昇和祖燊等三人苦撐了。我們想做到博觀約取，深入淺出，提要鈎玄，實事求是。限於典籍的缺乏，出版時間的迫促，找書要跑遍全台北市，乃至飛函國外查詢。趕工常常連星期日深夜都搭上去。我是以大學教書辦報社社務行政的餘暇主編的。他們作好長編以後，討論潤色整理常常在一般辦公時間以外。梁實秋院長曾向我說，您的助手，好像沒有休假，也沒有辦公鐘點，無論什麼時候看他們，都在編輯室，眞是少見的勤勉了。那時國語會師範大學的圖書館藏書實在有限。可是凡我提到想到的書，祖燊總能從公私各方面輾轉找到，後來也常能尋到我所不知道的資料。他讀書細，用心專，思路逐漸展開，從鈔撮排比，折衷群言，到提出問題，深入研究，日新月異，慢慢有自己的獨立見解了。《文選》是通俗刊物，求平正通達，求爲多數人容易接受，沒有十分把握，決不輕易混入我們的私見新說，然而我們研討過辯論過的與時流不同的學術上文學上的意見，卻是很多的。祖燊是常有新問題提出的。

祖燊溫潤如玉，談吐有風趣，有過不少異性朋友。窮苦的編輯生活，漫長的工作時間，妨礙了他成家立業，「寫稿滿屋，愛人痛哭。」「文選漫天，女友丟完。」這一類的友朋戲謔話，我偶而聽見，都感到深切的疚心慚愧，像是對不起一位青年朋友，也擔心學問與人生幸福之難以兩全。幾年前，他和師大中文系才華秀異黃麗貞女士的結儷，是一種理想的學術性情的結合，正如郝蘭皐遇到王端玉，趙明誠娶了李清照，神靈安排，珠聯璧合。我在爲他們祝福的時候，就預期寂寞過去，夫婦並駕齊驅，一定會英資煥發，大有成就。果然不久就有幾個長篇作品給我看，綿密周詳，綱舉目張，有物有序，不是我以前所見的祖燊了。

《漢詩研究》凡二十八萬言，由正中書局印行，討論的問題很多，所破所立，不一定使我都能同意。祖燊對這些問題，從無定見到有成見，從篤信顧亭林梁任公的說法，到公然立異，自有一個悠久歷程，駁倒他也要大費筆墨，並非易事。蘇東坡〈答張文潛書〉說：「文字之衰，未有如今日者也。其源實出於王氏。王氏之文，未必不善也，而患在使人同己。自孔子不能使人同。顏淵之仁，子路之勇，不能以相移；而王氏欲以其學同天下！地之美者，同於生物，不同於所生。惟荒瘠斥鹵之地，彌望皆黃茅白葦，此則王氏之同也。」祖燊從我十餘年，而論漢詩的見解，不必與我同，其不同如有以自立，斐然成章，這在我眞是最可喜的事了。

祖燊才過「而立」之年，現在都講師範大學。以他的勤奮努力，有幸福的家庭，有良師益友雲集的環境，他的未來學術成就眞是不可限量。我還希望繼續看見他的紮實有見解的著作。讀這些稿本，使我忘掉世間一切的煩惱，乃至病苦和炎熱，這大概不是一般人所能想像的了。著者希望我寫一段序文，紀念我們早期的共同學術生活，因而草草書此。至於對於本書的討論意見，我將另在其他機會發表，這裡不多說了。

民國五十五年八月八日 **梁容若**於東海大學

汪經昌序

詩教以溫柔敦厚爲先，《風詩》三百，首宣其義，蔭及漢魏，歌行述志，樂府抒情，簡遠淵穆，猶足備詩教之權輿，隋唐以後，義富辭縟，而元氣抑少漓矣。方君祖燊，與梁教授容若游，留心文史之學，於漢魏詞賦，尤多寢饋。其爲人恂恂而有血氣，落落而內富性情，立身在久要之間，治學篤羹牆之義，與之相處，如坐芝蘭，必久而始能覺其馨而不俗，幽而不薄也。頃之所著《漢詩研究》見示，囑爲弁言。縱觀全著，都凡五章，篇目謹嚴，紀理分明，知其平日修持之功，所得自於詩教中者，既深且厚，實又不祇以風月爲文章，以殘叢爲淵藪者而自足也。其行事恆篤之處，並於斯著之成，略窺見之。

丙午荷月　**汪經昌**薇史　書於星洲之鷦寄樓

漢詩研究序

晚近詮詩之作。縛者充其牛充。戴之足汗萬牛。而陳果相因。虛車無質。比比然也。惟方君祖燊讀書得閒。汲古有獲。於其所著之漢詩研究見之。夫膠柱刻舟。吾儒不免。黨同伐異。何代無之。君理必求真。語無勦襲。一空前賢之依傍。不為古人所奴役。冥心獨造。勝義實多。其可取者一也。箋釋匪易。徵引或疏。南華竟成僻書。帝車定是何物。君剖析疑義。折衷群言。一以原始資料為主。伐山取材。數典從朔。可杜後來之聚訟。幾同老吏之平反。其可取者又一也。削簡盈尺。烺烺是觀。探驪得珠。往往而有。暑寓畢覽。爽籟遂生。聊綴數言。用質來哲。

中華民國五十五年七月　成惕軒

第一章　漢五言詩

漢朝五言詩，由於本身在詩史上地位的重要，影響的綿遠；所以關於它的起源，就成爲研究中國詩歌的學者們所必須討論的一個問題。又由於年代久遠，作者難詳；因此，某些作品遠在六朝就有些不很肯定引人懷疑的說法；後人又加「揚厲推衍」，陸續產生種種疑說，所以成爲一個最令人頭痛而最難解決的問題。現在一般人編文學史、寫專論，就累輯這些「疑說」來下結論，認爲五言詩發展到東漢才算成熟，西漢根本沒有五言佳作，硬將那些名列西漢的虞姬、枚乘、無名氏、卓文君、李陵、蘇武、辛延年、班婕妤、宋子侯及其他佚名的好五言詩，一概拉後，將它們斷爲東漢末、建安，甚至更晚的時代。

我過去讀書的時候，對他們全部推翻的說法，有些懷疑。如：《古詩・明月皎夜光》，詩中寫的節令，可以證明應該是屬於西漢的。劉大杰爲著理論上的通暢，仍然加以巧辯，說它的原作是西漢，經東漢文人潤飾，因此時令上還遺留著西漢初期的餘骸（見《中國文學發展史》上卷一四三頁）。再翻翻其他專論，發現有的引用了許多高深的古天文學的「推算歲差」「旋機玉衡」之說來立論的，（像逯欽立《漢詩別錄》中所列的張庚、吳淇、徐仁甫、逯欽立諸家解釋），令人看也看不懂，更不必說作詩的人了。只好掩卷興歎，「人云我云」，大家都這麼說，對五言詩起源種種說法，也就相信不疑了。所以後來我編《古今文選》，撰寫有關的文字，大都沿用舊說而不疑。現在想起實在慚愧得很。四五年前，我著手研究建安詩，接著又進一步研究漢詩。因蒐集的豐富，全盤的閱讀，各方面的探究，我才發現漢代五言詩，在當日各體詩中，數量最多。兩漢留存下來的詩，包括短而俗的童謠、民歌、俗諺在內，不過六百多首；而五言詩竟佔二百八十餘首。除建安以後作品不算；兩漢其他人作品還有一百二十首左右。再按年代排列，我發現在兩漢四百多年間，五言詩篇，其流賡續不絕，洪闊浩瀚，以至於建安。作品之多，作者之衆，爲其他各種詩體之冠。至其遺闕失傳的，還不知有多少呢？（請參閱本研究〈漢朝詩歌形式研究〉一文）。於是我對諸家文學史、考證文字的說法，開始懷疑，更進一步，就去研究他們的考證，考證資料的來源，發現他們的論點大部份是依據前代諸家的疑說而來的。於是再進一步，我又去研究諸家的疑說，參考詩話文論，史籍古典，析辨他們的懷疑立論，看他是不是翔實可信。可是我卻發現他們所舉的論證，有的是斷章取義；有的是出之臆測；有的是穿鑿附會；有的是單憑一點讀書心得，妄作一偏的結論。因此，使我覺得不能不著手來寫這一篇「〈漢五言詩作者與時代問題的辨疑與新證〉」的專題了。大概歷代各家的疑說與結論，在這篇專題研究中，都一一被訂正了。

我們治學的基本精神，在追求眞理，在要求正確。所以我這裡附帶說明一句話，就是這篇違俗一曲之論，如果「確有道理，能夠成立」的話，我衷心盼望現代研究文學史的專家們能夠考慮將有關「

漢代五言詩」的一段歷史，加以修正。俾免錯誤的知識，再流傳於後代；如果這篇研究有問題，也請賜予指正。

一、虞姬答項王歌（西元前一九五）

西漢高帝時，虞姬和項王歌（見《史記卷七項羽本紀》張守節〈正義〉引《楚漢春秋》）。

漢兵已略地，四方楚歌聲。大王意氣盡，賤妾何聊生。

〈項羽紀〉記載：項王被圍垓下時候，夜裡聽到四面是楚國歌聲，以爲漢軍已盡得楚地，於是起飲帳中，悲歌慷慨，說：「力拔山兮氣蓋世，時不利兮騅不逝。騅不逝兮可奈何，虞兮虞兮奈若何。」歌闋，美人和之。按項羽在漢高帝五年（西元前二〇二）兵敗垓下。虞姬的和歌，也是這時候作的。

王應麟《困學紀聞》卷十二〈考史〉曾引這首詩，認爲「是時已爲五言矣。」《史記》未載其詞，僅唐張守節作〈正義〉引自《楚漢春秋》。梁啓超認爲「是一首打油的五言唐律，無辨證之價值。」（見《中國之美文及其歷史》頁一四）。

我認爲虞姬不是詩人，這詩作得不好，自是事實。不過，梁任公單據這點，就認爲是唐人的僞作；這是不合邏輯的。

《楚漢春秋》，陸賈所記。劉知幾說：「馬遷《史記》，採《世本》、《國語》、《戰國策》、《楚漢春秋》。」（見《史通·內篇採撰》）。又說：「劉氏初興，書唯陸賈而已。子長述楚漢之事，專據此書。」（見〈外篇雜說〉上）。史家記事，詳略取捨，常有不同。如：《史記・趙世家》記趙氏孤兒一事，說明晉族滅趙氏的原因，和《左傳》、《國語》、《穀梁》所載，完全相反（註）。所以我們不能因《史記》不載，就認定是「後人僞作」。虞姬〈和歌〉，既出於《楚漢春秋》，應當是漢初作品。近人古直說：「《漢書・藝文志》：《楚漢春秋》九篇，陸賈所記。賈，漢高祖時人，縱其爲僞，亦漢初人作矣。」說得比較客觀。《楚漢春秋》，「新、舊唐志」尚存錄；所以張守節所引，當亦可信。

（註）《史記・趙世家》說：晉族滅趙盾後裔，由於屠岸賈欲爲晉靈公報讎之故；以盾子朔妻爲貞婦。《左傳》所載，起因緣於趙朔妻莊姬不貞，與趙嬰私通。趙族人放逐嬰，莊姬譖於晉君，於是晉攻滅趙氏，無屠岸賈事。

二、戚夫人歌（西元前一九五）

西漢惠帝初，〈戚夫人歌〉（見《漢書・外戚傳・呂氏傳》）。

子爲王，母爲虜。終日舂薄暮，常與死爲伍。相離三千里，當誰使告汝。」

戚夫人，是漢高帝姬。〈呂后傳〉說：「高祖崩，惠帝立，呂后爲皇太后，迺令永巷囚戚夫人髡鉗，衣赭衣，令舂。戚夫人舂且歌曰。」按漢高帝十二年（西元前一九五）崩。這首五言也是漢初作品。

（註）「古詩十九首」的分析、欣賞與時代問題，收進方祖燊《談詩錄》（東大圖書公司出版）中。

三、其他古詩（附古樂府）

兩漢五言古詩除〈古詩〉十九首及〈蘭若生春陽〉之外，無主名的作品，還有：

⑴上山采蘼蕪。⑵四座且莫諠。⑶悲與親友別。⑷穆穆清風至。⑸橘柚垂華實。⑹十五從軍征。⑺新樹蘭蕙葩。⑻步出城東門。⑼採葵莫傷根。⑽甘瓜抱苦蔕。⑾青青陵上草。

又有古絕句：

⑿蒿砧今何在。⒀日暮秋雲陰。⒁菟絲從長風。⒂南山一樹桂。

又有古歌：

⒃高田種小麥。

又有古艷歌：

⒄蘭草自然香。

如果將流行街陌間五言的歌詩，也算在內，又有：

⒅江南可採蓮（〈江南〉）。⒆雞鳴高樹顛（〈雞鳴〉）。⒇日出東南隅（〈陌上桑〉）。(21)青青園中葵。(22)仙人騎白鹿。(23)岧岧山上亭（以上三首都是〈長歌行〉）。(24)君子防未然（〈君子行〉）。(25)白楊初生時（〈豫章行〉）。(26)相逢狹路間（〈相逢行〉）。(27)〈長安有狹邪行〉。(28)天上何所有（〈隴西行〉）。(29)邪徑過空廬（〈步行夏門行〉）。(30)默默施行違（〈折楊柳行〉）。(31)飛來

雙白鵠（〈雙白鵠〉）。⑶里中有啼兒（〈上留田行〉）。⑶翩翩堂前燕。⑶南山石嵬嵬（以上二首爲〈艷歌行〉）。⑶今日樂上樂（〈艷歌〉）。⑶天德悠且長（〈怨詩行〉）。⑶昭昭素明月（〈傷歌行〉）。⑶孔雀東南飛（〈爲焦仲卿妻作〉）。⑶〈枯魚過河泣〉。⑷棗下何攢攢（〈古咄唶歌〉）。⑷晨行梓道中（〈雜歌〉）。⑷佳人俱絕世（〈黃門倡歌〉）。⑷北風初秋至（〈古八變歌〉）。⑷結交在相知（〈古歌〉）。

「古詩十九首」及「蘭若生春陽」除外，總計無名氏五言古詩與樂府，還有四十四首。數量不能說不多。至於各地民歌童謠，還不計算在內。有主名作品及各地民歌童謠，大都可以考知年代，所以分在各年代討論。這裏所錄者，大都無法考定確實時代，所以將其篇目著錄於此，目的僅在使我們知道還有這許多五言作品，供人參考。其中東、西漢的作品都有。像：

(1)〈隴西行〉（天上何所有）、(2)〈黃門倡歌〉（佳人俱絕世），可能是西漢之作。因《漢書・藝文志・詩賦略》著錄有〈隴西歌詩〉、〈黃門倡歌〉。

(3)〈陌上桑〉（日出東南隅），因〈詩賦略〉有〈邯鄲歌詩〉。沈欽韓曰：「崔豹《古今注》曰：『〈陌上桑〉，邯鄲女名羅敷作。』疑即其辭。」又按：《漢書》卷六十三〈昌邑王賀傳〉：「執金吾嚴延年，字長孫，女羅紨。」顏師古曰：「羅紨，其名也。紨音敷。」周壽昌曰：「羅紨，即羅敷，古美人名；故漢女子多取爲名」。嚴延年是西漢昭、宣時人。據此，羅敷當生在昭、宣之前，所以嚴延年女能取之爲名。（這跟現在有了凌波，而有凌波店名產生一樣，還有些父母取凌波爲新羅生女的名字一樣）。〈陌上桑〉一首，正是寫羅敷的美。詩說羅敷「采桑城南隅」時，路人「但坐觀羅敷」，而忘記了工作；使君見她，就想娶她。所以〈陌上桑〉，大概是西漢昭、宣以前的作品。不過其詞說：「頭上倭墮髻。」《古今注》：「倭墮髻，一云墮馬髻之餘形也」。而《後漢書・梁冀傳》：「冀妻孫壽色美，作墮馬髻。」據此，現存的〈陌上桑〉歌詞，似又經後漢人的潤澤與補充了。

(4)〈雞鳴〉，可能也是西漢作品。班固《詠史詩》寫緹縈救父，說：「上書詣闕下，思古歌〈雞鳴〉。」緹縈救父，在孝文帝時。現存的〈雞鳴詩〉，有錯簡紊誤的現象，文字不一貫。但中有「刑法非有貸，柔協正亂名」二句，似乎與刑法有關。我想這首〈雞鳴歌〉的原作，可能和流傳的緹縈故事有關的，所以班固詠之，當是西漢人作品。不過，現存的〈雞鳴歌〉已混進後人的文字。

(5)〈艷歌行〉：「翩翩堂前燕，冬藏夏來見。」是太初前作品，冬即今之秋；燕秋南飛，故云「冬藏」。夏即今之春，燕春北返，故云「夏見。」這首當也是西漢武帝太初前作品。

(6)〈悲與親友別〉、〈步出城東門〉之類古詩，有些句子早為建安時人所模擬，時代大概也很早。

當然在這四十多首的五言作品中，一定還有西漢人作品無法考定的。不過其中當也有許多是東漢人作的。如：

(1)〈孔雀東南飛〉，是建安中作（見附序）。

(2)〈艷歌行・南山石嵬嵬〉：「載至洛陽宮。」又說：「本是南山松，今為宮殿梁。」

(3)〈豫章行〉也是寫豫章山上大樹被砍作洛陽宮殿。歌說：「身在洛陽裏，根在豫章山。」這兩首當是東漢初增建洛陽宮時作。

(4)〈長安有狹邪行〉：「衣冠仕洛陽。」這首當是東漢人作。

四、李延年歌（西元前一二八左右）

西漢武帝時李延年〈佳人歌〉（見《漢書》卷九十七〈外戚傳・李夫人傳〉）。

北方有佳人，絕世而獨立。一顧傾人城，再顧傾人國。寧不知傾城與傾國，佳人難再得。

李延年，漢武帝時人。〈李夫人傳〉說：李延年侍上起舞，而作此歌。上嘆息曰：「善，世豈有此人乎？」平陽主因言：「延年有女弟。」上乃召見之；實妙麗善舞，由是得幸。〈傳〉又說：「衛皇后於元朔元年立，後色衰，趙之王夫人、中山李夫人有寵。」所以李延年〈歌〉，當於武帝元朔元年（西元前一二八）左右作。

五、俗　諺

西漢武帝時〈俗諺〉（見《漢書》卷七十二〈貢禹傳〉）。

何以孝弟爲？財多而光榮。何以禮義爲？史書而仕宦。何以謹慎爲？勇猛而臨官。

據〈貢禹傳〉記載：此五言俗語，流行於漢武帝時候。

六、卓文君白頭吟（西元前一三〇後）

西漢武帝時卓文君〈白頭吟〉（一名〈皚如山上雪〉）。

> 皚如山上雪，皎若雲間月。聞君有兩意，故來相訣絕。今日斗酒會，明旦溝水頭。躞蹀御溝上，溝水東西流。淒淒復淒淒，嫁娶不須啼。願得一心人，白頭不相離。竹竿何嫋嫋，魚尾何簁簁。男兒重意氣，何用錢刀爲？

本篇歌詞，是據徐陵《玉臺新詠》卷一而錄，題作「皚如山上雪」。名「白頭吟」者，最早見錄於梁沈約《宋書·樂志三》，作「古辭」，而比《玉臺新詠》多出十句（「絕」下多「平生共城中，何嘗斗酒會」）二句，「流」下多「郭東亦有樵，郭西亦有樵，兩樵相推與，無親爲誰驕」四句，「爲」下多「齕如五馬噉萁，川上高士嬉，今日相對樂，延年萬歲期」四句：文字略有出入。）其他各句相同。郭茂倩《樂府詩集》卷四十一兩首並收，以《玉臺新詠》所收，爲〈白頭吟〉本辭；而以《宋書·樂志》所收，爲晉樂所奏。梁啓超認爲《宋書·樂志》所多的句子，「殊拙劣，且或與原辭文義不屬，此皆樂工增改原文，以求合音樂節拍。」（見《中國之美文及其歷史》頁六九）。

有關這首歌詩的作者問題：《玉臺新詠》雖未標作者姓氏，但卷一所收的，全是西漢人的五言詩。沈約說它是「漢世街陌謠謳。」（《宋書·樂志一》）可見他們都認爲是漢人作品。在沈、徐之前，宋王僧虔的《技錄》曰：「〈白頭吟行〉，歌古〈皚如山上雪〉篇。」（見《古今樂錄》引）。由此，可知「〈白頭吟〉」和「〈皚如山上雪〉」，實爲一篇。

西晉葛洪《西京雜記》說：「司馬相如將聘茂陵女爲妾；卓文君作〈白頭吟〉以自絕；相如乃止。」惜未載其詞。我們現在讀其辭「聞君有兩意，故來相訣絕」，也是諷人「以新間舊，不能同至白首」之意。

嚴可均《全漢文》卷二十二、張溥《漢魏六朝百三名家集》中〈司馬文園集〉，都收有司馬相如〈報卓文君書〉一篇，其辭說：

五味雖甘，甯先稻黍。五色有燦，不掩韋布。惟此綠衣，將執子之釜。錦水有鴛，漢宮有木。誦子嘉〈吟〉，而回予故步；當不令負丹青，感〈白頭〉也。

由此，可以證明當日文君確有作〈白頭吟〉事，不必因葛洪說才告存在。李白〈白頭吟〉：「相如作賦得黃金，丈夫好新多異心，一朝將聘茂陵女，文君因贈〈白頭吟〉。」也是說〈白頭吟〉爲卓文君所作。太白〈白頭吟〉（兩首）擬作，起頭四句都是：

錦水東流碧，波蕩雙鴛鴦。雄巢漢宮樹，雌弄秦草芳。

已就相如〈報文君書〉中語：「錦水有鴛，漢宮有木」加以鋪叙的。又有「東流不作西歸水」句，已就卓文君的「溝水東西流」變化出來。結尾：「相如還謝文君回」，已就相如〈報文君書〉向文君謝罪之意……而來的。

吳兢《樂府古題要解》上，說〈白頭吟〉，右古辭「皚如山上雪」，云：「一說司馬相如將聘茂陵人女爲妾，文君作〈白頭吟〉以自絕，相如乃止。」可見唐時「〈白頭吟〉卓文君作」說，已極流行。郭茂倩《樂府詩集．白頭吟解題》也是相信〈白頭吟〉是卓文君作。以後馮惟訥《古詩紀》直標卓文君作矣。卓文君作〈白頭吟〉，是可信的。

但是梁啓超却以爲「《西京雜記》是晉以後人的僞書，此事難徵。」蓋梁氏只見到《西京雜記》，未見到其他資料，所以有此一說。又說：「此詩每四句一轉韻，音節諧媚；西漢中業，斷無此音調。」關於這兩點懷疑，也並不正確。

(1)有關《西京雜記》的作者，有的說是漢劉歆（舊說），有的說是晉葛洪，有的說是梁吳均（唐段成式《酉陽雜俎．語資篇》）；但這全然無關於〈白頭吟〉誰作這個本題。不能因是吳均作，就認爲其說無據；因確是葛洪作，就認爲其所記可信。所以不管是吳均還是葛洪，這不是問題所在。問題所在是卓文君有沒有作〈白頭吟〉？據司馬相如《報文君書》看來，知道她確有作〈白頭吟〉一事。由劉宋王僧虔《技錄》、唐吳兢《樂府古題要解》所載，可以知道〈白頭吟〉與〈皚如山上雪〉確爲一篇。由李太白擬作中用司馬相如書中語，寫意；用卓文君詩中句，寫意：知道〈白頭吟〉，確是卓文君所作。六朝人擬者也不少。如：鮑明遠〈白頭吟〉的起句「直如朱絲繩，清如玉壺冰。」就用卓文君原作的起句：「皚如山上雪，皎如雲間月」的機軸。可見它「由來久矣」，「無可疑者」。

至《宋志》沈約所以不標名，他或因所錄，已是樂工改辭，流行民間的歌辭，不是原作，所以不題作者姓名。徐陵所選錄，或因沈約《宋志》如此，疑莫能定，所以把它收在古樂府中。

(2)《西京雜記》，《新舊唐志》著錄葛洪作。《雜記》末附有葛洪〈跋〉說：其書乃自劉歆《漢書》鈔出，「以補班固《漢書》之闕。」按《隋書・經籍志》有葛洪撰《漢書鈔》三十卷。又梁初武帝敕殷芸鈔撮故書，編撰《小說》，已多引《西京雜記》；殷芸時代，在吳均前。今人考證已大都認爲葛洪所作近是。（見周樹人《中國小說史略》頁四三）。

(3)有關每四句一轉韻的韻式：漢武帝時《郊祀歌》中像〈天馬〉、〈練時日〉等篇，都是四句二韻一轉。《郊祀歌》，據《漢書・佞幸傳》說是司馬相如等人所作，今舉〈練時日〉一首：

練時日，候有望（陽）。焫膋蕭，延四方（陽）。九重開，靈之斿（尤）。垂惠恩，鴻祜休（尤）。
靈之車，結玄雲（文）。駕飛龍，羽旄紛（文）。靈之下，若風馬（馬）。左蒼龍，右白虎（姥）。
靈之來，神哉沛（泰）。先以雨，般裔裔（祭）。靈之至，慶陰陰（侵）。相放怫，震澹心（侵）。
靈已坐，五音飭（職）。虞至旦，承靈億（職）。牲繭栗，粢盛香（陽）。尊桂酒，賓八鄉（陽）。
靈安留，吟青黃（唐）。徧觀此，眺瑤堂（唐）。眾嫭並，綽奇麗（支）。顏如荼，兆逐靡（紙）。
被華文，廁霧縠（屋）。曳阿錫，珮珠玉（屋）。俠嘉夜，茝蘭芳（陽）。澹容與，獻嘉觴（陽）。

據江永〈十三韻表〉，馬、姥同在第三韻部，古通韻。泰、祭同在第二韻部，古通韻。支、紙同在第二韻部，古通韻。據此，可以知道當時已經有了這種四句二韻一換的形式。

由以上三點看來，梁啓超氏的看法是錯誤的。

（註）李陵、蘇武五言詩的探究，收在方祖燊《談詩錄》（東大圖書公司）中。

七、有所思

西漢武帝時〈有所思〉（見《樂府詩集》卷十六漢《鐃歌》十八曲中）。

有所思，乃在大海南。何用問遺君？雙珠玳瑁簪，用玉紹繚之。聞君有他心，拉雜摧燒之。摧燒之，當風揚其灰。從今已往，勿復相思。相思與君絕。雞鳴犬吠，兄嫂當知之。妃呼豨，秋風肅肅晨風颸，東方須臾高知之

漢有《短簫鐃歌·朱鷺》等二十二曲（今傳十八曲），大多是漢高祖至武帝、宣帝間的作品，作者無考。王先謙《漢鐃歌釋文箋正》：「武帝遣兵擊南粵，其城垂破，將士將振旅凱旋，而作此歌。」所以將這首繫於武帝時。不過王氏的說法，未必可靠。這首詩大部份爲五言句。

八、上陵歌（約西元前五三—五二）

西漢宣帝時〈上陵歌〉（見《樂府詩集》卷十六漢《鐃歌》十八曲中）。

上陵何美美，下津風以寒。問客從何來？言從水中央。桂樹爲君船，青絲爲君笮。木蘭爲君櫂，黃金錯其間。……甘露初二年，芝生銅池中。仙人下來飲，延壽千萬歲。

甘露爲宣帝年號，似爲宣帝時的作品。甘露初二年，約當西元前五三—五二。

九、歌　詩

西漢宣帝時歌詩（見《漢書・陳湯傳》）。

南郡獻白虎，邊陲無警備。

《漢書・郊祀志》：「宣帝脩武帝故事，頗作詩歌，時南郡獲白虎，獻其牙皮，上爲立祠。」又這二句疑爲宣帝時歌詩的殘句。

十、辛延年羽林郎（西元前六六—？）

西漢宣帝、成帝間，辛延年〈羽林郎詩〉：

昔有霍家奴，姓馮名子都。依倚將軍勢，調笑酒家胡。胡姬年十五，春日獨當罏。長裾連理帶，廣袖合歡襦。頭上藍田玉，耳後大秦珠。兩鬟何窈窕，一世良所無。一鬟五百萬，兩鬟千萬餘。不意金吾子，娉婷過我廬。銀鞍何煜爚，翠蓋空峙嶓。就我求清酒，絲繩提玉壺。就我求珍肴，金盤膾鯉魚。貽我青銅鏡，結我紅羅裾。不惜紅羅裂，何論輕賤軀。男兒愛後婦，女子重前夫。人生有新故，貴賤不相踰。多謝金吾子，私愛徒區區。」奴，一作姝。

辛延年〈羽林郎詩〉和宋子侯〈董嬌嬈詩〉二首，載於《玉臺新詠》卷一。郭茂倩《樂府詩集》，收於《雜曲歌辭》中，〈羽林郎〉見卷六十三，〈董嬌嬈〉見卷七十三。舊因辛、宋二人生平事蹟不詳，清人吳兆宜注《玉臺新詠》加按語說是「東漢《雜曲歌辭》」。近人編文學史，就將他們歸於東漢末，與繁欽〈定情詩〉等列。

至於吳氏之說是否可信？却沒人加以探究了。

我細讀《玉臺新詠》，覺得徐陵編《玉臺新詠》，對於作品排列的次序，大抵是按照作者年代的先後而定。卷一所收的，全部是漢人五言詩，順序是：〈古詩〉，〈古樂府〉，枚乘〈雜詩〉，李延年〈歌詩〉，蘇武〈留別妻〉，辛延年〈羽林郎〉，班婕妤〈怨詩〉，宋子侯〈董嬌嬈〉，漢時〈童謠歌〉，張衡〈同聲歌〉，秦嘉〈贈婦詩〉，秦嘉妻徐淑〈答詩〉，蔡邕〈飲馬長城窟行〉，陳琳〈飲馬長城窟行〉，徐幹〈室思〉、〈情詩〉，繁欽〈定情詩〉，無名人爲〈焦仲卿妻作〉。除〈古詩〉、〈古樂府〉不知作者及其時代外，其他可以知道年代的有名氏的作品，完全嚴格地按作者的年代先後排列的。徐陵將辛延年詩，排在蘇武、班婕妤之間，大概認爲辛延年是蘇武和班婕妤之間的人物。蘇、班都是西漢人；蘇武是武帝、昭帝時人，班婕妤是成帝的後宮。

清馮定遠《鈍吟雜錄》說：「古詩，皆樂也。其詞多歌當時事。如：〈上留田〉、〈霍家奴〉、〈羅敷行〉之類是也。」辛作〈羽林郎〉首句說：「昔有霍家奴，姓馮名子都。」《漢書》卷六十八〈霍光傳〉：「百官以下，但事馮子都、王子方等。」服虔曰：「皆光奴。」又馮子都名殷（顏師古注）。這首詩追記昭帝時大將軍霍光家奴馮子都調笑酒家女的故事。霍光子禹以宣帝地節四年（西元前六六）謀反族滅。馮殷，也在此時伏罪（見《漢書》卷八〈宣帝紀〉）。周壽昌說：「辛延年〈羽林郎〉：『昔有霍家奴，姓馮名子都』：即此馮殷。詩中稱『金吾子』，題曰『羽林郎』，殷所居官職也。」據此，這首詩大概是依據當時流行的傳說而寫的，時代當距宣帝地節四年不遠。徐陵或有所據，所以將它排在蘇武、班婕妤之間。

又西漢人名延年者很多，據傅青主《東、西漢書姓名韻》記載西漢有張延年（見〈昭帝紀〉）、杜延年（見〈張敞傳〉、〈楊惲傳〉、〈田延年傳〉）、田延年（見〈酷吏傳〉），劉延年同姓名凡八人（均見〈王子侯表〉：懷昌胡侯延年、安陽康侯延年、獻安侯延年、祝茲侯延年、安定頃侯延年、復陽嚴侯延年、中鄉侯延年、樂都侯延年）、嚴延年二人（一字長孫，見〈昌邑王傳〉；一字次卿，見〈酷吏傳〉本傳）、姬延年（見〈外戚恩澤侯表〉）、解延年二人（一見〈百官公卿表〉，宣帝黃龍元年爲廷尉；一見〈儒林傳〉，爲阿武令）、雛延年（見〈功臣表〉，封臧馬康侯）、韓延年（見〈功臣表〉，封成安侯）、孔延年（見〈孔光傳〉）、李延年（見〈佞幸傳〉）、乘馬延年（見〈溝洫志〉）、東晻令延年（見〈藝文志・詩賦略〉）、延年二人（均亡姓，一見〈溝洫志〉，齊人；一見〈百官公卿表〉，地節三年爲執金吾）；按以上所引「傳」「表」「志」均見《漢書》。而東漢名延年僅〈甘始傳〉東郭延年一人。西漢人多名延年，由此也可以旁證辛延年爲西漢人。

十一、班婕妤怨歌行（西元前一八）

西漢成帝時，班婕妤〈怨歌行〉（見《昭明文選》卷二十七。又見《玉臺新詠》卷一，題作〈怨詩〉；後人擬者又稱〈班婕妤〉，或〈班婕妤怨〉）。

新裂齊紈素，皎潔如霜雪，裁爲合歡扇，團團似明月。出入君懷袖，動搖微風發。常恐秋節至，涼風奪炎熱，棄捐篋笥中，恩情中道絕。

徐陵《玉臺新詠》所收詩，前面有一短序，說：「昔漢成帝，班婕妤失寵，供養於長信宮，乃作賦自傷，并爲〈怨詩〉一首。」據《漢書》卷九十七〈外戚傳‧班倢伃傳〉：「鴻嘉三年，趙飛燕譖。倢伃恐久見危，求養長信宮。上許；倢伃作賦自傷。」所以她的〈怨詩〉，大概也是作於成帝鴻嘉三年（西元前一八）後。

《文選》李善注引：「《五言歌錄》曰：〈怨歌行〉，古辭；言古者有此曲，而班婕妤擬之。帝初即位，選入後宮，始爲少使，俄而大幸爲婕妤，居增成舍。後趙飛燕寵盛；婕妤失寵，希復進見。」李善注，意說〈怨歌行〉古辭已有；班婕妤失寵後，希復進見，模仿古辭而作了這首詩。詩意以「團扇」喻「棄婦」。鍾嶸《詩品》評說：「詞旨清捷，怨深文綺，得匹婦之致。」

班婕妤〈怨詩〉所以見疑於今人，是因爲劉勰《文心雕龍‧明詩篇》提到：「辭人遺翰，莫見五言；所以李陵、班婕妤，見疑於後代也。」有關上面一說的懷疑，已於本章「七、李陵、蘇武二人的詩一節之(3)至(7)諸點」中，加以辨析反駁，認爲此說不能成立。（該段文字，今見方祖燊《談詩錄》中。）

這首詩，後人擬者很多。像西晉傅玄、陸機，梁簡文帝、元帝、江淹、劉孝綽、劉令嫻，陳陰鏗都有擬作。像陸機〈班婕妤〉說：

婕妤去辭寵，淹留終不見。寄情在玉階，託意惟團扇。………。

梁元帝〈班婕妤〉說：

婕妤初選入，含媚向羅幃。何言飛燕寵，青苔生玉墀。誰知同輦愛，遂作〈裂紈詩〉。以茲自傷苦，終無長信悲！

按：這些詩的內容，都是歌詠班婕妤曾經託意「團扇」，作過〈裂紈詩〉。由此看來，班婕妤作〈怨詩〉之說，是可信的。

十二、長安民歌（西元前一——三）

西漢成帝時，長安民歌（見《漢書・尹賞傳》）。

安所求子死？桓東少年場。生時諒不謹，枯骨後何葬？

這首歌是成帝永始四年（西元前一——三，尹賞爲長安守時，捕殺輕薄少年惡子數百人，令死者家取骨安葬。死者親屬號哭道路，長安民爲作此歌。就是後來樂府中的〈少年行〉所出。

十三、邪徑曲（西元前一？）

西漢成帝時〈童謠〉（見《漢書》卷二十七〈五行志〉）。

邪徑敗良田，讒口亂善人。桂樹華不實，黃雀巢其顛。昔爲人所羨，今爲人所憐。

這首寫趙飛燕廢死，人憐而歌之。按：漢哀帝元壽二年（西元前一）崩，平帝立，趙飛燕始廢爲庶人，自殺而死。這首童謠，可能是流傳於平帝初。（《漢書》卷九十七下〈外戚傳・孝成趙皇后傳〉）。〈五行志〉作成帝時〈童謠〉，時代似誤，所以繫於平帝初（西元前一年）。

十四、茅山父老歌（西元前一）

西漢哀帝時，〈茅山父老歌〉（見《茅君內傳》）。

茅山連金陵，江湖據下流。三神乘白鶴，各在一山頭。佳雨灌畦稻，陸田亦復周。妻子保堂室，使我無百憂。白鶴翔青天，何時復來遊？

據《茅君內傳》說：這首歌作於漢哀帝元壽二年（西元前一）。當時因茅盈和他二弟，都成爲神，福佑地方，風雨以時，五穀成熟，疾癘不興。當地父老，作這歌讚美他。

十五、宋子侯董嬌嬈詩

西漢末（或東漢初）宋子侯〈董嬌嬈詩〉：

洛陽城東路，桃李生路傍。花花自相對，葉葉自相當。春風東北起，花葉正低昂。不知誰家子，提籠行采桑。纖手折其枝，花落何飄颻。請謝彼姝子，何爲見損傷？高秋八九月，白露變爲霜。

終年會飄墮，安得久馨香？秋時自零落，春月復芬芳。何時盛年去？懽愛永相忘。吾欲竟此曲，此曲愁人腸。歸來酌美酒，挾瑟上高堂。

這首詩，徐陵《玉臺新詠》卷一，將它排在班婕妤〈怨詩〉和漢時〈童謠〉之間。「漢時〈童謠〉以下張衡等人，都是東漢的作者。漢時〈童謠〉：「城中好高髻，四方高一尺……。」（〈謠〉見《漢書》二十四〈馬廖傳〉）。〈傳〉說：「前世長安流行語。」廖，馬援子，東漢初明帝、章帝時人。宋子侯〈詩〉在這首〈童謠〉前，當也是西漢末（或東漢初）的作品。（請參看下文：西漢末長安〈城中歌〉一節考證）

又：宋子侯，《史記》卷十八〈高祖功臣侯年表〉，有宋子侯許瘛，高祖八年（西元前一九九）封，《漢書》作「宋子惠侯許瘛」（見卷十六）。傳三世，至景帝中二年（西元前一四八），宋子侯許九坐買塞外禁物罪，國除。宣帝元康四年（西元前六二），其七世孫迺，猶爲宋子大夫。不知〈董嬌嬈〉作者，與宋子侯許瘛的子孫有關否？

十六、長安城中歌（西元前？——西元七六）

西漢末，長安〈城中歌〉（見《後漢書・馬廖傳》）。

城中好高髻，四方高一尺。城中好廣眉，四方且半額。城中好大袖，四方全匹帛。

這首〈童謠〉，《玉臺新詠》收於卷一，作漢時〈童謠歌〉。文字與此稍有不同。〈馬廖傳〉說：是廖在章帝初（西元七六），上皇太后〈疏〉中所稱引：「前世長安城中語」。廖，馬援子，東漢初人；長安，爲西漢京都。〈風俗通〉：「趙王好大眉。」〈飛燕外傳〉：「石華廣袖。」

據此，這裏「前世」似指「西漢末」而言。詠長安城中好高髻、廣眉、大袖，四方從風事。

十七、譙君黃詩（西元二四）

西漢新莽末，〈譙君黃詩〉（見《華陽國志》）。

肅肅清節士，執德實固貞。違惡不受命，沒世遺令聲。

詩，本傳未載，見《華陽國志》。《後漢書·獨行傳》有〈譙玄傳〉，玄字君黃，閬中人。公孫述稱帝於蜀時，派使者徵召他，不受。閬人因作詩歌之。公孫述在更始二年（西元二四）僭立，當作於此時。

十八、涼州歌（西元五五）

東漢光武時，〈涼州歌〉（見《後漢書·樊曄傳》）。

遊子常苦貧，力子天所富。寧見乳虎穴，不入冀府寺。大笑期必死，忿怒或見置。嗟我樊府君，安可再遭値？

一名〈樊曄歌〉。據《樊曄傳》，作於漢光武帝建武三十一年（西元五五）。詠天水太守樊曄政嚴，民不敢犯禁入獄。

一九、傅毅冉冉孤生竹詩（西元五八—七五）

東漢明帝時，傅毅《古詩》。

冉冉孤生竹，結根泰山阿。與君爲新婚，菟絲附女蘿。菟絲生有時，夫婦會有宜。千里遠結婚，悠悠隔山陂。思君令人老，軒車來何遲？傷彼蕙蘭花，含英揚光輝；過時而不采，將隨秋草萎。君亮執高節，賤妾亦何爲！

詩見《昭明文選》卷二十九〈古詩〉十九首中，並見《玉臺新詠》卷一無名氏〈古詩〉八首中。劉勰《文心雕龍・明詩篇》說：「〈冉冉孤生竹〉，傅毅之詞。」毅爲漢明帝時人，爲大將軍竇憲司馬，早卒。詩寫女子怨接親來遲之情。

二〇、應亨贈四王冠詩（西元六一）

東漢明帝時，應亨〈贈四王冠詩〉（見丁福保《全漢詩》卷二）。

濟濟四令弟，妙年踐二九。令月惟吉日，成服加元首。人咸飾其容，鮮能離塵垢。雖無兕觥爵，杯醮傳旨酒。

《序》說：「永平四年（西元六一），外弟王景系兄弟四人並冠，故貽之詩。」永平，爲漢明帝年號。

二一、班固詠史詩（西元七二年前後）

東漢明帝時，班固《詠史詩》（見《漢魏六朝百三名家集·班蘭臺集》）。

三王德彌薄，惟後用肉刑。太倉令有罪，就逮長安城。自恨身無子，困急獨煢煢。小女痛父言，死者不可生。上書詣闕下，思古歌〈雞鳴〉。憂心摧折裂，晨風揚激聲。聖漢孝文帝，惻然感至情。百男何憒憒，不如一緹縈。

又闕詩七句（分見《昭明文選注》引）

「長安何紛紛？詔葬霍將軍。刺繡被衣領，縣官給衣衾。」

「寶劍值千金，指之于樹枝。」

「延陵輕寶劍。」

按：班固自明帝永平中（約當西元六二），受詔撰《漢書》，經二十多年，到章帝建初七年（西元八二）成書，共一百卷。（見《後漢書·班固傳》及陳漢章《綴學堂初藁》）。緹縈救父的事，見《漢書》卷二十三〈刑法志〉。〈詠緹縈〉一首，諒是寫〈刑法志〉時作。大概是在他著手寫《漢書》後幾年，最多不會超過十年，所以這首當作於明帝永平中或末（西元七二年前後）。

「詔葬霍將軍」，詠霍光事。

「寶劍值千金」，詠延陵季子事。

晉傅玄有〈和班氏詩〉說：「秋胡納令室，三百宦他鄉。」我疑班固《詠史詩》中，還有〈詠秋胡妻〉一首，傅玄追和之。

由此，我們可以想見班固《詠史詩》，諒必還有其他的作品，當不止這幾首。不過班固《詠史詩》，實在嫌倫理忠孝的氣味太濃，做得並不好。鍾嶸《詩品》評他「質木無文」信然。

二二、劉騊駼闕詩（西元一〇七—一一三前後）

東漢安帝時，劉騊駼闕詩一句。

縹碧以為瓦。

劉騊駼，安帝永初中（西元一〇七—一一三）入東觀為校書郎。

二三、巴人陳紀山歌（西元一二一）

東漢安帝時，巴人〈陳紀山歌〉（見《華陽國志》）。

築室載直梁，國人以貞眞。邪娛不揚目，狂行不動身。奸軌避乎遠，理義協乎民。

《後漢書》卷五十一〈陳禪傳〉說：陳禪，字紀山，巴郡安漢人，嚴明正直。安帝永寧元年，西南夷獻樂及幻人，能吐火，自支解，易牛馬頭。明年（西元一二一）元會，作之於庭。安帝與群臣共觀。禪獨不視，進言勸諫。京師稱頌，巴人作歌美之。

一四、張衡同聲歌（西元一三三）

東漢順帝時，張衡〈同聲歌〉（見《玉臺新詠》卷一）。

邂逅承際會，得充君後房。情好新交接，恐慄若探湯。不才勉自竭，賤妾職所當。綢繆主中饋，奉禮助烝嘗。思爲莞蒻席，在下蔽匡牀。願爲羅衾幬，在上衛風霜。灑掃清枕席，鞮芬以狄香。重戶結金扃。高下華鐙光。衣解巾粉御，列國陳枕張。素女爲我師，儀態盈萬方。眾夫所稀見，天老教軒皇。樂莫斯夜樂，沒齒焉可忘。

這首詩寫女子初充人姬妾時的情思。大概是張衡於順帝陽嘉二年（西元一三三）初遷侍中，爲帝從臣時作。

一五、汲地民崔瑗歌（西元一二六—一四四）

東漢順帝時〈崔瑗歌〉（見《崔氏家傳》）。

上天降神明，錫我仁慈父。臨民布德澤，恩惠施以序。穿溝廣溉灌，決渠作甘雨。

據《崔氏家傳》說：歌頌崔瑗爲汲令時，開溝溉田的德政。《後漢書·崔瑗傳》未載其詞，瑗爲汲令在順帝時（西元一二六—一四四），確實的年代無考。

一六、巴人吳資歌（西元一二六—一三一）

東漢順帝時，巴郡人為〈吳資歌〉二首（見《華陽國志》）。

習習晨風動，澍雨潤禾苗。我后恤時務，我人以優饒。

望遠忽不見，惆悵當徘徊。恩澤實難忘，悠悠心永懷。

據《華陽國志》說：「孝順帝永建中（西元一二六—一三一），吳資為巴郡太守，屢獲豐年，人歌之。其後資遷去，人思之，又歌云云。」

一七、巴人刺巴郡守李盛詩（西元一四七—一六七）

東漢桓帝時，巴人〈刺巴郡守李盛詩〉（見《華陽國志》）。

狗吠何諠諠，有吏來在門。披衣出門應，府記欲得錢。語窮乞請期，吏怒反見尤。旋步顧家中，家中無可為。思往從鄰貸，鄰人已言匱。錢錢何難得？令我獨憔悴。

據序說：「孝桓帝時（西元一四七—一六七），河南李盛為巴郡守，貪財重賦，國人刺之。」寫郡吏來催賦，無錢應繳事。

一八、侯瑾闕詩（西元一四七—一六七）

東漢桓帝時，侯瑾闕詩三句。

周公爲司馬，白魚入王舟。

嫫母升玉堂。

侯瑾字子瑜，敦煌人，桓帝時（西元一四七—一六七），徵有道博士，不至。（事見《太平御覽》八百二十九）

一九、秦嘉贈婦詩（西元一四七—一六七）

東漢桓帝時，秦嘉〈贈婦詩〉三首（見《玉臺新詠》卷一）

人生譬朝露，居世多屯蹇。憂艱常早至，歡會常苦晚。念當奉時役，去爾日遙遠。遣車迎子還，空往復空返。省書情悽愴，臨食不能飯。獨坐空房中，誰與相勸勉。長夜不能眠，伏枕獨展轉。憂來如尋環，匪席不可卷。

其他二首「皇靈無私親」「肅肅僕夫征」，各二十句五言（也是這類作品，略）。

又闕詩四句：

「哀人易感傷。」（答〈婦詩〉），「過辭二親墓，振策陟天衢」，「巖石鬱嵯峩。」

序說：「嘉爲郡上計，其妻徐淑寢疾，還家，不獲面別，贈詩云爾。」按：秦嘉於桓帝時，仕郡，舉爲上計掾，入洛除黃門郎。（事見《全後漢文》卷六十六秦嘉一條）

三〇、酈炎見志詩二首（西元？—一七七）

東漢靈帝時，酈炎〈見志詩〉二首（見《後漢書》卷八十下〈酈炎傳〉）。

大道夷且長，窘路狹且促。脩翼無卑棲，遠趾不步局。舒吾凌霄羽，奮此千里足。超邁絕塵驅，倏忽誰能逐？賢愚豈常類，稟性在清濁。富貴有人籍，貧賤無天錄。通塞苟由己，志士不相卜。陳平敖里社，韓信釣河曲。終居天下宰，食此萬鍾祿。德音流千載，功名重山嶽。

靈芝生河洲，動搖因洪波。蘭榮一何晚？嚴霜瘁其柯。哀哉二芳草，不植泰山阿。文質道所貴，遭時用有嘉。絳、灌臨衡宰，謂誼崇浮華。賢才抑不用，遠投荊南沙。抱玉乘龍驥，不逢樂與和。安得孔仲尼，爲世陳四科？

〈酈炎傳〉說：「靈帝時，州郡辟命，皆不就，有志氣，作詩二篇。」又說他「熹平六年（西元一七七）死，時年二十八。」這兩首詩的時代，當在熹平六年前。第二首託詠芝蘭，懷寄不淺。

三一、趙壹疾邪詩二首（西元？—一七八）

東漢靈帝時，趙壹〈疾邪詩〉二首（見《後漢書》卷八十下〈趙壹傳〉）。

河清不可俟，人命不可延。順風激靡草，富貴者稱賢；文籍雖滿腹，不如一囊錢。伊優北堂上，抗髒倚門邊。

埶家多所宜，咳唾自成珠。被褐懷金玉，蘭蕙化爲芻。賢者雖獨悟，所困在群愚。且各守爾分，勿

復空馳驅。哀哉復哀哉，此是命矣夫！

〈趙壹傳〉說：「壹字元叔，漢陽西縣人。恃才倨傲，爲鄉黨所擯。後屢抵罪，幾至死，友人救得免。壹迺貽書謝恩，並爲〈窮鳥賦〉。」（〈賦〉中載有這兩首詩，託名於秦客與魯生）。又說：「光和元年，舉郡上計到京。」據此，則這兩首詩，作於靈帝光和元年（西元一七八）前。

三一、蔡邕飲馬長城窟行（西元一七八）、翠鳥詩（西元一八九）

東漢靈帝時，蔡邕〈飲馬長城窟行〉（見《昭明文選》卷二十七，又見《玉臺新詠》卷一，《樂府詩集》卷三十八及《蔡中郎集》）。

青青河邊草，緜緜思遠道。遠道不可思，夙昔夢見之。夢見在我旁，忽覺在他鄉。他鄉各異縣，輾轉不可見。枯桑知天風，海水知天寒，入門反自媚，誰肯相爲言？客從遠方來，遺我雙鯉魚。呼兒烹鯉魚，中有尺素書。長跪讀素書，書中竟何如？上有加餐食，下有長相憶。

〈飲馬長城窟行〉，一說古辭。郭茂倩說：「言征戍之客，至於長城，而飲其馬，婦人思念其勤勞，故作是曲也。」《昭明文選》亦作古辭。李善注：「古詩，不知作者姓名。」《樂府解題》：「古辭，傷良人游蕩不歸。或云『蔡邕之辭』。」《玉臺新詠》則題蔡邕作，《蔡中郎集》亦收有此辭。或可信。按：《後漢書．蔡邕傳》載：蔡邕在靈帝光和元年（西元一七八），以上章奏，觸犯公卿，獲罪，與家屬

徙置朔方郡（今綏遠河套地，舊長城邊塞之區），居五原安陽縣。明年赦還。這首詩可能於此時作，也可能就當地流行樂歌〈飲馬長城窟行〉而作。後人擬者很多。其起句「青青河邊草」，與枚乘〈古詩〉「青青河畔草」相似。六朝人擬作，凡題〈青青河邊草〉，都是模擬這一篇；題〈青青河畔草〉，都是模擬枚乘作品的。又這首詩的下半首，與《古詩》十九首中「客從遠方來，遺我一書札」諸句相類。

又有〈翠鳥詩〉（見《蔡中郎集》）。

庭陬有石榴，綠葉含丹榮。翠鳥時來集，振翼修形容。回顧生碧色，動搖揚縹青。幸脫虞人機，得親君子庭。馴心托君素，雌雄保百齡。

這首詩，無法考定其時代。不過由「幸脫虞人機，得親君子庭。」似爲贈人寄意之作，可能在靈帝末（西元一八九）以後作品。時董卓辟之，屢遷，拜左中郎將。翠鳥，蓋自比也。

兩漢五言詩的研究，止於蔡邕；以後就轉入建安，曹操父子領袖詩壇，七子輔翼從風的時代。漢朝的詩風，到此一變，逐漸趨向綺麗，範圍也大大的拓廣了。

（註）以上各首作者及詩篇，附注西元的年代，有的只是爲便於學者參考，如作（西元××—××）都不過是說明在這期間某一年代產生罷了。

第二章　漢武帝柏梁臺詩考

一、柏梁臺詩對後代詩歌的影響

漢武帝〈柏梁臺詩〉，從文學發展的歷史來看，它對於後代詩歌的影響，有兩大方面：

第一、在聯句方面：可說是開創了一種新體。據《藝文類聚》卷五十六〈詩賦部〉，採錄模擬「柏梁體」的詩，有：

宋孝武帝〈華林都亭曲水聯句〉。

梁武帝〈清暑殿聯句〉。

梁元帝〈宴清言殿聯句〉。

宋尤袤《全唐詩話》卷一中宗條，有：

中宗誕辰，內殿宴聯句。

內中蘇頲一句，是：「銜恩獻壽柏梁臺」。據此，可知也是模擬漢「柏梁體」的。梁顏之推寫他在梁朝任散騎侍郎時候的情形說：

合校石渠之文，時參柏梁之唱（《北齊書・文苑傳・顏之推傳》中〈觀我生賦〉）。

我們看這些文字，可以知道「〈柏梁臺詩〉是七言聯句之始，而且後人模擬仿作的很多。這種君臣聯句，演變到了後世，就是「應制詩」和文人的「長韻聯句」了。這在文學史上，雖然沒有什麼價值與成就，也正如：宋吳聿《觀林詩話》（第一頁）所說：

漢武〈柏梁臺〉，群臣皆聯七言，或述其職，或謙叙不能。至左馮翊曰：「三輔盜賊天下尤。」右扶風曰：「盜阻南山爲民災。」京兆尹曰：「外家公主不可治。」則又有規警之風。及宋孝武〈華林都亭〉、梁元帝〈清言殿〉，皆效此體，雖無規警之風，亦無佞諛之辭，獨叙叨冒愧慙而已。近世應制，爭獻諛辭。褒日月而諛天地，雖恐不至。古者賡載相戒之風，於是掃地矣。

至於文人聯句方面，大才如韓愈等人作〈城南詩〉聯句雖百數十韻，但也沒有什麼佳作可以稱世。據此，可知〈柏梁臺詩〉雖在聯句上形成一新體；後世作者趨於末流，却純粹成爲侍制諛君、唱和應酬的作品罷了。

第二、在七言方面：〈柏梁臺詩〉對後代最大的影響，還是在於七言形式的形成。從〈柏梁詩〉的本身來看，文字拙樸，詞和韻重複的很多，只能說是衆人勉強攢聚雜湊成篇的，並不是什麼了不起的好詩。在形式上，却是第一篇整首是七言句的詩。儘管清人施補華說它僅是「具體」（《峴傭說詩》）。「具體」，意謂僅具備七言詩形式罷了。但這種整首七言的形式，對東漢七言詩的醞釀、製作，以及獻帝建安後曹丕能夠創作成熟完美的七言樂府〈燕歌行〉，可說有非常大的啓發的作用。

因此，歷代論述、研究詩歌的文章，像宋顏延之〈庭誥〉，梁劉勰《文心雕龍・明詩》、任昉《文章緣起》、劉孝標注《世說新語・排調篇》，唐吳兢《樂府古題要解》下〈連句〉、白居易〈六帖〉、元稹的〈杜甫墓誌銘〉、皮日休〈松陵集・序〉，宋宋敏求《長安志》中〈柏梁臺條〉、吳聿《觀林詩話》、嚴羽《滄浪詩話・詩體》，明王世貞《藝苑卮言》卷一、徐禎卿《談藝錄》、徐師曾《詩體明辨・聯句詩》、謝榛《四溟詩話》卷一、都穆《南濠詩話》，清王夫之《薑齋詩話》卷上、沈德潛《說詩晬語》、葉燮《原詩外篇》、錢木菴《唐音審體》、錢大昕《大駕齋養新錄》卷十、丁福保《全漢三國南北朝詩・緒言》等，都一致將漢武帝〈柏梁臺詩〉，推爲七言或聯句詩體的創始。

從上面兩點的闡述，我們可以知道漢朝〈柏梁臺詩〉流傳到後代的情形，以及它影響後代詩體的一般情形了。

二、柏梁臺詩的出處

甲、顧炎武的說法，認為出於《三秦記》

〈柏梁臺詩〉最初載錄在什麼書裏？過去沒有人注意過。到了清初，顧炎武作〈柏梁臺詩〉考證，見《日知錄》卷二十一，才提出「漢武〈柏梁臺詩〉，本出於《三秦記》」的說法。這可能由於他當時除了見到一般總集、類書載錄之外，還看到《三秦記》也載有這首詩；因爲《三秦記》的時代早，所以才下這個結論。

但是今人逯欽立對於這個說法，却以爲是顧氏誤讀宋宋敏求《長安志》卷三柏梁臺一條而來。（其說，見中央研究院歷史語言研究所《集刊》第十三本第二九二—三〇〇頁《漢詩別錄》二、〈柏梁臺詩〉。現在將逯氏所引的《長安志》的文字，抄錄如下：

《三秦記》曰：柏梁臺上有銅鳳，名鳳闕。《漢武帝集》：武帝作柏梁臺，詔群臣二千石，有能爲七言者，乃得上坐。帝曰：「日月星辰和四時。」梁王曰：「驂駕駟馬從梁來。」（下略）

由這段文字，可以知道〈柏梁臺詩〉出於《漢武帝集》。但逯氏所以認爲顧炎武的「本出於《三秦記》」的說法是「誤讀此書所致」；大概他的意思，是說：顧氏讀此書時忽略了其中「《漢武帝集》」四字，所以如此。這種假設，在缺乏佐證下，只能算作臆測，不能成立。日本學者鈴木虎雄，反對顧炎武〈柏梁臺詩〉出處的看法，也跟逯氏犯了同樣武斷的毛病。當然，也許有人會這樣懷疑：

〈柏梁臺詩〉既然《三秦記》也收有；宋敏求編《長安志》既先引用了《三秦記》的鳳闕事，那爲什麼接著〈柏梁臺詩〉要另外引《漢武帝集》呢？可見這個《漢武帝集》可能就是《三秦記》所引錄的。

關於這個問題，我們可以作這樣的解釋：

第一、學者著書立說，一般都講究找原始的出處。所以宋敏求引漢武帝《本集》，當然比引《三秦記》更好。所以《長安志》中，這個《漢武帝集》，未必就是從《三秦記》中轉引來的。

第二、假使顧氏讀過《長安志》，眞是這樣糊塗疏略的話，一眼就漏過了四個字。我想《日知錄》一書，在後代也就不會受人那樣的推崇了。一般稍具治學基礎的人，讀了上面一段的文字，大概也不會大意到一下漏掉這四個字吧。何況以治學謹嚴篤實著稱的亭林先生呢？所以在今天我們讀不到《三秦記》的原文下，只有承認顧氏之說，而不能夠依此判斷顧氏是誤讀的。

至於《三秦記》是怎樣的一本書？這倒應該研究一下。看看是不是最早載錄〈柏梁臺詩〉的一本古籍。

《三秦記》，辛氏撰。清秦榮光《補晉書·藝文志·地理類·都會郡縣之屬》中著錄有辛氏《三秦記》。據此，可知《三秦記》是晉朝人的著作。唐劉知幾在《史通·雜述篇》裏，說它是「地理書」。名《三秦記》，大概是因它專記三秦的風土人物。這部書，史志不見著錄，卷帙無考。可是唐、宋時很多人引錄其辭；清章宗源《隋書經籍志考證》卷六〈地理類〉「《三秦記》」條，就列有引文十餘處。我想也可能是收在古地理書中，如：《隋志》有《地理書》一百四十九卷；因而留傳後代。所以宋人李昉編《太平御覽》，還能引用其書（見《御覽·引書目》頁二十四）；清人沈德潛編《古詩源》，還能選有《三秦記·民謠》（見卷一〈古逸〉）。《三秦記》雖不知佚於何時？但由此也可以想見：顧氏從《三秦記》中，讀到〈柏梁臺詩〉，應當是可能的事。

乙、逯欽立的考證，認為最早出於「東方朔別傳」

《三秦記》只是晉朝人的著作，它不是載錄〈柏梁臺詩〉最早的一部古籍，自是可想而知的。那麼，那一部書是最早的呢？近人逯欽立在《漢詩別錄》的〈柏梁臺詩〉一節中，曾對這個問題加以研究，提出了〈東方朔別傳〉。現將他研究的要點摘錄下來。他引宋劉義慶《世說・排調篇》「王子猷詣謝公」一則記載：

謝曰：「云何七言詩？」

劉孝標《注》，引：

〈東方朔傳〉曰：「『漢武帝在柏梁臺上，使群臣作七言詩。』七言詩，自此始也。」

逯氏說此「可證孝標所見〈柏梁臺詩〉，本在朔傳。」

燊按：據此《注》，可以說明〈東方朔別傳〉中，曾記載有漢武帝與群臣在柏梁臺上作過七言詩這件事。逯氏又據《太平御覽》三百五十二〈兵部・戟上〉引：

〈東方朔傳〉曰：「孝武元封三年，作柏梁臺，詔群臣有能七言者，乃得上坐。衛尉：『周衛交戟禁不時。』」

燊按：考「衛尉」下有一「口」字，逯氏未引。查《太平御覽》原文，有一「口」字，應該是「曰」字；「口」中「一」橫，當是年久刊落；其下「周衛交戟禁不時」，正是〈柏梁臺詩〉中「衛尉所聯句」。據上面文字，可以知道：〈東方朔別傳〉不但記載漢武柏梁聯句之事，且曾載錄其詩。〈東方朔別傳〉，今已佚亡，文字散見各「類書」中。逯欽立氏曾整理其文，與班固《漢書・東方朔傳》文字作比較考證，認爲〈東方朔別傳〉在前，即班固寫《漢書》卷六十五〈東方朔傳〉時所採用「世所傳」的資料，即師古所說：「謂如〈東方朔別傳〉。」褚少孫補《史記・東方朔》等傳，亦自謂採自「外家傳語」。褚少孫，漢元帝、成帝間人。〈東方朔別傳〉，西漢元、成之際，殆已成爲膾炙人口的傳記。逯氏考證精細縝密，可以採信。

〈東方朔別傳〉，既係西漢舊記；所以可說是載錄〈柏梁臺詩〉最早的一部古籍。

丙、漢武帝集，也載錄有這首詩

逯欽立又根據《太平御覽》二百二十五〈職官部·御史大夫〉條引說：

《漢武帝集》曰：「武帝作柏梁臺，詔群臣二千石，有能爲七言者，乃得上坐；御史大夫曰：『刀筆之吏臣執之。』」

與宋敏求〈長安志〉引《漢武帝集》所載〈柏梁臺詩〉。而認爲〈柏梁臺詩〉，又見於《漢武帝集》。不過他認爲：

漢人別集，率自別傳刪取。刪取之者，率爲梁人。（見《漢詩別錄》二、〈柏梁臺詩〉）

燊按：《太平御覽》一百五十四〈皇親部·公主下〉，又有「《漢武帝集·柏梁詩》曰」，下接「左九嬪作〈萬年公主誄〉」。這中間疑脫「外家公主不可治」一句。由此更可充分證明〈柏梁臺詩〉，確又見《漢武帝集》。但文集的起源，不像逯欽立所說：「由梁人編定。」章學誠《文史通義·內篇·文集篇》說：

自摯虞創爲《文章流別》，學者便之，於是別聚古人之作，標爲別集。則別集之名，實始於晉代。

其實《隋書・經籍志》已云：「別集之名，東京所創。」則東漢已有別集；大概晉朝漸盛；到梁阮孝緒編撰《七錄》，有〈文集錄〉；集部著錄於志，則始於梁朝。所以逯氏「梁人始編爲別集」，此說未妥。梁《七錄》有《漢武帝集》二卷。《漢武帝集》的編定，當也是很早的事。《隋志》存一卷，《新・舊唐志》仍爲二卷。元脫脫等修《宋志》無，可能宋後始佚亡。

丁、結　論

由以上的考證，本節可以下這樣的一個結論。

〈柏梁臺詩〉最早可能是出於〈東方朔別傳〉。因〈東方朔別傳〉是西漢流傳下來的，來源當很眞實可靠。以後，又收於《漢武帝集》；其資料來源，可能從當時流傳的漢武帝作品中採錄，也可能是從〈東方朔別傳〉中採錄。辛氏編《三秦記》，記載漢武柏梁舊事，因此也採錄其詩。

三、有關柏梁臺詩的本子及注文的比較與訂正

〈東方朔別傳〉、《漢武帝集》、《三秦記》等書，都已佚亡不見，我們現在無法再從這些書中見到〈柏梁臺詩〉的全貌。雖然如此，但由於〈柏梁臺詩〉是一首有關漢武帝軼事的詩，又是七言和聯句的創始，因此在後代非常風行；後人編類書選集，像唐歐陽詢《藝文類聚》，宋章樵注《古文苑》，明馮惟訥《古詩紀》、李攀龍《古今詩刪》、徐師曾《詩體明辯》，清沈德潛《古詩源》、王士禎《古詩選》、王闓運《八代詩選》，都載有這首詩。由這些書的載錄，本來是可以看出廬山的眞面目來。但

是自從章樵爲《古文苑》作〈訓注〉，在這首詩許多句子的下頭添注作者的姓名，明、清選家像馮惟訥等不加細察，將章所注的姓名，當作原有文字採錄入集。由於這些選集的流行，於是就掩沒了這詩原有的面目了。又因章樵〈注〉錯誤甚多，與史實多不合，又引致後人對這首詩眞實性的懷疑。現在，根據前面所說的《藝文類聚》以下各書，抄錄它有關及不同的文字，說明比較，探究它眞正的本相、演變的情形和致誤的原因。

甲、藝文類聚中的柏梁臺詩

《藝文類聚》，歐陽詢主編，共一百卷，成書在唐高祖武德時（西元六二〇）。他根據隋朝以前遺文舊籍一千四百多種編成，甚是可靠。其卷五十六〈詩賦部〉載有〈柏梁臺〉這首詩。現在把它抄在下面。

〈柏梁臺詩〉

漢孝武皇帝元封三年，作柏梁臺，詔群臣二千石，有能爲七言者，乃得上坐。

皇帝曰：「日月星辰和四時。」

梁王曰：「驂駕駟馬從梁來。」

大司馬曰：「郡國士馬羽林材。」

丞相曰：「總領天下誠難治。」

大將軍曰：「和撫四夷不易哉。」

御史大夫曰：「刀筆之吏臣執之。」
太常曰：「撞鐘擊鼓聲中詩。」—擊，一作「伐」字
宗正曰：「宗室廣大日益滋。」
衛尉曰：「周衛交戟禁不時。」
光祿勳曰：「總領從官柏梁臺。」—官，一作「宗」字誤
廷尉曰：「平理清讞決嫌疑。」
太僕曰：「脩飾輿馬侍駕來。」—輿，一作「車」字
大鴻臚曰：「郡國吏功差次之。」
少府曰：「乘輿御物主治之。」
大司農曰：「陳粟萬石揚以箕。」—石，一本誤作「碩」字
執金吾曰：「徼道宮下隨討治。」
左馮翊曰：「三輔盜賊天下危。」—危，一本作「尤」字
右扶風曰：「盜阻南山爲民災。」
京兆尹曰：「外家公主不可治。」
詹事曰：「椒房率更領其材。」—材，一本作「財」字
典屬國曰：「蠻夷朝賀常會期。」

大匠曰：「柱枅欂櫨相枝持。」

太官令曰：「枇杷橘栗桃李梅。」

上林令曰：「走狗逐兔張罘罳。」——罘罳，一本作「罝罘」

郭舍人曰：「齧妃女脣甘如飴。」

東方朔曰：「迫窘詰屈幾窮哉。」

從這首詩，我們知道幾點：

1.作者，共二十六人，每人作一句七言。在每個句子上頭，各署出作者的爵位或官銜，沒有注明姓名，下頭並加一個「曰」字。如：「皇帝曰」「梁王曰」「大司馬曰」是。只有最後兩個人：郭舍人，標出姓來，東方朔標出姓名。

按：這和宋敏求〈長安志〉引自《漢武帝集》的文字，李昉《太平御覽》卷三百五十二〈戟上〉引自〈東方朔傳〉的文字，又卷二百二十五〈御史大夫〉引自《漢武帝集》的文字，吳聿《觀林詩話》所引用的幾句文字，格式完全相同。可見這當是〈東方朔別傳〉、《漢武帝集》中原詩的格式。

但是由「皇帝曰」「梁王曰」「大司馬曰」「丞相曰」看來，這種格式，似爲當時臣吏輯錄大家的詩句時的口吻；所以只稱作者官銜，不稱姓名。但據最後一句「東方朔曰」，而不作「大中大夫曰」；似又不類。獨對「東方朔」稱姓名，不稱官銜何也？我們由宋孝武帝〈華林都亭曲水聯句〉、梁元帝〈清言殿聯句〉來看作者部份，臣子作的都有個「臣」字。例如：

這個較可能是原格式的照錄，所以作者自稱「臣」的形跡還保留在裏邊。就是梁武帝〈清暑殿聯句〉、唐中宗〈內殿聯句〉，都沒有「臣」字，但也不加「曰」字。例如：

臣謬叨寵九流曠　吏部尚書臣莊
升降端揆而才非　侍中尚書僕射臣裒
言慙輻湊政無術　新安太守任昉
李嶠　運籌帷幄荷時來

這種格式，還能使我們想起：現在有些詩鐘會上每人作一聯時的情況，詩做好了，作者自己標上姓名。所以像漢武帝〈柏梁聯句〉的「皇帝曰」「梁王曰」「大司馬曰」，就語氣上說，絕不是當時與會作詩者自注的口吻；由於有「東方朔曰」一句，可斷定也絕不是當時臣吏輯錄的筆調。最可能是後來編〈東方朔傳〉作者所追注的；所以稱諸人用官位，稱朔則用「姓名」了。

其次，〈柏梁臺詩〉句上注的官名：「光祿勳」、「大鴻臚」「大司農」、「執金吾」、「左馮翊」、「右扶風」、「京兆尹」七個，都是武帝太初元年（西元前一〇四）更改官名後的官名；這些官名在元封三年（西元前一〇八）應作「郎中令」、「大行令」、「大農令」、「中尉」、「左內史」、「都尉」、「右內史」（見《漢書》卷十九〈百官公卿表〉上）。可是東方朔卒於武帝太始三年（西元前九四）。太初改官名後十年，所以〈柏梁臺詩〉採用太初後官名，不用元封時官名，更可旁證這些官位是「後來編〈東方朔別傳〉作者所追注而改用『新官名』」的看法。

2.在內容方面：武帝和群臣多就自己的職分而詠。如：丞相曰：「總領天下誠難治。」大將軍曰：「和撫四夷不易哉。」有的還寄寓規警之意；如左馮翊曰：「三輔盜賊天下危。」右扶風曰：「盜阻南山爲民災。」京兆尹曰：「外家公主不可治。」只有東方朔曰：「迫窘詰屈幾窮哉。」是出之詼諧，戲寫群臣奉命作詩時的苦況。

3.〈柏梁詩〉的韻式，是每句押韻，且同用一韻。後來曹丕的〈燕歌行〉就是仿傚這種押韻法的。只是〈柏梁詩〉重韻的地方很多。據都穆《南濠詩話》的統計：全篇二十六句，重韻佔十四句。如：

「時」字，皇帝和衛尉兩句重韻。

「來」字，梁王、太僕兩句重韻。

「材」字，大司馬、詹事兩句重韻。

「哉」字，大將軍、東方朔兩句重韻。

「治」字，丞相、執金吾、京兆尹等三句重韻。

「之」字，御史大夫、大鴻臚、少府等三句重韻。

總計佔全詩韻數二分之一。其間不重者僅十二句。

按：這可能是由於當時限用一韻，大家同時做，所以有這樣多的韻重複。這也可以說因它是我國第一首聯句，所以有這種缺點。後代的聯句，是依次而作，就沒有這種毛病了。韓愈、孟郊聯句，動輒百數十韻，從頭到尾，無一韻字相重。

其次從押韻上說：「之」「治」同部，正是先秦的古韻。〈柏梁臺詩〉韻字，據《廣韻》：「時」、「之」、「詩」、「滋」、「疑」、「期」、「持」、「治」、「箕」、「罳」、「飴」都屬「之」韻。其中只有一個「危」字出韻，在「支」韻，這適足以證明「支之」二韻在漢代音值已漸漸接近，可以同用了。其他「來」「材」「哉」「臺」「災」等字屬「咍」韻，「梅」字屬「灰」韻，古與「支脂之」韻通用。「支脂之咍灰」，據清顧炎武《十韻表》江永《十三韻表》都收於第二韻部。

4.不僅重韻，重字也多。據逯欽立《漢詩別錄》統計：全篇一百八十二字，其中相重的字，有：

(1)「日」、「和」、「四」、「時」、「駕」、「從」、「來」、「郡」、「國」、「材」、「總」、「天」、「夷」、「哉」、「吏」、「輿」、「主」、「盜」等字，皆二字相重。

(2)「馬」、「領」、「下」、「不」等字，皆三字相重。

(3)「治」、「之」等字，皆四字相重。

重字共五十六字，約佔全詩字數三分之一。

我們由它的韻、字重複，可以看出當日衆人勉強雜湊成篇的情況，以及這詩原有的面目了；但也可以見出這首詩樸質的地方，斷不是後人的假託；若果是後人的擬作，手法當不至如是拙笨。而且由押韻的同部通韻的情形來看，也可以證明這確是漢人的作品。

乙、古文苑、章樵注古文苑、諸家選集及清光緒本古文苑中的柏梁臺詩

其次，我們要討論的是《古文苑》、章樵注《古文苑》及明、清諸家選集中有關〈柏梁臺詩〉注

文的演變。

《古文苑》這部書，據韓元吉宋孝宗淳熙六年（西元一一七九）六月所作〈記〉，說是「唐人所藏」，「孫巨源於佛寺經龕中得」到。由元吉「次爲九卷」。

在這個本子裏，〈柏梁臺詩〉注文格式，已稍變動。據清錢曾《讀書敏求記》說：

韓元吉本《古文苑》卷中〈柏梁詩〉，每句下，但稱官位，而無名氏。有姓、有名者，唯郭舍人、東方朔耳。（見卷四《古文苑》條）

《藝文類聚》中「作者官位」原注在每句上面，至此才被改注在每句下面，但仍保持《藝文類聚》中的原狀。接著錢氏又說：

世所行注本《古文苑》，於每句下，各增名姓。

這裏所謂「世所行注本」，就是指章樵在宋理宗紹定五年壬辰（西元一二三二）間，爲吳縣縣令時，「竊薄書期會之暇，續以燈火餘工」，所「玩味參訂」，「爲之訓注」的本子。考這章注《古文苑》，共二十一卷，在宋理宗端平三年丙申（西元一二三六）刻印成書。理宗淳祐七年丁未（西元一二四七）再版。現在有上海涵芬樓借常熟瞿氏鐵琴銅劍樓藏宋刊景印本。卷八收有〈柏梁臺詩〉。除原有官位外，章氏爲添注名姓。後來明、清選家在選錄〈柏梁臺詩〉附注作者的時候，就根據章氏所增注的名姓刪錄入集。最初可能是由明馮惟訥《古詩紀》首先作俑。錢曾《讀書敏求記．古文苑》條，馮舒《詩紀匡謬》都認爲馮惟訥氏採錄不當。同時李攀龍《古今詩刪》、徐師曾《詩體明辯》，清沈德潛《

古詩源》、王士禎《古詩選》、王闓運《八代詩選》，相沿抄襲。清光緒十二年丙戌（西元一八八六）間江蘇書局刻印章樵注《古文苑》時，因受明、清選集的影響，刪改章樵原注的一些文字。現在據：

(1)南宋淳熙六年韓元吉所刊的九卷《古文苑》無注本。

(2)南宋刊印的紹定間章樵訓注的二十一卷《古文苑》本。

(3)諸家選集（包括《古詩紀》、《古今詩刪》、《詩體明辯》、《古詩源》、《古詩選》）。

(4)清光緒丙戌江蘇書局刻印《古文苑》本。

將其中有關〈柏梁臺詩〉的注文部份，比較如下：

(1)宋韓元吉刊《古文苑》本	(2)宋刊章樵注《古文苑》本	(3)諸家選集	(4)清光緒江蘇書局刊《古文苑》本
—皇帝	—皇帝	—皇帝　或作帝　或作武帝	—皇帝
—梁王	—梁王　孝王武	—梁孝王武	—梁孝王武　燊按：和宋刊章樵注本比較，刪略一個「王」字，成「梁孝王武」。這大概是受諸家選集的影響。
—大司馬	—大司馬　漢制，郡國之兵，有材官騎士；營衛之兵，有期門羽林。據《百官表》：「元狩四年，衛青爲大司馬、大將軍。霍去病爲大司馬、驃騎將軍。至六年，去病薨。」是時青兼	—大司馬	—大司馬　燊按：這條和宋刊本比較，注文中漏列「有材官騎士，營衛之兵」九字，餘同宋刊章樵注本。

二職，詩亦再賡邪？

—丞相
—大將軍
—御史大夫
—太常
—宗正
—衛尉
—光祿勳
—廷尉
—太僕
—大鴻臚
—少府

—丞相 石慶
—大將軍 衛青
—御史大夫 兒寬
—太常 周建德
—宗正 劉安國
—衛尉 路博德
—光祿勳 徐自爲
—廷尉 杜周
—太僕 公孫賀
—大鴻臚 壺充國
—少府 王溫舒

—丞相 石慶
—大將軍 衛青
—御史大夫 兒寬
—太常周 建德
—宗正劉 安國
—衛尉路 博德
—光祿勳 徐自爲
—廷尉 杜周
—太僕公 孫賀
—大鴻臚 壺充國
—少府王 溫舒

—丞相 石慶

桑按：以下各條都和宋刊章樵注本相同。所以下面就省略不列。

—大司農
—執金吾
—左馮翊
—右扶風
—京兆尹
—詹事
—典屬國
—大匠
—太官令
—上林令

—大司農
張成
—執金吾
中尉豹
—左馮翊　京兆尹、左馮翊、右扶風爲三輔。言夾輔帝居，不可有盜賊。
盛宣
—右扶風　是時，帝從事四夷，天下騷動。據此詩三輔已有盜。
李成信
—京兆尹　漢書竇嬰、田蚡傳上：「俱外家，故廷辨之。」嬰，景帝從舅；蚡，太后同母弟：故言俱外家。與文帝女館陶長公主，王太后女平陽、南宮、隆慮三公主，皆恣橫不法。是時，嬰、蚡俱已死，太后已崩，故京兆敢云。
—詹事
陳掌
—典屬國
—大匠
—太官令
—上林令

—大司農
張成
—執金吾
中尉豹
—左馮翊
盛宣
—右扶風
李成信
—京兆尹
—詹事
陳掌
—典屬國
—大匠
—太官令
—上林令

—郭舍人 —東方朔	—郭舍人 —東方朔　朔善諧謔。此語蓋戲弄群臣也。按：此詩群臣各以其職詠一句，無甚理致。其間亦有敢言，隱然寓規儆之意者。齊、梁間多倣其體，而骨氣寖不及。	—郭舍人 —東方朔

我們看了這個比較表，可以歸納出幾點：

1.據韓元吉本、章樵《注》本兩個本子比較，我們可以知道章樵添注文字有兩個部份：

(1)在「大司馬」「左馮翊」「右扶風」「京兆尹」「東方朔」五條下面，章氏都作有詳細注釋說明。

(2)在梁王以下十七個句子下面，除列原有的官位外，章氏又各爲添注姓名。像「梁王」加注「孝王武」，「丞相」加注「石慶」，「大將軍」加注「衛青」是。

2.章氏在「大司馬」等五條的詳注中，他提到許多引用的書名、篇名；「大司馬」一條，注文說明柏梁作詩時霍去病已去世，時衛青身兼大司馬、大將軍二職，大司馬一句也是青作。東方朔條並說齊梁人多倣其體，只是骨氣不及。這兩部份說明，一眼就可看出是「注文」。至於其他十七個句下加注姓名，體例也非常分明。他將原有的「官位」列一行，添注的「姓名」另起一行。如梁王孝王武、丞相石慶、大將軍衛青是。絕不相混一起。中間甚至還有空一格的，如梁王 孝王武之類是。這跟現在注文章方式一樣，本文和注文中間空一格或加冒號「：」；表示「上面爲原文，下面爲注文」也。

3.據這個表，可見明、清選集注文，是根據章樵《注》來的。例如梁王孝王武一條，章《注》意思說「梁王就是孝王武」，所以其中「王」字重複；不是《古文苑》原文如此。按：若是原文，只要作「梁孝王武」就夠了，絕對不會有這種「疊牀架屋」的毛病。明、清選家不察，隨手將其中重複「王」字刪去，於是這一條都成爲「梁孝王武」了。這大概是他們認爲這個「王」字是多餘的，可以省略。其他各條也都是這樣照錄進去的，詳注說明卻全都省掉，官位、名姓的排列格式也相混一起，不像章樵嚴格地加以分行（請參閱比較表(3)）的部份。這種形式，當然會掩沒了〈柏梁詩〉原有的面目了。

4.諸選集越風行，對後人的影響也越大。像清光緒間江蘇書局刊印章樵注《古文苑》本，也就此更改爲「梁孝王武」，與宋刊本章樵的原《注》不同（請參閱比較表(4)的部份）。

丙、章樵注的謬誤與訂正

明、清人在選詩編集的時候，刪錄前人的注文，附於有關詩句的下面；這種方式原是對的，無可非議。但是問題出在章樵注〈柏梁臺詩〉錯誤很多；諸選家未經辨別而照錄，所以難免蹈「不靈不解」之譏。錢曾《讀書敏求記》卷四〈古文苑條〉，紀昀《四庫全書總目》卷一百八十六〈古文苑提要〉，丁福保《全漢三國晉南北朝詩・緒言》，或考章《注》的謬誤，或引前人說章《注》不可信，或抨擊選家「仍其譌而不知」。像「梁王」《注》作「孝王武」；據時代來看，完全不符史實。據〈柏梁臺詩序〉說：這首詩「作於元封三年」。漢武帝元封三年，梁孝王武已過世三十六年，這時正當梁孝王孫平王襄二十九年。章樵《注》作「孝王武」，實在謬誤。不過後代學者還可以據它形式，知爲《注》文。到明、清諸選家把它一改作「梁孝王武」，列在句下的作者部份，於是就使後人無從辨別了。於是有一些學者就據這不實之《注》，證詩之僞。

章樵的謬誤，不止上述「梁王作孝王武」一條。我讀班史知道章樵注〈柏梁臺詩〉作者的姓名，除「梁王」及「詹事」二條外，其他各條都是根據《漢書》卷十九下〈百官公卿表〉作《注》。因〈柏梁臺詩〉作於武帝元封三年；章氏就依據詩句下附注官位，然後在〈公卿表〉元封三年的前後找出有關的姓名塡入。〈表〉中無記載的，如「典屬國」「大匠」「太官令」「上林令」諸條，章氏也就付之缺如。因爲是這樣作注，再加章氏的疏忽，所以錯的地方就很多了。現將他的謬誤處考訂如下：

1.「太常」條，注作「周建德」，是錯誤的。按：〈公卿表〉武帝元鼎五年載：「平曲侯周建德爲太常。陽平侯杜相爲太常五年，坐擅繇大樂令論。」顏師古曰：「擅役使人也。」據此，知道周建德元鼎五年曾任太常，但不久免；由杜相繼任；相經五年，又以「坐擅繇大樂令而論」免。元鼎五年（西元前一一二）之後五年，就是元封四年（西元前一〇七），表作「酇侯蕭壽成爲太常」。據此，則元封三年，太常應該是「杜相」，而不是「周建德」。

2.「宗正」條，注作「劉安國」，按〈公卿表〉元鼎四年載：「宗正劉安國爲大農令客。」王先謙《補注》：「『爲』字衍，官本無。」我却懷疑「客」字爲衍文。據此，早在元鼎四年（西元前一一三），劉安國就已經不做「宗正」這個官了。只是繼任者何人，無考。

3.「太鴻臚」條，注作「壺充國」，是錯誤的。據〈公卿表〉，武帝太初元年（西元前一〇四），充國才任此官，二年免；上距元封三年（西元前一〇八）作詩的時候，相去差不多四年。只是元封三年，誰爲大鴻臚，無考。

4.「大司農」條，注作「張成」，是錯誤的，按〈公卿表〉元鼎六年載：「大農令張成。」王先謙《補注》：「成坐東粵反，不敢擊，畏懦誅（見〈兩粵傳〉）。」查《漢書》卷九十五〈兩粵傳〉：張成於元鼎六年（西元前一一一）秋，坐誅。距元封三年（西元前一〇八）作詩之時，成已死三年多，又怎能夠參加聯句？只是繼任者是誰，無考。

5.「左馮翊」條，注作「盛宣」，是錯誤的。按：〈公卿表〉元封元年載：「咸宣爲左內史，六年免。」又《漢書》卷九十〈酷吏傳〉有〈咸宣傳〉。顏師古曰：「咸，音減。」《史記・酷吏傳》作〈減宣〉。沒有作「盛宣」的；可見《注》作「盛宣」，當是章氏轉抄時筆誤。「左內史」，就是〈柏梁臺詩〉中的「左馮翊」。

6.「右扶風」條，注作「李成信」。據〈公卿表〉元鼎四年載：「右內史李信成」。至元封四年爲王溫舒所代。又〈表〉元狩四年載：「李信成爲太常。」也是作「李信成」。所以章氏這條注有兩點錯誤：⑴是章氏將人名抄倒，「信成」抄作「成信」。⑵是將官名搞錯，「右內史」就是後來「京兆尹」，不是「右扶風」。「李信成」爲「右內史」，應該注在「京兆尹」下，不應該注在「右扶風」下。

由此可見章氏讀書、注書的態度都極粗心大意。

7.「詹事」條，注作「陳掌」，也不大可靠。章注這條是依據《漢書》卷五十五〈霍去病傳〉：「詹事陳掌」而來。按：霍去病的母親少兒是衛皇后的姊姊。〈去病傳〉說：「衛后尊，少兒更爲詹事陳掌妻；去病以皇后姊子，年十八爲侍中。」又按：衛子夫是在武帝元朔元年尊爲皇后。據此，少兒改嫁詹事陳掌當也在這年。而元朔元年（西元前一二八），下距元封三年（西元前一〇八）作詩之時，遠隔二十年。這時，陳掌是否還在做「詹事」這個官，很成問題。這條當也是章樵據〈霍去病傳〉附會而注成罷。

章樵所注的姓名共十七條，錯誤地方，連「梁王」一條計算在內就有八條，約佔二分之一，實在可怕。可是看上列的比較表，我們知道明、清選家沿用這種滿篇錯誤的注釋而不知，以致前後矛盾，不合史實，啓後人的懷疑。丁福保認爲這些「章樵妄增之姓名，宜刪。」其實要刪也無從刪起，因爲這些本子已經流行開去。因此，這裏只將訂正的結論，抄錄如下，供大家參考或進一步補充：

(1)梁王：梁平王襄。（章《注》：孝王武誤）
(2)太常：杜相。（章《注》：周建德誤）
(3)宗正：待考。（章《注》：劉安國誤）
(4)大鴻臚：待考。（章《注》：壺充國誤）
(5)大司農：待考。（章《注》：張成誤）
(6)左馮翊：咸宣。（章《注》：盛宣誤）

(7)右扶風：待考。（章《注》：李成信誤）

(8)京兆尹：李信成。（章《注》：無）

(9)詹事：待考。（章《注》：陳掌，不可信）

四、顧炎武柏梁臺詩考的辨正

漢武帝〈柏梁臺詩〉，從劉宋以來就是大家所熟悉的一首詩。有關它的產生的年代問題從來沒有人懷疑過，自有它符合於歷史眞實性的條件存在著（請參閱本章一、二兩節）。但是到了清初，名學者顧炎武首先提出「考之於史，則多不符」的說法，論定是後人的擬作（說見《日知錄》卷二十一）。這個結論，對於近代研究文學史的學者的觀點產生了極大的影響。像梁啓超著《中國之美文及其歷史》（見一七—一八頁、陳鐘凡著《中國韻文通論》（見一四五頁）、劉大杰著《中國文學發展史》（見上冊一四七頁、又一八三頁）、日人青木正兒著《中國文學概說》（見隋樹森譯本六二頁）、葛賢寧著《中國詩史》（見一〇四頁）、傅隸樸著《中國韻文概論》（見第一冊一〇五頁）等等都採用了顧炎武的說法，而認爲〈柏梁詩〉的不可信，是後人的僞作。另一方面，也有反駁顧氏看法的，像紀昀《四庫全書總目》卷一八六〈古文苑提要〉、丁福保《全漢三國晉南北朝詩·緒言》、逯欽立《漢詩別錄·柏梁臺詩》、李曰剛《七言起於漢武柏梁考辨》（見《文風》第六期），可爲代表。有贊成，有反對，二說紛紜。所以我覺得對於顧炎武的考證有再加討論的必要。謹將我研究各家的觀點及我個人考證的心得，而作本節的辨正。

甲、顧炎武日知錄的考證

現在先將顧炎武氏在《日知錄》卷二十一中有關〈柏梁臺詩〉一條的考證，加上標點，附注西元年代，文字出處，分段抄錄如下：

漢武帝〈柏梁臺詩〉，本出《三秦記》，云是「元封三年（西元前一○八）作」。而考之於史，則多不符。

1.按：《史記》及《漢書・孝景紀》：「中六年（西元前一四四）夏四月，梁王薨。」〈諸侯王表〉：「梁孝王武三立十五年薨。孝景後元年（西元前一四三），共王買嗣，七年薨。建元五年（西元前一三六）平王襄嗣，四十年薨（武帝天漢四年・西元前九七）。」《文三王傳》同。

又按：孝武元鼎二年（西元前一一五）春，起柏梁臺（見《漢書・武帝紀》）。──是爲梁平王之二十二年；而孝王之薨，至此已二十九年。──又七年，始爲元封三年（西元前一○八）。

2.又按：平王襄，元朔中（約西元前一二五前後）以與大母爭樽。公卿請廢爲庶人。天子曰：「梁王襄無良師傅，故陷不義。」乃削梁八城；梁餘尚有十城（見《史記・梁孝王世家》）。

3.又按：平王襄之十年，爲元朔二年（西元前一二七），來朝；其三十六年，爲太初四年（西元前一○一），來朝（見《史記・漢興以來諸侯年表》）：皆不當元封時。

4.又按：〈百官公卿表〉：

郎中令：武帝太初元年（西元前一〇四）更名光祿勳。
典客：景帝中六年（西元前一四四）更名大行令；武帝太初元年更名大鴻臚。
治粟內史：景帝後元年（西元前一四三）更名大農令；武帝太初元年更名大司農。
中尉：武帝太初元年更名執金吾。
內史：景帝二年，分置左（右）內史。右內史，武帝太初元年更名京兆尹；左內史，更名左馮翊。
主爵中尉：景帝中六年更名都尉；武帝太初元年更名右扶風（見《漢書》）。
凡此六官，皆太初以後之名，不應預書於元封之時。

5.又按：《孝武紀》：「太初元年（西元前一〇四）冬十一月乙酉，柏梁臺災。夏五月正歷，以正月爲歲首，定官名。」（見《漢書》）——則是柏梁既災之後，又半歲而始改官名；——而大司馬大將軍青，則薨於元封之五年（西元前一〇六），距此已二年矣。

6.反復考證，無一合者，蓋是後人擬作。剽取武帝（太初）以來官名，及〈梁孝王世家〉「乘輿駟馬」之事：以合之。而不悟時代之乖舛也。——按：〈世家〉：「梁孝王二十九年（西元前一五〇）十月入朝。景帝使使持節乘輿駟馬，迎梁王於闕下。」臣瓚曰：「天子副車駕駟馬。」此一時異數。平王安得有此？

我們研究這篇考證，可以發現顧炎武參考《史記》、《漢書》舉出了許多地方不合史實，因此他認爲〈柏梁臺詩〉是後人的擬作。

乙、對「顧氏考證」的剖析與辨正

顧氏上面幾點的考證，雖然說證據很翔實，論點很有力，近代某些學者也多採用其說；但是我總覺得一個研究文學史者，採用一家的結論，應求絕對正確，以免將可能錯誤的知識傳播給大家，所以還要小心謹慎，將他所論的各點加以查證，看看能不能絕對地成立。能夠成立就採用，不能成立就捨棄。現在概括顧氏〈柏梁臺詩〉考證的內容，並逐條加以剖析如下：

第㈠點、顧氏根據《史、漢．孝景紀》、《漢書．諸侯王表、文三王傳》，指證「梁王」有梁孝王武、梁共王買、梁平王襄三人。並進一步說明漢武作〈柏梁臺詩〉的元封三年，是正當梁平王襄的時候。

按：顧氏這點只是在考定〈柏梁臺詩〉中第二句「梁王曰」的這個「梁王」，是梁平王襄罷了。這個問題，本來沒什麼好討論的。但是由於後人如：紀昀、丁福保、李日剛等人，都誤解了顧氏這個考證。以爲他是根據《古文苑》章樵所注錯的人物姓名，來駁斥〈柏梁臺詩〉，而認定是後人僞作的（註）。因爲有這種誤解之說的提出，所以這裏不得不略加辨明。顧氏在這篇考證的開頭說：

漢武帝〈柏梁臺詩〉，本出於《三秦記》，云：是元封三年作。而考之于史，則多不符。

這句話非常明白，就是說明他是根據《三秦記》所載錄的詩及年代，而「考之于史」，因爲有許多不符，所以下文的結論認爲是「後人擬作」。據此，可以知道這和《古文苑》章樵《注》毫無關係。而且他也沒有一言半字提到章樵《注》，內容也沒有據章樵所注的「梁孝王武」來駁斥姓名的矛盾。紀、丁、李三家的大毛病就在旁生枝節，在題外大做反駁文章。這當然不能使人信服。這裏也就不再討論了。

第㈡點、顧氏是在說明梁平王襄曾經獲罪削城；他目的大概是要反證梁平王因曾經獲罪，所以不可能有「驂駕駟馬從梁來」這種事（請參閱顧氏考證第⑹點）。

按：梁平王的獲罪，在元朔中（約當西元前一二五前後），下距元封三年（西元前一〇八），已遠隔十八年。無論什麼罪愆也都過去；何況他獲罪後，仍保存十城，爲王如故，並沒有削籍爲民：所以這對於梁平王元封時能不能來朝參加柏梁宴詩的事，可說看不出有什麼影響。這點考證，實在沒有什麼意義。

第㈢點、顧氏考定梁平王襄來朝的年代，是在元朔，在太初，不在元封時候。

按：顧氏這點是根據《史記》卷十七〈漢興以來諸侯年表〉的記載而考定的。認爲梁平王來朝的年代不在元封，那自然就不可能有參加柏梁宴詩的這件事了。這點考證，雖甚有力；但是仍然不足以證明元封三年梁平王沒有入朝的事實。這裏有兩點，可以反證他這個觀點不夠作依據的理由。

1.是《史記・漢興以來諸侯年表》的本身，可能有錯誤。清張照《史記》卷十七〈漢興以來諸侯年表考證短序〉，就曾說過：

> 此表格數既多，年代久遠，邦國分併又屢，而且《集解》、《索隱》、《正義》，參雜其間，一字一行，連篇累牘……其間「是否」難定。今將訛字之顯著者改正。

後代傳鈔的錯格，刊印的遺落，也在所難免：所以這〈表〉的可靠性，是有問題的。這是不夠作依據的理由之一。

2.《史記》的作者司馬遷對諸侯王入朝的小事，是否一一記入，而無遺漏，也是一個問題。就拿司馬遷《史記》卷五十八〈梁孝王世家〉記載梁孝王的入朝，班固《漢書・文三王傳》記載的梁孝王武、代孝王參、梁懷王揖三王的入朝，和《史記・漢興以來諸侯年表》所載三王入朝的年代和次數作比較。就可以看出：有《漢書》有，而《史記》沒有的；有《漢書》記這一年，《史記》却記另一年的。現在試列表如下：

	⑴《史記・漢興以來諸侯年表》	⑵《史記・梁孝王世家》	⑶《漢書・文三王傳》
	入朝年代次數	入朝年代次數	入朝年代次數
梁孝王武	六年、八年、十年 十四年、十八年 二十一年、二十四年、二十五年 二十九年、三十一年、三十五年 （凡十一朝）	十四年、十七年、十八年 （比年入朝） 二十一年、二十四年、二十五年 二十九年、（又有上書請朝一次）三十五年 （凡九朝）	十四年、十七年、十八年 （比年入朝） 二十一年、二十四年、二十五年 二十九年、（又有上書請朝一次）三十五年 （凡九朝）
代孝王參	六年、十年（凡再朝）		五年一朝，凡三朝
梁懷王揖	六年、十年（凡再朝）		五年一朝，凡再朝

由上表比較，可以知道《史記・漢興以來諸侯年表》，和《史記・梁孝王世家》、《漢書・文三

王傳》所載的有出入。如：

①梁孝王武的入朝、〈年表〉載有十一次；〈世家〉僅九次；〈文三王傳〉與〈世家〉同。其中六年、八年、十年、三十一年四次，〈世家〉、〈文三王傳〉，均無記載。王先謙《漢書・文三王傳・補注》：「《史・表》七年（按：應作六年）、八年、十年，〈傳〉不言、蓋自王梁者數之。」又〈世家〉、〈文三王傳〉在「二十九年與三十五年間」，有「上書請朝」一事，王先謙《補注》認爲「即《史・表》三十一年來朝」事。——這猶有可說者。至〈世家〉、〈文三王傳〉所記：「十七年、十八年，比年入朝。」〈年表〉十七年一次沒有記載——這當然是《史・表》漏列無疑。可見《史・表》有漏列的現象。

②代孝王參的入朝：〈文三王傳〉記：「五年一朝，凡三朝。」《史・表》僅載：六年、十年二朝。這又可能是《史・表》漏列。

③梁懷王揖的入朝：《史・表》作六年、十年。〈文三王傳〉作「五年一朝，凡再朝。」無出入。

由上面的隨便拿一〈傳〉「三王」的入朝的次數、年代來比較，就發現《史》、《漢》所記「三王」竟有兩人的記載不同。就是《史記》的〈年表〉與〈世家〉，同是司馬遷一個人的著述，也竟有不相同。可見司馬遷所編的〈漢興以來諸侯年表〉可靠性有問題。所以根據《史・表》的記載並不足以斷定「在元封三年梁平王有沒有來朝」的事實。再《史・表》在元封三年的表格上所記載入朝者，有：魯安王光、清河剛王二人。在表格上清河剛王的二十五年與梁平王襄的二十九年，僅隔開一小格

——查《漢書・文三王傳・代孝王參傳》附載清河剛王（即代王義）的事蹟，並無入朝的記載——這也可能是梁平王襄入朝的錯入，也未可知。

第㈣點、顧氏根據《漢書・百官公卿表》考定〈柏梁臺詩〉所用的「光祿勳、大鴻臚、大司農、執金吾、京兆尹、左馮翊、右扶風」；都是太初元年（西元前一〇四）以後的官名。他的意思認爲元封三年（西元前一〇八）的作品，不應該有這種預書後來官名的現象。

按：顧氏這條考證，似乎堅強有力。但是我們要注意一點：〈柏梁詩〉每句上的官名，並不是詩的本文；若是本文如此不符，就無法否定顧氏之說了；它是附帶注明作者的文字。這種文字，可能由作詩者自己注上，也可能是後人追注上的。

根據上文「《藝文類聚》中的〈柏梁臺詩〉」一節研究結果（請參閱本書三九—四三頁），句上注明作者官位的文字，並不是作詩者所自注，而是稍後編〈東方朔別傳〉作者錄〈柏梁臺詩〉時所追注的。〈東方朔傳〉，據逯欽立考證：「昭、宣以降，好事者所爲」（見《漢詩別錄》㈡〈柏梁臺詩〉結論）。他用太初以來官名，不用元封時官名，追注作者；這只能說作傳者態度有欠謹嚴。這就好像過去稱「馬達推動的腳踏車」爲「摩托車」，現在改稱「機車」或「電單車」；稍後的人，根據史料，用現在語詞，追記說：「過去某人有一次坐電單車作環島旅行。」我們能因「電單車」這個詞是稍後的用語，而否定「某人曾經坐摩托車環島旅行」這個事實嗎？所以這並不足以否定〈柏梁臺詩〉原有的時代性。

這種誤用官名，也是一般編史作傳者追記前人事蹟時候常犯的毛病。像班固作《漢書・東方朔傳》，也犯有同樣的弊病。《漢書》卷六十五〈東方朔傳〉說：

（上）嘗問朔曰：「先生視朕何如主也？」朔對曰：「……臣伏觀陛下功德，陳五帝之上，在三王之右。非若此而已，誠得天下賢士，公卿在位，咸得其人矣。譬若以周、邵爲承相，孔丘爲御史大夫，太公爲將軍，畢公高拾遺於後，弁嚴子爲衛尉，皋陶爲大理，后稷爲司農，伊尹爲少府，子貢使外國，顏、閔爲博士，子夏爲太常，益爲右扶風，季路爲執金吾，契爲鴻臚，龍逢爲宗正，伯夷爲京兆，管仲爲馮翊，魯班爲將作，仲山甫爲光祿，申伯爲太僕，延陵季子爲水衡，百里奚爲典屬國，柳下惠爲大長秋。」上迺大笑。是時朝廷多賢材，上復問朔：「方今公孫丞相、兒大夫、董仲舒……司馬遷之倫，皆辯知閎達，溢于文辭。先生自視，何與比哉！」

周壽昌說：

右扶風以下諸官，多太初元年所改。公孫弘爲丞相，在元朔五年（西元前一二四），薨在元狩二年（西元前一二一），下去太初（西元前一〇四）二十餘年。此文下云：「上復問朔：『方今公孫丞相。』」云云，則所引官名多不合。疑朔此等雜文，後有改易，流傳轉寫，致多僞舛也。

王先謙《補注》：

此蓋傳寫者，以後官易前文也。

這《漢書・東方朔傳》和〈柏梁臺詩〉注官名，犯同樣毛病。又《漢書》卷六〈武帝紀〉建元六年有：

大司農韓安國出會稽擊之。

又卷九十五〈兩粵傳〉也有同樣記載。

建元六年大司農韓安國出會稽。

又載：

元鼎五年，明年秋，漢使大司農張成。

按「大農令」在太初元年時更名爲「大司農」。建元六年（西元前一三五），下距太初元年（西元前一〇四）三十一年；元鼎五年（西元前一一二），下距太初元年八年，所以這裏的「大司農」都是「大農令」之誤。王先謙《補注》：

此類皆史家追書之誤。

又《漢書》卷十九下〈百官公卿表〉太初元年，又載有：

中尉

這時，中尉應作「執金吾」。所以周壽昌疑此：

脱「更爲執金吾」五字。

又太初二年，載有：

少府王偉中尉

這裏「中尉」二字，也是錯誤的記載。王先謙疑爲「衍文」未必可靠。可見像這一類的錯誤，就在《漢書》之類的正史中細心一找，也就有好幾條。這些都是由於稍後人的追書追記時常有誤記情形，我們不能據此就否定他們時代的眞實性，而說當時定無是事，必係後人僞作。例如我們能不能說：「建元六年，大司農韓安國出會稽擊閩越王郢之事，是捏造的嗎？」因此，顧氏這一條官名的預書，實不足以證明〈柏梁臺詩〉就是後人的擬作。我們再回過頭來看：〈柏梁臺詩最早是出於西漢人著的〈東方朔別傳〉；而東方朔是當時參加〈柏梁臺〉宴詩人之一，所以資料來源是很可靠而可信的，因爲〈朔傳〉在西漢元帝、成帝時已是一篇膾炙人口的傳記。

第㈤點、顧氏根據《漢書・武帝紀》的記載，考定柏梁臺火災的年代，武帝改定官名的年代，大司馬大將軍衛青過世的年代等等關係，他的意思大概在假設：

要是《三秦記》將柏梁作詩的年代——元封三年，記載錯誤，如「元封」是「太初」之誤，那麼官名的問題自然就不存在了。

按：顧氏這點考證，就在證明這種年代「刊誤記錯」的假想，是不可能存在的。原因是柏梁臺早於改定官名前半年燒燬了，同時參加宴詩的大司馬大將軍衛青也早於改官名前二年過世了。但這點考證，無關宏旨，所以這兒不加討論。

第㈥點、可說是顧氏考證的結論。他反覆考證，結果認爲官名、年代乖牾，不合史實，因此斷定〈柏梁臺詩〉爲「後人擬作」，並認爲是「剽取武帝太初以後官名」，以及《史記・世家》記載梁孝王「乘輿駟馬」的事來附會梁平王。梁平王曾獲罪削城（見顧氏考證第(3)點），自不可能得此優遇。所以說：「此一時異數，平王安得有此？」

按：官名、年代等各種問題，已加辨析考正如上。這裏就梁平王「驂駕駟馬從梁來」一事，再加以討論。《史記・梁孝王世家》記載：

> 二十九年十月，梁王入朝。景帝使使持節乘輿駟馬迎梁王於闕下。

又《漢書・文三王傳》記載，與《史記》同。只有「駟馬」作「駟」；「闕下」作「關下」。按：「闕下」即「宮闕下」。據《史記・世家》這段記載，推詳文意，不過是說梁孝王武二十九年入朝至京時候，景帝特別派專使持節，以自己的副車，——乘輿駟馬——迎接梁孝王於京都城闕下罷了。這和梁平王「驂駕駟馬從梁來」的從「梁國」而來，完全是兩回事，毫不相干。就是梁孝王武，漢天子也未曾派使者專往梁國迎接他來京啊。這裏所謂：

> 驂駕駟馬從梁來。

「驂駕」和「驂乘」同意。驂，參也。《漢書》卷四〈文帝紀〉：

> 代王乃令宋昌驂乘。

顏師古說：

> 乘車之法，尊者居左，御者居中，又一人處車之右，以備傾側。是以戎車，則稱車右；其餘則曰『驂乘』。驂者，三也；蓋取三人爲名義耳。

梁王這句詩的意思，不過說他自己從梁國來時的情形：

三個人坐著一輛四馬高車來。

《後漢書·輿服志上》第二九卷注引：

服虔曰：「駕駟馬高車，尊卑俱乘之。」

又《逸禮》王度記：

諸侯駕四馬。

可見「驂駕駟馬」只是當日王者的一般輿服之制罷了，並沒有什麼特別優遇的地方。顧氏這點將梁孝王的「景帝使使持節乘輿駟馬，迎梁王于闕下」，與梁平王的「驂駕駟馬從梁來」兩件事，混爲一談，可說失察之極。顧氏考證，這點可說最無道理。

據上面(6)點的辨正，可以知道顧氏的考證，雖然翔實有力，但精細分析起來，都不能夠成立。

五、從柏梁臺詩的內容看柏梁臺詩的眞實性

章樵說：「此詩群臣各以其職詠一句。」根據詩的內容，每人所作一句，大都是就自己的職分而歌詠的。現據《漢書》卷十九上〈百官公卿表上〉、《後漢書》卷二十四至二十八〈百官志〉，及其他典籍所載各官的職分，來看他們所作詩句：

大司馬詩曰：「郡國士馬羽林材。」

〈公卿表〉：大司馬，即「秦官太尉，掌武事」。〈百官志〉一：「掌四方兵事。」〈公卿表〉：光祿勳屬官有羽林，「羽林，武帝太初元年初置」。按《史記》卷十八〈高祖功臣侯表〉：「宋子侯以漢三年，以趙羽林將，初從擊定諸侯。」《漢書》卷五十一〈枚乘傳〉：「遣羽林黃頭。」蘇林曰：「羽林黃頭郎，習水戰者也。」顏師古曰：「鄧通以櫂船爲黃頭郎。」鄧通爲文帝時人。據此，羽林之官，武帝前已有；到太初時才改屬光祿勳。大司馬詩說的正是他的職權，統轄全國各郡國的士馬及羽林郎等。正合漢初的制度，也符合大司馬的身份。

丞相詩曰：「總領天下誠難治。」

據〈公卿表〉：「丞相，掌丞天子，助理萬機。」意正合。

大將軍詩曰：「和撫四夷不易哉。」

據〈百官志〉一：「初武帝以衛青數征伐有功，以爲大將軍。」〈公卿表〉：「將軍皆掌兵及四夷。」意正合。

御史大夫詩曰：「刀筆之吏臣執之。」

據〈公卿表〉：「御史大夫，掌副丞相，……外督部刺史，內領侍御史，受公卿奏事，舉劾按章。」意正合。

太常詩曰：「撞鐘擊鼓聲中詩。」

據〈公卿表〉：太常，即「秦官奉常，掌宗廟禮儀，屬官有太樂、太祝、太宰、太史……。」

意正合。

宗正詩曰：「宗室廣大日益滋。」

據〈公卿表〉：「宗正，掌親屬。」意正合。

衛尉詩曰：「周衛交戟禁不時。」

據〈公卿表〉：「衛尉，掌宮門衛屯兵。」胡廣曰：「主宮闕之門內衛士。」漢衛士執戟宿衛宮內。意正合。

光祿勳詩曰：「總領從官柏梁臺。」

據〈公卿表〉：「郎中令，秦官，掌宮殿，掖門户，有丞。武帝太初元年，更名光祿勳，屬官有大夫、郎、謁者，皆秦官；又期門、羽林皆屬焉。」詩蓋言在柏梁臺宴會時候，總領從官參加宿衛賓讚等事。正是應景之作。

廷尉詩曰：「平理清讞決嫌疑。」

據〈公卿表〉：「廷尉，掌刑辟。」意正合。

太僕詩曰：「修飾輿馬待駕來。」

據〈公卿表〉：「太僕，掌輿馬。」意正合。

大鴻臚詩曰：「郡國吏功差次之。」

據〈公卿表〉：「秦官典客，景帝中更名大行令，太初元年更名大鴻臚。」〈百官志〉二：「

掌諸歸義蠻夷，及郊廟行禮、贊導……及郡國上計」之事。此蓋詠「郡國上計」事。按：漢時各郡國，每歲須遣一計使詣京上「計簿」，報告財物與政務。（見《漢書・武帝記》「令與計偕」注。）

少府詩曰：「乘輿御物主治之。」

據〈公卿表〉：「少府，掌山海池澤之稅，以給共養。其屬官有尚書、符節、太醫、太官、湯官、導官、樂府、若盧、考工室、左弋居室、甘泉居室、左右司空、東織、西織、東園匠十六官令丞。」〈百官志〉三：「少府，本注曰：掌中服御諸物，衣服寶貨珍膳之屬。」意正合。

大司農詩曰：「陳粟萬石揚以箕。」

據〈公卿表〉：「治粟內史，秦官，景帝後元年更名大農令，武帝太初元年更名大司農。掌穀貨。」意正合。

執金吾詩曰：「徼道宮下隨討治。」

據〈公卿表〉：「中尉，秦官，武帝太初元年更名執金吾，掌徼循京師。」章如淳曰：「禁備盜賊也。」王先謙曰：「掌宮外戒司非常水火之事。」意正合。

左馮翊詩曰：「三輔盜賊天下危。」

右扶風詩曰：「盜阻南山爲民災。」

京兆尹詩曰：「外家公主不可治。」

京兆尹、左馮翊、右扶風共治長安城中，漢時爲三輔（見《漢書・景帝紀》「三輔舉不法」注）。此三人詩，都含規警的意思。左馮翊詩說：三輔爲京畿要地，不可使有盜賊。右扶風詩說：這時三輔附近南山已有盜賊爲害。古稱「南山」，在長安府城南（王先謙補注）。京兆尹詩所說，與當時外戚如：竇嬰、田蚡，公主如：館陶長公主、平陽、南宮、隆慮三公主，恣橫不法之事相合。

詹事詩曰：「椒房率更領其材。」

〈公卿表〉：「詹事，掌皇后太子家，有丞，屬官有太子率更、家令、丞。」漢未央宮有椒房，皇后所居。率更，爲太子家官。顏師古曰：「掌知漏刻，故曰率更。」意正合。

典屬國詩曰：「蠻夷朝賀常會期。」

據〈公卿表〉：「典屬國，掌蠻夷降者。」意正合。

大匠詩曰：「柱枅欂櫨相枝持。」

據〈公卿表〉：「將作少府，秦官，景帝中六年更名將作大匠。掌治宮室。」意正合。

太官令詩曰：「枇杷橘栗桃李梅。」

據〈公卿表〉：「太官令，少府屬官。」顏師古曰：「太官，主膳食。」〈百官志〉三：「本注曰：掌御飲食。有果丞主果。」意正合。其語殆出於《楚辭》宋玉〈招魂〉：「稻粢穱麥，挐黃粱些。」司馬相如〈上林賦〉：「黃甘橙榛，枇杷橪柿。」

上林令詩曰：「走狗逐兔張罘罳。」

上林令，〈公卿表〉：「水衡都尉，武帝元鼎二年初置，掌上林苑。屬官有上林、均輸……等九官令、丞。」應劭曰：「古山林之官。」司馬相如〈上林賦〉：「背秋涉冬，天子校獵。」寫天子在上林苑中田獵的盛況，與此意合。

郭舍人詩曰：「齧妃女脣甘如飴。」

東方朔詩曰：「迫窘詰屈幾窮哉。」

李曰剛說：「郭舍人、東方朔二人，本滑稽之流。《史記》卷一百二十六〈滑稽傳〉褚少孫〈補東方朔傳〉：『武帝時有所幸倡郭舍人者，發言陳辭，雖不合大道，然令人主和說。』《漢書》卷六十五〈東方朔傳〉：『朔嘗至太中大夫，後常爲郎；與枚皋、郭舍人俱在左右，詼啁而已。』媟黷嫚戲，口吻如畫，正郭舍人、東方朔滑稽詼諧個性之表現。集體聯詠，稱觴助興，殿以詼啁，以和悅眾人，又有何不可？朔句『幾窮』自嘲，於調侃群臣中，實有謙抑之意，結語何嘗失體。」

六、總結論

從以上各條考證，知道〈柏梁詩〉的內容，和兩《漢書．表、志》以及其他有關典籍的紀載，完全相符，每一句都能合作者的身份職守，或個性口吻。因此可以斷定這首詩應當是漢武帝時的作品。

漢武帝〈柏梁臺詩〉的問題，經過上面五節徹底的研究，使我們可以看出整個原來的面貌；致疑地方也已經辨明清楚了，使我們對〈柏梁臺詩〉有一個比較正確的觀念。現在將研究的結論，概述如下：

第一節、「〈柏梁臺詩〉對後代詩歌的影響」，有七言和聯句兩大方面：聯句方面，從宋、梁以後，仿傚其體的很多；只是後世作者，趨於末流，純粹成爲侍制諛君、唱和應酬的作品罷了。七言方面，對後代七言詩體式的形成，有非常大的啓發性的作用。因爲它有這兩方面的成就，所以後人推崇它爲聯句及七言的創始。

第二節、「〈柏梁臺詩〉的出處」，過去討論這問題的有顧炎武、逯欽立二氏。顧氏提出了《三秦記》，逯欽立提出了〈東方朔別傳〉和《漢武帝集》。我在這個問題上用比較分析補證的方法，修正顧、逯二氏的說法。如：考定顧氏《三秦記》爲晉人著作，糾正逯氏對「顧氏〈柏梁詩〉出於《三秦記》觀點」的誤解，以及修正逯欽立氏「別集起源於梁」錯誤的看法，而整理出一個結論，〈柏梁詩〉最早的出處，應該是〈東方朔別傳〉。因〈東方朔別傳〉是西漢人著作，其來源眞實可信。至後人編《漢武帝集》採輯武帝詩，晉辛氏編《三秦記》記載漢武柏梁舊事，因此都採錄了這首詩。

第三節、「有關〈柏梁臺詩〉的本子及注文的比較與訂正」。在這方面，包括「《藝文類聚》中的〈柏梁臺詩〉」「《古文苑》、章樵注《古文苑》、諸家選集及清光緒間刊印章注《古文苑》本中的〈柏梁臺詩〉」「章樵注的謬誤與訂正」三項目：

一、我採用唐歐陽詢主編的《藝文類聚》中所錄的〈柏梁臺詩〉，探究這詩的眞面目：⑴這詩句子上只標作者官位，沒有注作者姓名；而這些官位，是編〈東方朔傳〉作者追注上的，其中採用太初後官名，有「光祿勳、大鴻臚、大司農、執金吾、左馮翊、右扶風、京兆尹」七個。⑵內容方面：武帝和群臣所作句多就自己的職分而詠的，也有些寄規警之意，東方朔則出於詼諧之語。⑶韻式方面，是每句押韻，一韻到底；全詩二十六句，而重韻佔十四句；所用的韻，是「支之咍灰」韻，這種通韻，正合古韻的標準。⑷在全篇一百八十二字中，重字有五十六字。由以上研究，可以看出當日衆人勉強雜湊成篇的情況，以及其質樸的面目。

二、我根據南宋韓元吉刊《古文苑》本，章樵增注《古文苑》本，明清各家選集（《古詩紀》、《古今詩刪》、《詩體明辨》、《古詩源》、《古詩選》、《八代詩選》和清光緒丙戌江蘇書局刻印的《古文苑》本，將其中有關〈柏梁臺詩〉的注文部份，互相比較。看出它們異同的地方，有四點：⑴由韓元吉本與章樵《注》本比較，可以看出章樵添注的部份：在「梁王」以下十七個句子各爲添注上作者的姓名，在「大司馬」等五條有詳細注釋說明。⑵不過章樵《訓注》部份和原《注》文字間的界限，非常分明，不會相混。⑶明清選集注文，大都根據章樵《注》刪錄，體例不像章樵的嚴格，於是使原詩面目改變掩沒了。⑷由於各選集風行，影響後人，於是使清光緒刻印的章樵《注》的《古文苑》本，也依此更改一些文字，而與宋刊本中的章樵原《注》不同。

三、根據《漢書．百官公卿表》及其他資料，考訂章氏〈柏梁臺詩〉的《注》文，結果發現有「

梁王、太常、宗正、大鴻臚、大司農、左馮翊、右扶風、京兆尹、詹事」等九條，姓名注錯，並加訂正。

第四節、「顧炎武〈柏梁臺詩〉考的辨正」，包括「顧炎武《日知錄》的考證」，「對顧氏考證的剖析與辨正」二項目：

一、將顧炎武〈柏梁臺詩〉考證，按其內容，分為六段（即6點），抄錄下來。

二、就顧氏所考定的各點，加以詳細剖析查證，看它能否成立，結果發現：顧氏各點考證，均不能成立。並在第(1)點上，順便糾正紀昀、丁福保、李曰剛三氏之對顧氏誤解的觀點。

第五節、「從〈柏梁臺詩〉的內容看〈柏梁臺詩〉的眞實性」，按章樵說：「此詩群臣各以其職詠一句。」據《漢書・百官公卿表》、《後漢書・百官志》，及其他典籍所載各官的職份，跟〈柏梁臺詩〉的各句的內容，比較分析考證，結果發現每句都能符合作者的身份職守或個性口吻。

根據以上各節的分析考辨，因此斷定這首詩確是漢武帝時候的作品。

（注）紀昀《四庫全書總目》卷一百八十六〈古文苑提要〉：「《古文苑》，至紹定間章樵為之注釋。……至〈柏梁〉一詩，顧炎武《日知錄》據所注姓名，駁其依託。」又丁福保《全漢三國晉南北朝詩・緒言》進一步說：「〈柏梁〉一詩，考宋本《古文苑》之無注者，每句下但稱官位，而無名氏，有姓有名者，唯郭舍人、東方朔耳。自章樵增注，妄以其人實之，以致前後矛盾，因啓後人之疑。至顧炎武《日知錄》據所注姓名，駁其依託。」又李曰剛〈七言起於漢武柏梁考辨〉（見《文風》第六期，民五十四年一月一日版），沿紀、丁之說，作更進一步考辨。

第三章　漢朝詩歌形式的研究

前人討論詩體的著述，有摯虞《文章流別》、任昉《文章緣起》、嚴羽《滄浪詩話》、魏慶之《詩人玉屑》、吳訥《文章辯體》、徐師曾《詩體明辯》、趙翼《陔餘叢考》、胡才甫《詩體釋例》、謝无量《詩學指南》等。他們研究的方式，有簡述起源，有廣辨句法，有分析音韻，有說明風格，有闡發題目的由來，有標舉人物與時代，雖紛然雜陳，有助於初學者；但是若要更進一步研究，就嫌它簡略，而且討論的範圍，大都是採取廣泛的方式，遍及歷代詩歌的各種體式。專研究一代詩歌形式的，前人還沒有作過。本篇專就漢朝各體詩歌，探究它的形式的起源、特質、作者，以及對後代詩體的影響。使我們對漢詩在形式上有個透徹的了解，作爲我們欣賞、創作、研究的途徑。

我們知道周《詩》是以四言爲體，間雜一句兩句三言、五言、六言、七言、九言；《楚騷》從屈原創作以來，宋玉、景差，繼之發揚，含有「兮」字的詩，遂風行一時；漢初詩人，承繼《詩》、《騷》各種形式來創作新詩，於是乎有楚歌、齊言、雜言種種專體產生。在兩漢四百多年間，醞釀發展，成熟完美，遂在我國詩歌史上，開闢了一條新的道路，奠定了後來兩千多年詩體的形式。兩漢詩留存下來的還有六百多首，歷代佚亡如有十分之七八，則當時各體詩總計當在數千首之多，可見其盛。

現在純就「句法」來分析漢詩的形式。一首詩的句法和詩體有關，據今留存漢詩的體式來看，大別可分爲樂府詩與古詩二種。樂府詩是可歌的；古詩是可誦而不可歌的。但句法上却有它共通地方。漢樂府詩有《楚辭》體（一稱楚歌體）、齊言體、雜言體三種：《楚辭》體又有四言體和《騷》體兩種；齊言體又可分爲三言、四言、五言、六言、七言等種；雜言體又可分爲有規則的和無規則的兩種。可是古詩只有齊言體一種，以四言、五言、六言、七言爲主。現將它列表如下：

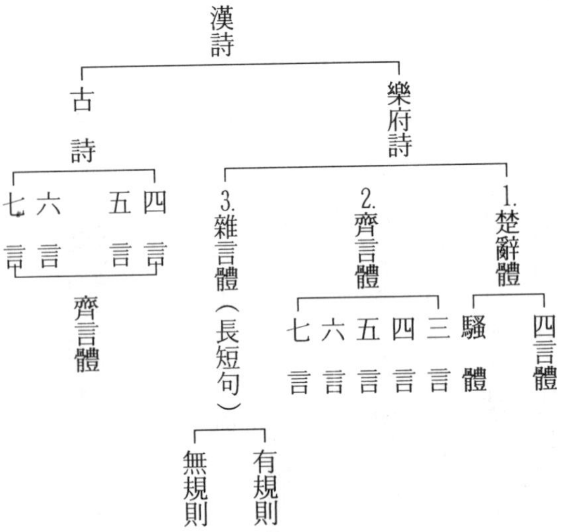

凡是齊言的樂府詩和古詩，只要字數相同，句法也就完全相同，所以二者可歸一類。現在根據這個簡表，把漢詩分做楚辭體、雜言體、齊言體三類來討論。

一、楚辭體

漢朝皇室貴族所作的歌詩，大都是《楚辭》體。漢皇室作詩所以盛用《楚辭》體，大概由於他們是楚人的緣故。漢高祖生長於楚地，所以他喜歡楚聲和楚歌。漢家帝王的鄉籍出於楚地，喜歡楚歌，影響兩漢貴族士大夫的文學，所以楚歌一直到東漢末仍有作者。如漢高祖〈大風歌〉、〈鴻鵠歌〉，武帝〈瓠子歌〉、〈秋風辭〉、〈西極天馬歌〉、〈落葉哀蟬曲〉，昭帝〈黃鵠歌〉、〈淋池歌〉，靈帝〈招商歌〉，少帝〈悲歌〉。高祖子趙幽王友〈歌〉，文帝時淮南王安〈八公操〉，武帝子燕刺王旦，廣陵厲王胥等所作歌。高祖姬唐山夫人〈房中歌〉十六章，武帝時烏孫公主〈歌〉，成帝后趙飛燕〈歸風送遠操〉，燕刺王旦妃華容夫人，少帝妃唐姬所作歌都是。其他作者，尙有項羽〈垓下歌〉，司馬相如〈琴歌〉二首，霍去病〈琴歌〉，李陵〈別歌〉，梁鴻〈五噫歌〉、〈適吳詩〉、〈思友詩〉，班固〈郊祀靈芝歌〉，崔駰〈安封侯詩〉，徐淑〈答秦嘉詩〉，蔡琰〈悲憤詩〉、〈胡笳十八拍〉（唐人僞作），曹丕〈寡婦詩〉，曹植〈離友詩〉二首，靈帝時冀州百姓作〈皇甫嵩歌〉，都是楚歌體的歌詩。其體式是由《楚辭》蛻變而來的。其句子的形式，有二種：

甲、四言體　四言體，就是由四字句組成的詩。《史記・張良傳》說：漢高祖《鴻鵠歌》（四言），是楚歌；《漢書・禮樂志》說唐山夫人〈房中歌〉十六章（大部份爲四言，三言的有三章）爲楚聲。三言、四言句，在前人騷賦中，和《騷》體特殊的句法不同，而與《詩經》的三言四言句一樣，這是要特別注意的一點。惟近人編文學史，以爲它是模擬《詩經・雅、頌》的，是不太對的說法。這類四言詩，大概是從屈原〈天問〉、宋玉〈招魂〉、荀卿〈佹詩〉作品中三言、四言句衍化出來（註）。因其句法與四言樂府、四言古詩一樣，我們併歸於下文齊言體的三言、四言詩中一起討論。這裏不再贅述。

（註）我懷疑在漢〈郊祀歌〉中，恐怕也有些作品是楚歌，但因沒有確證，只好存疑。

乙、騷體　《騷》體的句法，就是句中或句尾用語助詞。如在句尾用「兮、之、只、乎、些、焉」，在句中用「兮、之、於、乎、以、而、其、夫、曰」之類的虛字，作語助詞，這是騷體句法的特徵，而是一般詩所沒有的，所少有的。在漢《騷體》的歌詩中，最常見的，是在句中加「兮」字的這種形式。在句中用「之、而、於」，在句尾用「兮」的，則比較少。因其字數多寡與排列形式不同，又可分做七言句、五言句、六言句、八言句，七、八言相間句及雜言句等。

1.七言形式

七言句，句法是上三字，下三字，中間用語助詞，（○○○　○　○○○）例如：

天馬徠（兮）從西極，經萬里（兮）歸有德，承靈威（兮）障外國，涉流沙（兮）四夷服。（武帝〈西極天馬歌〉）

漢「楚歌」中這種形式的作品最多，如項羽〈垓下歌〉、趙飛燕〈歸風送遠操〉、梁鴻〈思友詩〉、班固〈郊祀靈芝歌〉、崔駰〈安封侯詩〉、蔡琰〈悲憤詩〉、曹植〈離友詩〉都是。此外，還有一種全首以七言句爲主，間而偶雜一些其他句法，使句調發生變化。例如：

河湯湯（兮）激潺湲，北渡回（兮）迅流難。搴長筊（兮）湛美玉，河伯許（兮）薪不屬。薪不屬（兮）衛人罪，燒蕭條（兮）噫乎何以禦水？隤林竹（兮）揵石菑，宣防塞（兮）萬福來。（漢武帝〈瓠子歌〉之二）

全首八句中，僅「燒蕭條（兮）噫乎何以禦水」一句十言。此外還有李陵〈別歌〉全首八句，其中「老母已死」一句爲四言。昭帝〈黃鵠歌〉全首七句，末後四句「唼喋荷荇，出入蒹葭。自顧菲薄，愧爾嘉祥。」變爲四言。司馬相如〈琴歌〉之一，全首八句，中「何悟今夕（兮）升斯堂」一句爲八言。

「兮」字在楚《騷體》歌詩中，原是用以輔助文詞的音讀和語氣的，好像今人在歌謠中用「喲」「啊」一樣。但漢人在寫《騷體》的七言歌詩時，却常常用有意義的實字代替了這種「兮」字，成爲上四字，下三字：（○○○○　○○○），和楚《騷》（○○○　○　○○○）不同。例如：

秋素景（兮）泛洪波，揮纖手（兮）折芰荷。涼風淒淒揚棹歌，雲光開曙月低河，萬歲爲樂豈云多。（昭帝〈淋池歌〉）

後三句全無虛字，和前二句不同。又如：

我所思（兮）在太山，欲往從（之）梁甫艱。側身東望涕沾翰，美人贈我金錯刀。何以報（之）英

瓊瑤，路遠莫致倚逍遙。何爲懷憂心煩勞!?（張衡〈四愁詩〉）

這首的許多句子，都是以實字代替虛字。此外，像司馬相如〈琴歌〉二首、李陵〈別歌〉、靈帝〈招商歌〉，或多或少，攙雜了這種句法。這種句法，對漢七言古詩的體例的形成，關係很大。東漢王逸〈琴思〉，明標楚歌，實際却是全首沒有一句含有「兮」字的七言詩。今錄於下：

盛陰修夜何難曉？思念糾戾腸摧繞。時節晚莫年齒老。冬夏更運去若頽，寒來暑往難逐追。形容減少顏色虧，時忽晻晻若鶩馳。意中私喜施用爲，內無所恃失本義。志願不得心肝沸，憂懷感結重歎噫。歲月已盡去奄忽，亡官失祿去家室。思想君命幸復位，久處無成卒放棄。

全首是七言（○○○○ ○○○）的句調。

2.五言形式

五言句，句法是上二字下二字，中間用語助詞（○○ ○ ○○）。例如：

妾身（兮）不令，嬰疾（兮）來歸，沈滯（兮）家門，歷時（兮）不差……。（徐淑〈答秦嘉詩〉）。

這種五言形式的楚歌，把句中「兮」字去掉，就是普通四言詩。還有一種句法是在每句句尾用語助詞，並加散聲「噫」，（○○○○ ○噫），例如：

陟彼北芒（兮），噫。顧瞻帝京（兮），噫。宮闕崔巍（兮），噫。民之劬勞（兮），噫。遼遼未央（兮），噫。（梁鴻〈五噫歌〉）

這在漢《騷體》的歌詩中，是一種特殊的形式。「噫」是歌時的散聲，大概是受樂府民歌的形式的影響。把句尾「兮」字去掉，仍然是普通四言詩。

3.六言形式

六言句，句法是上三字下二字，中間用語助詞（○○○ ○ ○○）例如：

逝舊邦（兮）遐征，將遙集（兮）東南。心惙怛（兮）傷悴，志菲菲（兮）升降……。（梁鴻〈適吳詩〉）

這種形式的作品，還有曹丕〈寡婦詩〉。

4.八言形式

八言句，句法有二種：一種是上四字下三字，中間用語助詞（○○○○ ○ ○○○）例如：

吾家嫁我（兮）天一方，遠託異國（兮）烏孫王。穹廬爲室（兮）氈爲牆，以肉爲食（兮）酪爲漿……。（〈烏孫公主歌〉）

這種形式作品，還有冀州百姓作〈皇甫嵩歌〉。八言句，還有一種句法是二句連續，第一句四字，第二句三字，在第二句尾用語助詞（○○○○ ○○○ ○），實際是四三言體。例如：

煌煌上天，照下土（兮），知我好道，公來下（兮）。公將與予，生毛羽（兮），超騰青雲，蹈梁甫（兮）……。（淮南王安〈八公操〉）

這種形式作品，還有霍去病〈琴歌〉。

5.七八言混用形式

七八言混用句，句法：七言用七言句法，八言用八言句法。例如：

大風起（兮）雲飛揚，威加海內（兮）歸故鄉，安得猛士（兮）守四方。（漢高祖〈大風歌〉）

第一句是七言句，第二句、第三句是八言句。又如：

秋風起（兮）白雲飛，草木黃落（兮）雁南歸……。（武帝〈秋風辭〉）

第一句是七言句，第二句變爲八言句。

天道易（兮）我何艱，棄萬乘（兮）退守蕃。逆臣見迫（兮）命不延，逝將去汝（兮）適幽玄。（少帝〈悲歌〉）。

第一句、第二句是七言句，第三句、第四句是八言句。少帝妃唐姬所作歌一首，也是這種形式的作品，似爲和少帝〈悲歌〉而作。

6. 九言爲主體的形式

九言爲主句，間雜其他的句法。九言句法，是上四字下四字，中間用語助詞（○○○○　○　○○○○）例如：

諸呂用事（兮）劉氏微，迫脅王侯（兮）彊授我妃。我妃既妒（兮）誣我以惡，讒女亂國（兮）上曾不寤……。（趙幽王友歌）

這個例子裏，第一句爲八言句，其他爲九言句。

7. 雜言形式

雜言，兼用各言，雜揉成一篇的；句子長短不一，句法也變化多端，無一定格律可尋，例如：

瓠子決（兮）將奈何，浩浩洋洋（兮）慮殫爲河。殫爲河（兮）地不得寧，功無已時（兮）吾山平。吾山平（兮）鉅野溢，魚弗鬱（兮）柏冬日。正道弛（兮）離常流，蛟龍騁（兮）放遠遊。歸舊川（兮）神哉沛，不封禪（兮）安知外。爲我謂河伯（兮）何不仁？泛濫不止（兮）愁吾人。齧桑浮（兮）淮泗滿，久不返（兮）水維緩。（武帝〈瓠子歌〉之一）

這首共十四句，雜用七言、九言、八言、六言。其句法變化很多，如第二、第十一兩句，同爲九言，句法就不相同：第二句是上四字下四字中助詞；第十一句卻是上五字下三字中助詞，和第二句不同。此外武帝〈落葉哀蟬曲〉，燕刺王旦、華容夫人、廣陵厲王胥所作歌，蔡琰〈胡笳十八拍〉，都是雜言體楚歌。

大體上，漢代《騷》體的歌詩體例，有上面幾種。其中作品最多的是七言、雜言兩種。七言是《楚騷》中常用的句式，所以漢人作者亦多；雜言因爲沒有字數限制，寫來自由，作者也不少。《騷》體宜於鋪張敘述，所以漢人也多用此種詩體來抒情、寫景、詠懷；情思都比較直率。

二、齊言體

齊言體，這裏是指漢朝的古詩和樂府詩而說的。所謂「齊言」這種形式，就是每句的字數，限定一樣。譬如四言詩，就是整首限四字句；五言詩，就是整首限五字句，其句法有一定的限制。齊言詩，由於句子的長短對稱，句法的變化相同，所以在音節上都比較和諧整齊。

中國詩在《詩經》時代，是以四言爲主體；中間偶而混雜有一兩句三言、五言、六言、七言、九言之類的句子；這類句子，到漢朝時候，發展成專篇、專體。於是在漢古詩中，有了四言、五言、七言、六言諸體；樂府中，除雜言體外，也有了三言、四言、五言、六言、七言諸體。齊言的體例，才算具備。至八言、九言，漢人作品，未見流傳，無法得知當時狀況。現將各言，分述如下：

甲、三言詩

三言詩，就是三字一句，句法有：⑴上一字、下二字（○　○○）；⑵上二字、下一字（○○○）二種。例如：

⑴「安其所。」　「靁震震。」

⑵「高賢愉。」　「誰能回。」（以上見唐山夫人〈房中歌〉）

三言詩體，最早見於漢高祖時代唐山夫人《安世房中歌》：〈安其所〉、〈豐草葽〉、及〈靁震震〉三章。其實在《詩經・召南・江有汜》（註一），〈魯頌・有駜〉（註二）與《楚辭》宋玉〈高唐賦〉諸篇中，已有這種句法；只是漢初以三言爲全篇，遂成新詩體。後來又有武帝時《郊祀歌》中〈練時日〉、〈華爗爗〉、〈五神〉、〈朝隴首〉、〈象載瑜〉、〈赤蛟〉、〈天馬〉（〈太一貺〉、〈天馬徠〉）七首。這些都是祭祀神靈，或贊頌功德之樂章。例如：

練時日，候有望。焫膋蕭，延四方。九重開，靈之斿。垂惠恩，鴻祜休。靈之車，結玄雲。駕飛龍，羽旄紛。靈之下，若風馬。左蒼龍，右白虎。靈之來，神哉沛。先以雨，般裔裔。靈之至，慶陰陰。相放悲，震澹心。靈已坐，五音飭。虞至旦，承靈億。牲繭栗，粢盛香，尊桂酒，賓八鄉。靈安留，吟青黃。徧觀此，眺瑤堂。眾嫭並，綽奇麗。顏如荼，兆逐靡，被華文，廁霧縠，曳阿錫，珮珠玉。俠嘉夜，茝蘭芳。澹容與，獻嘉觴。（《郊祀歌・練時日》）。

像這類作品，文字多半幽澀難解，詰屈聱牙。一般說來，三言詩的缺點，就是過於文簡句短，音促節迫，本來就很難寫得好，若再講求古雅，就難免有上面的毛病。所以作三言詩，還是利用它簡短易學這方面的特質，作通俗平易的歌謠爲佳。譬如在兩漢民歌、童謠、諺語中，有很多是三言詩。武帝時〈潁川歌〉（潁水清）、長安民歌（逐彈丸），元帝時童謠（井水溢），更始帝時南陽童謠（諧不諧）、長安〈竈下養〉，明帝間益州〈通博南歌〉（漢德廣），章帝時蜀郡〈廉范歌〉（廉叔度），和帝時會稽童謠（棄我戟）、河內民謠（王稚子），順帝末洛陽童謠（直如弦），桓帝、靈帝時童謠（舉秀才），靈帝時京兆謠（我府君）、〈董逃行〉（註三），獻帝初京都童謠（千里草）等是。由其地域性來看，多是北方的作品。今舉四首三言例子，看看它的文字。例如：

苦饑寒，逐彈丸。（武帝時長安民謠）

竈下養，中郎將；爛羊胃，騎都尉；爛羊頭，關內侯。（更始時長安民謠）

直如弦，死道邊。曲如鈎，反封侯。（順帝末洛陽童謠）

千里草，何青青。十日卜，不得生。（獻帝初洛陽童謠）

這些作品就稍顯得生動活潑。今日各地流行的歌謠中，仍多三言體，其因在此。

（註一）謝榛《四溟詩話》：「〈江有汜〉，乃三言之始。」

（註二）〈有駜〉，為摯虞《文章流別論》中所舉三言之例：「振振鷺，鷺于飛」之篇名。

（註三）〈董逃行〉雖為三言詩，但句尾有和聲，形式如下：「承樂世，董逃。遊四郭，董逃。……」董逃，是和聲。

乙、四言詩

四言詩，就是四字一句，句法是上二字、下二字（○○　○○），例如：

大孝備矣，休德昭清。（唐山夫人《房中歌》）

鴻鵠高飛，一舉千里。（漢高祖〈鴻鵠歌〉）

四字句，在古代四書、五經、諸子百家的作品中，早已風行。秦、漢人作的箴銘、頌贊、哀辭、祝祭之類，也都採用四言，應用的範圍極廣。從詩體上說，周《詩》三百篇是以四言為主，楚《騷》賦中也有許多四言的句子。從詩文的句式上說，二者可以通用。漢詩因受古文學與《詩》《騷》的影響，所以四言詩在漢代，作者不少；自五言興起，稍趨沒落，然仍然不衰。總計漢人四言詩現存的作品，包括殘闕的在內，還存一百二十首左右，現將其歸為兩類：

1. **有名作者的四言詩，根據內容可分為二種：**

(1)是用於郊廟明堂，讚頌祭祀。這類作品的形式，出於《詩經》的雅、頌，及《楚辭》的賦體。

如高祖時唐山夫人《房中歌·大孝備矣》等十二章（註一），武帝時《郊祀歌·帝臨》等八首（註二），司馬相如〈封禪頌〉，明帝時東平王劉蒼〈武德舞歌詩〉，獻帝時王粲〈魏大廟頌〉等，都是宮庭詩人的作品，文詞多艱奧古雅。例如：

大孝備矣，休德昭清。高張四懸，樂充宮庭。芬樹羽林，雲景杳冥。金支秀華，庶旄翠旌。（唐山夫人《房中歌》第一章）

帝臨中壇，四方承宇，繩繩意變，備得其所。清和六合，制數以五。海內安寧，興文匽武。后土富媼，昭明三光。穆穆優游，嘉服上黃。（武帝時《郊祀歌·帝臨》）

(2)一般詩人的作品，用來寫情、言志、述懷、詠物、紀事、贈答、諷世、自戒的。有漢高祖〈鴻鵠歌〉，商山四皓〈采芝操〉、〈紫芝操〉，朱虛侯〈耕田歌〉，韋孟〈諷諫〉、〈在鄒〉，東方朔〈誡子〉，韋自成〈自劾〉、〈戒子孫〉，王昭君〈怨詩〉，傅毅〈迪志〉，桓麟〈答客詩〉，張衡〈怨篇〉，朱穆〈絕交〉，秦嘉〈述昏〉二章、〈贈婦〉，蔡邕〈答元式〉、〈答卜元嗣〉，仲長統〈述志〉二首，曹操〈短歌行〉、〈步出東西門行〉（〈觀滄海〉、〈冬十月〉、〈土不同〉、〈龜雖壽〉）等七首，曹丕〈短歌行〉、〈黎陽作〉等九首。曹植〈朔風〉、〈責躬〉、〈應詔〉等十三首殘篇十首左右，孔融〈離合詩〉，王粲〈贈蔡子篤〉、〈贈士孫文始〉、〈贈文叔良〉、爲潘文則作〈思親〉，繁欽〈贈梅公明〉、〈遠戍勸戒〉，應瑒〈報趙淑麗〉，邯鄲淳〈答贈詩〉等都是。這類作品，可說是漢代四言詩最重要的部份，有的模擬《詩》，《騷》，有的自創新意，有的自鑄偉辭。例如：

鴻鵠高飛，一舉千里。羽翼已就，橫絕四海。橫絕四海，又可奈何？雖有矰繳，尚安所施？（漢高帝〈鴻鵠歌〉）

肅肅我祖，國有豕韋。黼衣朱黻，四牡龍旂。彤弓斯征，撫寧遐荒。總齊群邦，以翼大商。……（韋孟〈諷諫〉）

2.**無名作者的四言詩，根據內容可分三種：**

(1)用於歌頌德政吏治，宏功偉業的歌謠，如惠帝時〈畫一歌〉，武帝時〈鄭白渠歌〉，光武帝時〈張君歌〉，明帝時〈莋都夷歌〉三章，和帝時〈喻猛歌〉，安帝時〈傷三貞詩〉、〈輿人歌〉，順帝時〈洛陽令歌〉，桓帝時〈劉君歌〉、恆農童謠，靈帝時〈賈父歌〉。這是各地平民詩人所作，雖是四言，文詞比較俚俗健勁。例如：

田於何所？池陽谷口。鄭國在前，白渠起後。舉鍤如雲，決渠爲雨。水流竈下，魚跳入釜。涇水一石，其泥數斗，且溉且糞，長我禾黍。衣食京師，億萬之口。（〈鄭白渠歌〉）

(2)用於諷刺婉喻的歌謠：有昭帝時長安〈東家棗歌〉，新莽時長安〈投閣歌〉，光武帝時蜀中童謠〈黃牛白腹〉，安帝時巴郡〈風巴郡太守詩〉都是。例如：

東家棗樹，王陽婦去。東家棗完，去婦復還。（〈東家棗〉）

(3)無名氏作四言樂府詩，用以抒情言志的不多，僅有〈公無渡河〉，〈隴頭歌〉，〈善哉行〉（

來日大難）等三五首。例如：

公無渡河，公竟渡河。墮河而死，當奈公何？（〈箜篌引・公無渡河〉）

四言詩，自西晉摯虞《文章流別論》創說：「古詩（《詩經》）率以四言爲體。詩雖以情志爲本，而以成聲爲節；然則雅音之韻，四言爲善，其餘皆備曲折之體，而非音之正也。」後人公認爲正體清音。王闓運說：「四言如琴。」四言理想的標準，是簡質優婉（註三），文約意廣（註四），以雅潤爲本（註五）；所以宜於寫歌功頌德，諷喻述志之類的作品。

四言這種形式的缺點：在句子簡短，作者很難做到「文約意廣」的地步，每嫌有文字繁，含意少的毛病。也就是說要重複了許多文字，而表現出來的意思並不多。其次是四言是周《詩》的特色，三百篇是四言詩的精華，後人難以超越。所以後之作者漸少，唐五七言盛行後，遂成絕響（註六）。

（註一）《房中歌》共十六章。

（註二）《郊祀歌》共十九首。

（註三）簡質，語出胡應麟《詩藪》。優婉，語出陸時雍《詩鏡總論》。

（註四）語見鍾嶸《詩品・序》。

（註五）語見劉勰《文心雕龍・明詩篇》。

（註六）趙翼《陔餘叢考》：「唐以後則四言遂絕，如李白『羅幃舒卷……』及柳子厚《皇雅》皆僅見者。東坡作〈觀棋詩〉記盧山白鶴觀事：『不聞人聲，但聞落子。』亦偶爲之。」

丙、五言詩

五言詩，就是五字一句，是上二字、下三字（〇〇　〇〇〇），例如：

行行重行行，與君生別離。（《古詩》十九首）

攜手上河梁，遊子暮何之？（李陵詩）

這是五言詩的常型。至如：

1. 太倉令有罪。（班固〈詠史〉）
2. 妾不堪驅使。
3. 黃泉下相見。
4. 兒今日冥冥。（〈孔雀東南飛〉）

這些上三字下二字（〇〇〇　〇〇）的句法，在五言詩中，是很少見的。這種句法，可以說是作五言詩的所應當避免。此外，散文的句法，如：「學而時習之」，「賊夫人之子」，「宗族稱孝焉」，「本立而道生」，「君子哉若人」之類，也是作五言詩所不能採用的；七言亦如是。這是五言、七言詩不同於四言詩的地方。大概是怕因句法的不同，而破壞了句調的整齊和諧美。

五言詩體，創於西漢初，著於李陵、蘇武，盛行於東漢建安時代；六朝人認爲它是濫觴於西漢以前。如摯虞認爲五言是由《詩經》中五言句演化出來，如《召南・行露篇》：「誰謂雀無角？何以穿我屋。」之屬是也（註一）。劉勰也說：「《召南・行露》，始肇半章（註二）；孺子〈滄浪〉，亦有全曲（註三）；〈暇豫〉優歌，遠見春秋；〈邪徑〉童謠，近在成世：閱時取證，則五言久矣。」（見《文心雕龍．明詩篇》）。鍾嶸說：「夏歌曰：『鬱陶乎予心。』楚謠（註五）曰：『名余曰正則。』雖詩體未全，然是五言之濫觴也。」（見《詩品》）。鍾嶸所舉例，都僅一句兩句而已。其實在《詩》三百篇中五言單句及連用句（註六），不勝屈指。據傅隸樸統計《詩經》中五言的斷句有三百五十七句，全章有三十六章（註七）。五言句的形式，在《詩經》裏已極盛行，只是未製全篇罷了。漢人爲全篇，遂成專體。因此可見漢朝很早就有大量成熟的五言詩，並不是偶然突起的事。由郭茂倩《樂府詩集》所收「相和曲」及「雜曲歌」，及一般選本類書所錄漢無名氏作的古詩中多「五言體」（註八），以及各地民歌童謠也有很多的「五言作品」看來，可知在漢時候五言詩大概先流行於民間及倡優歌謠中，後來知識份子倣作，遂著名於世，發展至建安成爲風行一時之體，爲當時詩歌的主流。據各種詩歌總集、選集的統計，兩漢人作五言詩有二百八十餘首。現將漢五言詩作者與作品，分五類列舉如下：

(1)有名氏作者：有西漢高祖時虞姬〈答楚項王歌〉，惠帝初戚夫人〈永巷歌〉，景帝時枚乘〈雜詩〉九首，武帝時李延年歌，卓文君〈白頭吟〉，李陵〈與蘇武詩〉三首、〈別詩〉八首，蘇武詩四首、又〈答李陵〉、〈別李陵詩〉共二首，（昭帝？）辛延年〈羽林郎〉，成帝時班婕妤〈怨詩〉。東漢初宋子侯〈董嬌嬈〉，明帝時應亨〈贈四王冠詩〉，和帝時傅毅〈冉冉孤生竹〉，章帝時班固〈詠史詩〉、又有闕詩三首七句（註九），劉騊駼闕詩一句（註一〇），安帝時張衡〈同聲歌〉、〈定情歌〉，順帝時公卿〈相戒詩〉二句（註一一），桓帝時秦嘉〈留郡贈婦詩〉三首，徐淑〈答秦嘉詩〉

一首〈楚聲〉，侯瑾闕詩三句（註一二），靈帝時酈炎〈見志詩〉二首，趙壹〈疾邪詩〉二首，蔡邕〈飲馬長城窟行〉、〈翠鳥〉等。西漢人作品約三十餘首。建安前東漢人作品約二十首。

(2)各地民歌童謠，時代可考者：有武帝時長安〈紫宮諺〉，又俗語（註一三），宣帝時佚詩（註一四），成帝時〈尹賞歌〉、〈邪徑曲〉，平帝初〈茅山父老歌〉，新莽末巴蜀〈譙君黃詩〉，（東漢初或西漢末）長安〈城中謠〉（註一五），光武帝時涼州〈樊曄歌〉，安帝時巴人爲〈陳紀山歌〉、汲長老爲〈崔瑗歌〉，順帝時巴人爲〈吳資歌〉二首，桓帝時巴人〈刺巴郡守李盛詩〉，漢末巴人〈思治詩〉。

(3)無名氏古詩：有古詩十首（註一六）（〈今日良宴會〉、〈明月皎夜光〉、〈青青陵上柏〉、〈驅車上東門〉、〈迴車駕言邁〉、〈去者日以疎〉、〈生年不滿百〉、〈凜凜歲云暮〉、〈孟冬寒氣至〉、〈客從遠方來〉等。還有〈上山采蘼蕪〉、〈四座且莫諠〉、〈悲與親友別〉、〈穆穆清風至〉、〈橘柚垂華實〉、〈十五從軍征〉、〈新樹蘭蕙葩〉、〈步出城東門〉、〈採葵莫傷根〉、〈甘瓜抱苦蔕〉、〈青青陵上草〉等。又有古絕句：〈藁砧今何在〉、〈日暮秋雲陰〉、〈菟絲從長風〉、〈南山一樹桂〉。古歌：〈高田種小麥〉。古艷歌：〈蘭草自然香〉等，以上共二十七首。

(4)無名氏作樂府詩，都是流行街陌間的歌謠民曲。郭茂倩《樂府詩集・相和歌辭》中所收的有：〈江南〉（江南可採蓮）、〈雞鳴〉（雞鳴高樹巔）、〈陌上桑〉（日出東南隅）、〈長歌行〉（青青園中葵、仙人騎白鹿、岧岧山上亭）三首、〈君子行〉（君子防未然）、〈豫章行〉（白楊初生時）、

〈相逢行〉（相逢狹路間）、〈長安有狹邪行〉、〈隴西行〉（天上何所有）、〈步出夏門行〉（邪徑過空廬）、〈折楊柳行〉（默默施行違）〈雙白鵠〉（飛來雙白鵠）、〈上留田行〉（里中有啼兒）、〈艷歌行〉（翩翩堂前燕、南山石嵬嵬）二首、〈艷歌〉（今日樂上樂）、〈怨詩行〉（天德悠且長）等。《雜曲歌辭》，有〈傷歌行〉（昭昭素明月）、〈焦仲卿妻〉（建安時，孔雀東南飛）、〈枯魚過河泣〉、〈古咄唶歌〉（棗下何攢攢）。又〈雜歌〉（晨行梓道中）、〈黃門倡歌〉（佳人俱絕世，成帝時宴歌）、〈古八變歌〉（北風初秋至）、古歌（結交在相知）等近三十首。

(5)建安五言詩盛行時代，作者作品最多：曹操有「惟漢二十世」等十首，曹丕有「西北有浮雲」等二十餘首，曹植有〈侍太子坐〉等六十餘首，王粲有〈從軍詩〉等十餘首，陳琳有〈飲馬長城窟行〉（中有九句為七言，故有人將其歸入七言）等四首，徐幹有〈室思〉等四首，劉楨有〈公讌詩〉等十五首，阮瑀有〈駕出北郭門行〉等十二首，孔融有〈臨終詩〉等三首，應瑒有〈侍五官中郎將建章臺集詩〉等五首，蔡琰有〈悲憤詩〉，繁欽有〈定情詩〉等四首：共一百六十餘首，寫作的範圍極廣。

總觀上列各類作品，可知在兩漢四百餘年間，五言詩篇，賡續不絕，其流洪闊浩瀚。作品之多，作者之衆，為其他各種詩體之冠。至其遺闕失傳的，尚不知有多少。由後人擬作可考知的，如由曹植〈鞞舞歌〉五篇（見《宋書樂志》及《樂府詩集》），其辭擬章帝造舊歌「〈關東有賢女〉、〈章和二年中〉、及〈殿前生桂樹〉」三篇，皆整首五言。其中擬〈關東有賢女〉的〈精微篇〉中有「關東有賢女，自字蘇來卿」，明係承用章帝舊辭。章帝原作三篇，亦當為五言。其他在雜言樂府詩中，亦常雜有五言句，如漢初〈薤露〉、〈蒿里〉、漢〈鐃歌〉十八曲等都是。至東漢後，甚至銘誡類的文體中也有全用五言者，如馮衍〈車銘〉（註一七），崔瑗〈座右銘〉（註一八），高彪〈清誡〉（註一九）等是。由此可見五言體，早於西漢時已經著盛。

五言詩的特色，胡應麟《詩藪》說：「四言簡質，句短而調未舒；七言靡浮，文繁而聲易雜；折繁簡之衷，居文質之要，蓋莫尙於五言。」已把五言詩的特點，說得十分明白。四言詩因爲字數少、句子短，很難充分地表達複雜的情思與生活，作者的才華與文采。若一定要表達發揮，就得用較多的句子，或借助於重疊反覆的章法，所以每苦有「文繁意少」的毛病。文字簡鍊精約的，却又嫌它質樸無文。五言詩雖只多了一個字，但在詩境上却有了回旋周轉的餘地，節奏也顯得靈活委婉，詩的風韻與作者的才思，都比較易於發揮表現。但它却又沒有後代的七言詩那種因句長而流於靡麗浮艷的現象。同時它的寫作範圍與趣味，也都因多了一個字，比四言詩拓廣。鍾嶸《詩品・序》說：「五言，居文詞之要，是衆作之有滋味者也。」所以漢五言詩興起後，作者日多，終代替了四言詩的地位。像《古詩》十九首都是溫厚和平，一字千金的作品。現舉〈西北有高樓〉一首如下：

西北有高樓，上與浮雲齊。交疏結綺窗，阿閣三重階。上有絃歌聲，音響一何悲。誰能爲此曲？無乃杞梁妻。清商隨風發，中曲正徘徊。一彈再三歎，慷慨有餘哀。不惜歌者苦，但傷知音稀。願爲雙鴻鵠，奮翅起高飛。（枚乘《雜詩》之一）

由這首詩，也可以想見漢其他五言詩的形式了。這種五言詩體，對於後代的影響，遠超過四言，可說歷二千餘年不衰，至今尚有作者。五言絕句、律詩，都由此變出。

（註一）語取摯虞《文章流別論》。

（註二）〈行露篇〉：「誰謂雀無角，何以穿我屋？誰謂女無家，何以速我獄？雖速我獄，室家不足。」

（註三）《孟子．離婁上》：「有孺子歌曰：『滄浪之水清兮，可以濯我纓；滄浪之水濁兮，可以濯我足。』」

（註四）《國語．晉語》：「暇豫之吾吾，不如烏烏；人皆集於菀，我獨集於枯。」

（註五）夏歌，指《夏書．五子之歌》。此歌為後人偽作。楚謠，指楚屈原《離騷》。

（註六）連用句，如《小雅．甫田篇》：「以介我稷黍，以穀我士女。」「乃求千斯倉，乃求萬斯箱。」〈大田篇〉：「彼有不穫穉，此有不斂穧」是。

（註七）見傅隸樸《中國韻文概論》一冊一〇六頁「〈詩經五六七言句比較表〉」。不過傅氏所取，包括帶有「兮」字、虛字的句子，及上三下二句調的五言句在內。如〈野有死麕〉三章之一：「舒而脫脫兮，無感我帨兮，無使尨也吠。」又如〈北山〉後三章之一：「或燕燕居息，或盡瘁事國，或息偃在床，或不已于行。」是。

（註八）漢五言體的作品數量，在無名氏作各體古詩中，約佔百分之九十左右。在無名氏的樂府（《相和》與《雜曲》）歌詩中，亦佔百分五十強。

（註九）班固闕詩(1)長安何紛紛，詔葬霍將軍。刺繡被衣領，縣官給衣衾。(2)寶劍值千金，掛之于樹枝。(3)延陵輕寶劍。

（註一〇）縹碧以爲瓦。

（註一一）《後漢書・左雄傳》引：「白璧不可爲，容容多後福。」

（註一二）侯瑾詩：「周公爲司馬，白魚入王舟。」「嫫母升玉堂。」

（註一三）《漢書・貢禹傳》引：「何以孝悌爲？多財而光榮。何以禮義爲？史書而仕宦。何以謹愼爲？勇猛而臨官。」

（註一四）《漢書・陳湯傳》：「南郡獻白虎，邊陲無警備。」《漢書・郊祀志》：「宣帝修漢武故事，敬齋祀之禮，頗作詩歌，時南郡獲白虎，獻其牙皮，上爲立祠。」故疑此二句，爲宣帝時歌詩。

（註一五）《後漢書・馬廖傳》引：「城中好高髻，四方高一尺。城中好廣眉，四方且半額。城中好大袖，四方全匹帛。」

（註一六）指《古詩》十九首，除去枚乘《雜詩》及傅毅〈冉冉孤生竹〉外，所餘十首。

（註一七）馮衍，卒於明、章之際。〈車銘〉見《古文苑》六：「乘車必護輪，治國必愛民。車無輪安處，國無民誰與？」

（註一八）崔瑗，歷仕和、安、順三朝，〈座右銘〉二十句五言，見《昭明文選》五十六。其辭爲「無道人之短，無說己之長，施人愼勿念，受施愼勿忘。……」

（註一九）高彪，爲順、桓間人，〈清誡〉二十六句五言，見《藝文類聚》二十三。辭云：「天地而長久，人生則不然。又不養以福，祿全其壽年。飮酒病我性，思慮害我神。……」

丁、六言詩

六言詩，通常句法是上二字、中二字、下二字（○○ ○○ ○○）。這種句法，在秦、漢前就有，例如：

我姑酌彼金罍。（《詩・周南・卷耳》）

嘉賓式燕以敖。（《詩・小雅・鹿鳴》）

都是六言句的濫觴。任昉《文章緣起》說：漢六言詩，始於谷永。其作品已佚。今存有孔融六言詩三首，曹丕〈黎陽作〉、〈令詩〉、〈上留田行〉，曹植〈妾薄命〉等數首而已。中〈妾薄命〉一首較長，其餘都是短篇。六言避用「上三下三」等其他句法。例如：

漢家中葉道微，董卓作亂乘衰，僭上虐下專威，萬官惶怖莫違，百姓慘慘心悲。（孔融詩）

全篇是上二中二下二的句法，節奏顯得特別單純，缺少變化，可說是沒有一點兒音樂的美感。加上孔融文字質樸；所以他作的三首六言詩，都很失敗。只有曹丕〈上留田行〉帶有民歌的情調，曹植〈妾薄命〉句意活潑，是幾首中稍好的兩篇。如〈妾薄命〉中一段是：

妙舞僊僊體輕，裳解履遺纓斷。俛仰笑喧無呈，覽持佳人玉顏。

六言這形式的詩體，到底不能與五言、七言匹敵。如《陔餘叢考》所說：「此體，本非天地自然之音節，故雖工而終不入大方之家耳。」歷代作者，寥寥可數。至唐王維、張說、劉長卿、皇甫冉創為六言絕句小律。以境界提高，技巧成熟，才頗有可誦的作品。如王維的「鳥向平蕪遠近，人隨流水東西。」之類，都極自然，波峭可喜。

又東漢邊韶〈解嘲〉有：「寢與周公通夢，靜與孔子同意」二句。〈滿歌行〉：「命如鑿石見火，居世竟能幾時？」帶有詼諧的意味。於是後人有將六言用於舊小說，成爲一種詼諧遊戲而意味深長的短語。如「不知一命如何？先覺四肢不舉。」「未識半面花容，先見一雙玉腕。」「運去黃金失色，時來鐵也生光。」「只因家長心疑，險使童兒命喪。」（註）之類。

（註）所引諸例皆見《警世通言》。

戊、七言詩

七言詩，就是七字一句，句法是上四字、下三字（○○○○　○○○）。漢時是每句押韻的。例如：

日月星辰和四時，驂駕駟馬從梁來。（〈柏梁臺詩〉，時、來古韻押）

秋風蕭瑟天氣涼，草木搖落露爲霜。（曹丕〈燕歌行〉）

在漢以前，整篇的七言詩，清王士禎《古詩選》中所收的，有黃帝時皇娥〈倚瑟清歌〉，是後人僞作。不過，七言的由來也很早了。七言句及七言詩的雛型，屢見於《詩》（註一）、《騷》（註二）、《左傳》（註三）、《吳越春秋》（註四）、《孔叢子》（註五）、《晏子春秋》（註六）、《禮記》（註七）、《琴操》（註八）、《水經注》（註九）、其他典籍（註一〇）所載所引先秦的歌詩之中。劉勰在《文心雕龍・章句篇》中說：「七言，雜出《詩》、《騷》。」漢七言詩的形成，受《楚辭》的影響更大。清沈德潛在《說詩晬語》中說：「〈大風〉、〈柏梁〉，七言之權輿也。」錢大昕氏更進一步，認為七言，就是由《楚辭》形式轉變而來。錢氏在《十駕齋養新錄》卷十六論〈七言在五言之前〉說：「《楚辭・招魂、大招》，多四言，去『些』『只』助語，合兩句讀之，即成七言。荀子〈成相〉、荊軻〈送別〉，其七言之始乎。至漢而〈大風〉、〈瓠子〉，見於帝制。〈柏梁〉聯句，一時稱盛。」今人多從其說（註一一）。因為《楚辭》中七言句、八言句，從形式上看，確實跟漢朝的七言詩非常相近。今舉例說明如下：

(1)如屈原〈橘頌〉：「后皇嘉樹，橘徠服兮。受命不遷，生南國兮。」宋玉〈招魂〉：「高堂邃宇，檻層軒些。層臺累榭，臨高山些。」景差〈大招〉：「青春受謝，白日昭只。春氣奮發，萬物遽只。」屈原〈抽思・亂〉：「長瀨湍流，泝江潭兮。狂顧南行，以娛心兮。」錢大昕認為去其「兮」「些」「只」，就成七言。

(2)如宋玉〈招魂・亂〉：「獻歲發春兮汨南征，菉蘋齊葉兮白芷生。」又〈九辯〉：「悲憂窮慼兮獨處廓，有美一人兮心不繹。」若將句中「兮」字去掉，也就成七言。其詞句古樸，每句押韻，尤與漢七言相近。

(3)如屈原〈九歌・山鬼〉：「若有人兮山之阿，被薜荔兮帶女羅。既含睇兮又宜笑，子慕予兮善窈窕。乘赤豹兮從文貍，辛夷車兮結桂旗。被石蘭兮帶杜衡，折芳馨兮遺所思。余處篁幽兮終不見天，路險難兮獨後來。表獨立兮山之上，雲容容兮而在下。杳冥冥兮羌晝晦，東風飄兮神靈雨。（中略十一句）風颯颯兮木蕭蕭，思公子兮徒離憂。」

漢時有人將這首《楚辭》，改成三、三、七言體歌詩，題作〈陌上桑〉，今收於郭茂倩《樂府詩集》卷二十八，及丁福保《全漢詩》卷四中，其詞爲：

今有人，山之阿，被服薜荔帶女蘿。既含睇，又宜笑，子戀慕予善窈窕。乘赤豹，從文貍，辛夷車駕結桂旗。被石蘭，帶杜衡，折芳拔荃遺所思。處幽室，終不見，天路險艱獨後來。表獨立，山之上，雲何容容而在下。杳冥冥，羌晝晦，東風飄颻神靈雨。風瑟瑟，木㮴㮴，思念公子徒以憂。

由此，可見漢七言詩從《楚辭》形式轉化過來的一般情形。像「〈山鬼〉」這類《楚辭》，已包孕有七言詩上四下三的句法，若將其中「兮」字全部調整爲實字，即可使它成爲整首七言的詩。在漢人作的楚歌中，已有間用無「兮」字的句子，其例甚多。如西漢司馬相如〈琴歌〉二首，其一說：

鳳兮鳳兮歸故鄉，遨遊四海求其凰。時未遇兮無所將，何悟今夕兮升斯堂。有艷淑女在閨房，室邇人遐毒我腸。何緣交頸爲鴛鴦，胡頡頏兮其翱翔。

所以東漢張衡〈四愁詩〉：

我所思兮在太山，欲往從之梁甫艱。側目東望涕霑翰。美人贈我金錯刀，何以報之英瓊瑤。路遠莫致倚逍遙，何爲懷憂心煩勞。（共四首，這裏所舉爲第一首，其他三首句法同此）

通體七言，第一句仍含有楚歌的調子「兮」字。這便是極自然的發展與演變了。

因此過去有些選詩論詩的學者們，如王士禎編《古詩選》，就將這類七言八言的楚歌：如項羽〈垓下歌〉、漢高祖〈大風歌〉、武帝〈秋風辭〉、李陵〈別歌〉等，歸於七言詩類，與七言古詩一起討論。這種分類法，雖稍欠精密；然亦可見漢正格七言詩實在是起源於《楚辭》。梁啓超說：「從《楚辭》到七言，其勢甚順。」由《楚辭》形式，去掉「兮」字，成爲七言。這種七言句逐漸風行起來。

我們研究漢七言詩發展情形。細讀漢初的謠諺樂章，就可以知道當時的人已盛用七言句。例如：漢高帝時喪歌，〈薤露歌〉與〈蒿里曲〉，除起句外，餘均七言（註十二）。唐山夫人《房中歌》第六：「大海蕩蕩水所歸。」也是七言句。武帝時《郊祀歌》中的〈天地篇〉，全詩二十七句，七言佔十三句，近二分之一，〈天門〉三十七句，七言佔八句，〈景星〉共二十四句，七言佔十二句（註一三）。其次《鐃歌》十八曲〈上之回〉、〈臨高臺〉、〈有所思〉諸首（註一四），也儘多七言句。此外小學、雜文的七言句，用的也很多。如司馬相如〈凡將篇〉（註一五）、《漢書・東方朔傳》的射覆（註一六）、〈路溫舒傳〉的引諺（註一七）都是。所以漢朝整首七言詩，也是順應當時詩歌的發展趨勢，而產生的一種新詩體。

整首的七言詩，到漢武帝元封三年（西元前一〇八）作〈柏梁臺詩〉，始告產生。後人共推之爲七言之始。〈柏梁臺詩〉，是武帝與群臣集體作的聯句，一人一句，一句一意，雜湊成篇，詞意樸拙，重字重韻很多，只能說是粗具七言詩體的形式而已（按〈柏梁臺詩〉，〈顧炎武〉疑爲依託。我個人研究，認爲顧說不能成立，所以仍繫於武帝之時，爲七言詩之始，請參閱第二章〈漢武帝柏梁臺詩考〉。除此之外，西漢七言作者，可考的，有《漢書・東方朔傳》說：「朔有七言。」但據《文選》卷二十二魏文帝〈芙蓉池作詩〉：「脩條摩蒼天」句《注》所引東方朔七言：「折羽翼兮摩蒼天」句看來，似乎也仍然是楚歌體的七言詩；或如司馬相如〈琴歌〉一樣，有「兮」與無「兮」字之句間用。此外，《文選・注》引到的還有《董仲舒集》七言〈琴歌〉二首（註一八），劉向七言句（註一九），知道董仲舒、劉向都有七言詩的作品。東漢順帝陽嘉中（西元一三二—一三五）張衡作〈四愁詩〉四章，大概至此才算是完整七言體。又張衡〈思玄賦〉後附〈系辭〉（註二〇）、馬融〈長笛賦〉後附贊辭（註二一），也都是整首七言詩體。和他們前後的作者，據各方面史料，可以考知的，有《後漢書》的東平王蒼、杜篤、崔琦、崔瑗、崔寔、馬融等本傳，並說：著有「七言」若干篇，其辭今皆不見。此外見於後人編輯的文集、選集中的，則有馬援（註二二）、崔駰、李尤、王逸（二三）等人作品及殘篇。在東漢民歌童謠中，存有六、七首七言詩。如光武帝時〈郭喬卿歌〉：「厥德仁明郭喬卿。」和帝時會稽童謠：「城上烏鳴哺父母。」桓帝時童謠：「小麥青青大麥枯。」是。由此可知作者也不少，只是無可誦的作品罷了。到獻帝建安後，曹丕作〈燕歌行〉兩首，其詞爲：

1. 秋風蕭瑟天氣涼，草木搖落露爲霜（一解）。群燕辭歸雁南翔，念君客遊多思腸（二解）。慊慊思歸戀故鄉，君何淹留寄他方（三解）？賤妾煢煢守空房，憂來思君不敢忘（四解）。不覺淚下霑衣裳，援琴鳴絃發清商（五解）。短歌微吟不能長，明月皎皎照我牀（六解）。星漢西流夜未央，牽牛織女遙相望，爾獨何辜限河梁（七解）？

2. 別日何易會日難，山川悠遠路漫漫。鬱陶思君未敢言，寄聲浮雲往不還。涕零雨面毀容顏，誰能懷憂獨不歎？展詩清歌聊自寬，樂往哀來摧肺肝。耿耿伏枕不能眠，披衣出戶步東西。仰看星月觀雲間，飛鶬晨鳴聲可憐，留連顧懷不能存。

這兩首純是個人的抒情作品，韻調美妙，情致委婉，不重韻，全篇一緒貫連，逐句轉承。才眞正開拓了純粹七言詩的路子，到此七言詩才算完全成熟了，而開千古妙境。這時又有陳琳作〈飲馬長城窟行〉一首，用五七言句間雜混用體，又產生了七言樂府的一種新體。

漢七言詩雖然產生得也很早，成就却遠不如五言，其原因：一方面是由於漢人沿著舊習慣作《楚辭》體的七言詩。另一方面是由於四言演變爲五言比較容易，只增一個字；演變爲七言，增加了三字，顯得較難。同時《詩經》中五言句非常多，一般人目染耳濡已久，熟悉這種句調；而七言句《詩經》中不多，作詩人對這種新體還不大習慣，作得不好，作品流傳下來的，也就是那麼貧乏可數的幾首了。

但七言因爲字多，後人稱爲長調，聲長字縱，易以成文，所以在節奏上更富有起伏變化，在內容上更宜於表達作者複雜的情思，描繪人類多姿的生活。王闓運說：「七言歌行，如羌笛琵琶，繁絃急管。」所以七言詩對於後代詩歌的發展，却有極巨大的影響。從宋鮑照作《行路難》十九首，受五言的影響，把七言變爲隔句用韻，受陳琳〈飲馬長城窟行〉影響，間雜五、六言短句及八、九言長句（

註二四），變化百出，活潑清新，稱為傑構。梁元帝作〈燕歌行〉，群臣屬和。從此七言作者迭出，漸漸盛行。到唐朝，李、杜、高、岑、韋、孟、元、白一出，七言古風，遂盛極一時，開合變化，波瀾壯闊。七古成為詩壇上重要詩體之一。同時因為七古的盛行，又有七言律、絕的產生。

（註一）《詩經》中的七言句，如：〈秦風・黃鳥〉：「交交黃鳥止于桑。」（摯虞所舉的七言例）。〈小雅・小旻〉：「如彼築室于道謀。」（孔穎達舉例）〈魯頌・有駜〉：「君子有穀詒孫子。」（趙翼舉例）等是。按據傅隸樸《中國韻文概論》第五章〈古詩〉附錄〈詩經五六七言句數表〉，統計《詩經》中七言斷句，有二十三句。

（註二）顧炎武《日知錄》二十二考〈七言之始〉說：「宋玉〈神女賦〉：『羅紈綺績盛文章，極服妙綵照萬方。』皆為七言之祖。」

（註三）《左傳》哀公五年載〈萊人歌〉：「景公死乎不與埋，三軍之士不與謀。……」

（註四）《吳越春秋・闔閭內傳》第四載楚昭王返國時，樂師扈子作〈窮劫〉之曲：「王耶王耶何乖烈!?不顧宗廟聽讒孽。任用無忌多所殺，誅夷白氏族幾滅。二子東奔適吳、越，吳王哀痛助忉怛。垂涕舉兵將西伐，伍胥、白喜、孫武決。三戰破郢王奔發，留兵縱騎虜荊闕。楚荊骸骨遭發掘，鞭辱腐屍恥難雪。幾危宗廟社稷滅，嚴王何罪國幾絕。卿士悽愴民惻悷，吳軍雖去怖不歇。願王更隱撫忠節，勿為讒口能謗褻。」共十八句七言。又《勾踐歸國外傳》第八載采葛婦〈何苦〉之詩：「葛不連蔓棻臺臺，我君心苦命更之……。」共十三句七言，除五句中含「兮」字外，餘皆無「兮」字。又《勾踐伐吳外傳》

第十載勾踐選吳、越將士渡河伐秦，軍士作〈河梁詩〉：「渡河梁兮渡河梁，舉兵所伐攻秦王……。」全首共十句，除首尾二句中有「兮」字，餘八句均爲七言。《吳越春秋》，爲東漢章帝時（西元七六—八八）山陰人趙曄所作。上面三首七言詩，縱是趙曄改作或擬作，也是後漢作品，也可見七言到了後漢初已很流行。

（註五）《孔叢子》載孔子〈獲麟歌〉：「唐、虞世兮麟鳳遊，今非其時來何求？麟兮麟兮我心憂！」《孔叢子》，舊題孔鮒（子魚）作，今人以爲係其後人所集。鮒，秦時人。

（註六）《晏子春秋・內篇・諫下》第五載齊景公時〈庶民之歌〉：「凍水洗我若之何！太上靡散我若之何！」

（註七）《禮記・檀弓》載〈成人歌〉：「蠶則績而蟹有匡，范則冠而蟬有緌，兄則死而子皋爲之衰。」

（註八）《琴操》載楚人卞和〈獻玉退怨歌〉：「悠悠沂水經荊山，精氣鬱洽谷岩岩。……」共十四句七言。〈琴操〉，蔡邕作。

（註九）《水經注》載孔子〈臨河歌〉：「狄水衍兮風揚波，舟楫顛倒更相加，歸來歸來胡爲斯？」

（註一〇）如屈原《離騷》：「甯戚之謳歌兮，齊桓聞以該輔。」其後《呂氏春秋・舉難篇》，《淮南子・主術訓、道應訓》，王褒《四子講德論》，司馬遷《史記・鄒陽傳》，均談到甯戚歌事。《史記》宋裴駰《集解》引應劭說：「甯戚〈商歌〉，詞爲：「南山矸，白石爛，生不遭堯與舜禪。短布單衣適至骭，從昏飯牛薄夜半，長夜曼曼何時旦？」《後漢書・蔡邕傳》：「甯子有〈清商〉之歌。」唐章懷太子《注》引《三齊記》，其歌詞與《史記・集解》所引相同，惟「曼曼」二字，作「漫漫」。應劭爲東漢人，《三齊記》是漢以前《郡國志》（見《隋書經籍志考證》卷六〈地理〉。這一首〈商歌〉或可信；即使不是甯戚原作，當也由來很早了。至於《藝文類聚》所載「滄浪之水白石粲」及《文選》李善注成公子安〈嘯賦〉所引「出東門兮厲石班」兩首所謂甯戚歌，當爲後人僞作。

（註一一）梁啓超《中國之美文及其歷史》論曹丕〈燕歌行〉（八五頁）說：「七言詩的發達，實際上比五言爲更早。而初期的七言，大率皆每句押韻，如《楚辭》的〈招魂〉，自『魂兮歸來，入脩門些』以下，若每句將『些』刪去，便是一七言長篇。」隋樹森譯青木正兒著《中國文學概說》第三章〈詩學〉(二)〈古體詩說〉（六二頁）說：「七言詩，我想或係由楚歌系變化者。蓋因在『□□□兮□□□』之『兮』上，塡一個有意味的字，則成七言。唐山夫人的《房中祠樂》中『大海蕩蕩水所歸，高賢愉愉民所懷。太山崔，百卉殖。民何貴？貴有德』一首，上二句偶成七言，下半依然是楚歌形。又如《漢書・烏孫傳》所載烏孫公主之作『吾家嫁我兮天一方，遠託異國兮烏孫王』云云六句，雖然也是楚歌形，但若除去『兮』字，則七言詩就成立了吧。如《文選》所載後漢張衡的〈四愁詩〉四首，每篇自七言七句構成，而僅其第一句如『我所思兮在太山』取楚歌形，其餘都是純粹的七言詩。把這些過渡的作品看一看，則其發達之迹，大體可以探索得到吧。」劉大杰《中國文學發展史》上冊第七章〈漢代的詩歌〉（一四七頁）說：「如高祖的〈大風歌〉，李陵的〈別歌〉，漢昭帝的〈淋池歌〉，和張衡的〈四愁詩〉，形式雖近乎七言，但句中多用『兮』字補足，明明是《楚辭體》的雜言，但在這裏已經呈現著七言詩體的醞釀狀態了。」

（註一二）田橫門人作〈薤露歌〉：「薤上露，何易晞？露晞明朝更復落，人死一去何時歸？」〈蒿里曲〉：「蒿里誰家地？聚歛魂魄無賢愚。鬼伯一何相催促，人命不得少踟躕。」

（註一三）例如：〈天地〉：「千童羅舞成八溢，合好效歡虞泰一。九歌畢奏斐然殊，鳴琴竽瑟會軒朱。……盛牲實俎進聞膏……長麗前掞光耀明，寒暑不忒況皇章。展詩應律鋗玉鳴，函宮吐角激徵清。發梁揚羽申以商，造茲新音永久長。聲氣遠條鳳鳥鴹，神夕奄虞蓋孔享。」

（註一四）例如〈上之回〉：「令從百官疾馳驅，千秋萬歲樂無極。」〈臨高臺〉：「下有清水清且寒，江有香草目以蘭。……」〈有所思〉：「秋風肅肅晨風颸，東方須臾高知之。」是。

（註一五）司馬相如〈凡將篇〉：「淮南、宋、蔡舞嗙喻，黃潤纖美宜禪制，鐘磬竽笙筑坎侯。」

（註一六）《漢書・東方朔傳》射覆說：「臣以爲龍又無角，謂之爲蛇又有足，跂跂脈脈善緣壁，是非守宮即蜥蜴。」

（註一七）《漢書・路溫舒傳》載溫舒引諺：「畫地爲獄議不入，刻木爲吏期不對。」

（註一八）董仲舒七言〈琴歌〉二首，見《昭明文選》卷四十三孔德璋〈北山移文〉「琴歌既斷」句《注》引。惟其詞已佚無考。

（註一九）《文選・注》引劉向七言。如：張衡〈西京賦〉「是以多識前代之載」句，李善注引劉向七言：「博學多識與凡殊。」嵇叔夜〈贈秀才入軍詩〉：「山鳥群飛。」《注》引劉向七言：「山鳥群鳴動我懷。」張景陽〈雜詩〉：「朅來戒不虞。」《注》引劉向七言：「朅來歸耕永自疏。」

（註二〇）張衡〈思玄賦〉，見《昭明文選》卷十五。〈系辭〉，人或稱〈思玄詩〉，共十二句。

（註二一）馬融〈長笛賦〉，見《昭明文選》卷十八。〈贊辭〉共十句。

（註二二）馬援作〈武溪深行〉，爲七言樂府。（見郭茂倩《樂府詩集》卷七十四）。

（註二三）崔駰七言闕詩三句，李尤〈九曲歌〉七言二句，王逸〈琴思楚歌〉七言十五句（見張溥《漢魏六朝百三名家集・崔亭伯集、李蘭臺集、王叔師集》中。又見王士禎《古詩選・七言》中）

（註二四）沈德潛《說詩晬語》：「七言詩或雜以兩言、三言、四言、五、六言，皆七言之短句；或雜以八九言，十餘言，皆伸以長句；欲振蕩其勢，迴旋其姿也。」

己、八言詩與九言詩

八言詩與九言詩，在摯虞《文章流別論》中，古詩雖有八言、九言之說；漢人作品，沒有一首流傳下來。至《漢書・東方朔傳》說：「朔有八言、七言上下。」晉灼說：「八言、七言詩，各有上下篇也。」其作早佚，無從探索討論了。

三、雜言體

在形式上說，雜言詩是應用韻文形式的散文詩，和齊言詩不同。作法比較自由，每句字數不一，長短錯綜，是雜糅三、四、五、六、……諸言成篇。句法的變化多（註一），音節活潑自然。句中每用虛字和泛聲字（註二），却又不同於《騷》體。漢代的雜言詩，多用於樂府。

樂府是播於絃管，每篇常分做數解，以爲節奏。至其句子長短，跟曲譜有關係，這點是和現在的散文詩，隨作者之意作長短句者不同。例如：《郊祀歌詩》，多三言四言。〈善哉行〉古辭，每解四句，每句四言；建安時有四言亦有變爲五言者，每解仍限於四句。曹丕〈燕歌行〉爲七言，曹叡、陸機等作亦七言。曹丕〈上留田行〉爲六言，尾加餘聲；陸機作雖不力餘聲，然也通首是六言。〈陌上桑〉，漢人《楚辭》鈔，爲三、三、七雜言體；曹操作亦三、三、七言，曹丕作雖稍有變化，亦仍以三、三、七言爲主。雜言詩長短其句，目的在求合律呂，便歌唱。所以齊言詩用於樂府，也往往增加其句數，分作數解，變爲歌體；或長短其字數，變爲雜言的歌詩。例如《古詩．生年不滿百》一首，原是五言的徒詩，不能歌。後人改爲〈西門行〉，成爲雜言體的歌詩，今收於《樂府詩集》卷三十七中。現將這兩首詩分錄如下，以見齊言和雜言的不同，以及雜言受音樂的限制地方。

《古詩》十九首：

生年不滿百，常懷千歲憂；晝短苦夜長，何不秉燭遊？爲樂當及時，何能待來茲？愚者愛惜費，但爲後世嗤。仙人王子喬，難可與等期！

〈西門行〉：

出西門，步念之；今日不作樂，當待何時？（一解）

夫爲樂，爲樂當及時；何能坐愁怫鬱？當復待來茲。（二解）

飲醇酒，炙肥牛，請呼心所歡，可用解愁憂。（三解）

人生不滿百，常懷千歲憂。晝短苦夜長，何不秉燭遊？（四解）

自非仙子王子喬，計會壽命難與期；自非仙人王子喬，計會壽命難與期。（五解）

人壽非金石，年命安可期？貪財愛惜費，但爲後世嗤。（六解）

由前例來說，兩首的命意、措詞，大致無殊。在詩，句度整齊；在樂府，却篇分六解，長短錯綜。蓋一便於口吻諷吟，一協於絃管演奏。從上面，我們可以知道樂府不管是雜言還是齊言，都與音樂有關。與音樂有關的，句法字數就受樂譜（古稱曲折）的限制；其中當然也有先作歌詩，然後配樂的；先作詩，後配樂，作者比較自由。對這兩類作品，現在很難考定其篇目與劃界。在句法變化上，漢雜言詩又可分有規則與無規則二種：

(1)〈薤露歌〉、〈蒿里曲〉、〈平陵東〉、〈陌上桑〉之類，是屬於有規則的雜言詩。例如：

駕虹蜺，乘赤雲，登彼九疑歷玉門。濟天漢，至崑崙，見西王母謁東君。交赤松，及羨門，受要秘道愛精神。食芝英，飲醴泉，柱杖桂枝佩秋蘭。絕人事，遊渾元，若疾風遊欻飄翩。景未移，行數千，壽如南山不忘愆。（曹操〈陌上桑〉，通首爲三、三、七言體。）

(2)《鐃歌》十八曲，東方朔〈據地歌〉，〈烏生〉、〈王子喬〉、〈董逃行〉、〈西門行〉、〈東門行〉、〈婦病行〉、〈孤兒行〉〈雁門太守行〉、〈滿歌行〉、〈淮南王篇〉、〈蜨蝶行〉、〈悲歌〉、〈前緩聲歌〉，曹操〈短歌行〉（周西伯昌）、〈氣出唱〉，曹丕〈大牆上蒿行〉、〈艷歌何嘗行〉、〈月重輪行〉，曹植〈桂之樹行〉、〈當牆欲高行〉，王粲〈俞兒舞歌〉之類，屬於無規則性的雜言詩，句子長短，沒有一定規律可尋。例如：

上邪！我欲與君相知，長命無絕衰。山無陵江水爲竭，冬雷震震夏雨雪，天地合，乃敢與君絕！（《鐃歌．上邪》，篇中雜用二、三、五、六、七等言。）

烏生八九子，端坐秦氏桂樹間。唶我！秦氏家有遊遨蕩子，工用睢陽彊、蘇合彈。左手持彊彈兩丸，出入烏東西。唶我！一丸即發中烏身，烏死魂魄飛揚上天。阿母生烏子時，乃在南山巖石間。唶我！人民安知烏子處？蹊徑窈窕安從通？白鹿乃在上林西苑中，射工尚復得白鹿脯。唶我！黃鵠摩天極高飛，後宮尚復得烹煮之。鯉魚乃在洛水深淵中，釣鉤尚得鯉魚口。唶我！人民生，各各有壽命，死生何須復道前後！（《相和曲．烏生八九子篇》，雜用二、五、六、七、八、九等言成篇。）

雜言樂府，句式多變化，字數不一定，都如上例。中有三言、四言，也有五言、六言、七言，也有多至九言、十言、十一言。其例甚多，現不再引。

另有〈鐸舞歌詩．聖人制禮樂〉，〈巾舞歌詩〉二篇都是聲辭雜寫的作品，無法辨其形式。

（註一）雜言句法，極變化之致，和一般四、五、七言各體不同，可以參用散文句法。如：

⑴「孝和帝在時」（〈雁門太守行〉），「洛陽令王君」（同上），「暮得水來歸」（〈孤兒行〉），「行吾去爲遲」（〈東門行〉），是上三下二句法。和一般五言上二下三不同。這大概是從上三，中「兮」，下二的楚歌而來。

(2)「從乞求與孤買餌」（〈婦病行〉），「屬累君兩三孤子」（同上），「服此藥可得神仙」（〈董逃行〉），是上三下四，和七言普通上四下三句法不同。

(3)又如八言句法且有五類：㈠上四下四類：「爲我謂烏且爲客豪」（《鐃歌・戰城南》），「少行宦學通五經論」（〈雁門太守行〉）。㈡上五下三類：「我欲不傷悲不能已」（〈婦病行〉），「工用睢陽彊蘇合彈」（〈烏生八九子〉）。㈢上三下五類：「摧燒之，當風揚其灰」（〈有所思〉），「持之我入紫深宮中」（〈蜨蝶行〉）。㈣上二下六類：「陛下長與天相保守」（〈董逃行〉），「射工尚復得白鹿脯」（〈烏生八九子〉）。㈤八字渾成類：「死生何須復道前後」（〈烏生八九子〉），「本自益州廣漢蜀民」（〈雁門太守行〉）。

這些句法，都是各體古詩中罕見的。

（註二）泛聲字，如「以烏路」（〈朱鷺篇〉），「妃呼豨」（〈有所思〉），「何軒奴軒」（〈蜨蝶行〉），「唶我」（〈烏生八九子〉）。虛字如「之」「夫」「爲」「謂」「乃」「在」「所」「邪」「且」之類，在雜言詩中用得極多。而是四言、五言、七言各體樂府詩及徒詩所無，或所避用的。

建安詩研究

詩學之盛莫過於唐而詩骨遒邁
則推魏之建安夫詩以寫性情人之性
情往往為世運所轉移自季漢失權
天下大亂人心浮蕩極矣曹氏父子網羅
英俊引吭高歌振奮一世之人心而云之詩
家之風格上承十九首而下啟三唐何其雄
偉也孟德雄才大略宜其詩悲壯蒼涼

而多含蘊。子桓多才多藝，勤學功深，所為詩清越樸茂，氣魄則遜於父。子建才大思敏，文質兼勝，終身寢饋於典籍中，讀其詩則知其人，識溫柔敦厚之遺，無驕縱矜持之氣，不愧建安詩人之冠。

七子詩前人論之已詳，總各有短長

而詩格則一皆從表現建安詩之風
骨嗜好趨向互爲影響有自來也
作者分別研究詳加詮釋識見律
述係以寫作時代背景及各人所
處之環境所積之修養備述之者
遺尤能揭出建安詩骨之髓至論
及其他詩人與孔雀東南飛一詩皆

精確的闡有釋詩心手

辛巳九秋日題方祖燊所作

建安詩研究

宗孝忱

建安詩研究

一、緒論

建安，是漢獻帝的年號，相當西元一九六年至二一九年，在歷史上，是個大動亂的末世，連年戰爭，死人無算，白骨成莽，城郭邱墟；但在詩歌史上，却是漢代最燦爛的一個時期。短短的三十年代中，出現了不少著名的詩人，產生了許多極優秀的作品。作者與作品的數量，都遠超過漢代任何一個時期，詩歌成爲當日文學的主流，在文學史上，稱這個時期爲「建安時代」，稱這時所產生的詩歌爲「建安體」（嚴羽滄浪詩話詩體）。推求促使建安時代詩歌蓬勃興盛的原因，有下列三點：

甲、時代的刺激

東漢後半葉，外戚與宦官政爭甚烈。至靈帝崩，少帝即位，何太后兄大將軍進，爲宦官所害，進部盡殺宦官。河東太守董卓，乘亂入京，弒少帝，更立獻帝。卓專制擅權，凶逆無道。獻帝初平元年（西元一九〇年）山東州郡，起兵討卓。卓挾帝自洛陽西遷長安。後漢書董卓傳說：「卓盡徙洛陽人數百萬口於長安，步騎驅蹙，更相蹈藉，饑餓寇掠，積屍盈路。卓自屯留畢圭苑中，悉燒宮廟官府居家，二百餘里內，無復孑遺。」不久，王允誅卓。卓將李傕、郭汜等攻破長安，爲卓報仇。郭、李復猜疑，爭戰於長安城內。建安元年（西元一九六年），董承等奉獻帝還洛陽。時山東已成州牧郡守擁兵割據局面。人人欲逐鹿天下，稱王稱帝，戰亂無寧歲。會曹操崛起兗州，入京，迎獻帝都許昌。操挾天子以討諸侯，先後擊滅呂布、袁術、袁紹，破烏丸，定遼西。十三年，征荆州，降劉表，於赤壁爲孫權、劉備聯軍所敗。後備入蜀，據益州；交州依附孫權。十六年，操敗馬超、韓遂，取得涼州，中原爲操所有。天下成爲曹魏、孫吳、蜀漢三分局面。至建安二十五年（西元二二一九年）操卒，子丕代漢而有天下，國號魏，漢朝遂亡。

由這段歷史，可知從獻帝初平元年到建安二十五年（西元一九〇——二一九）間，戰爭不停。由戰亂所造成的：是無數人的家破人亡，流民遍野，董役苛賦下生活的慘象，出征行旅中的苦情，以及其他種種的社會問題。整個時代，刺激着每個人的心魂，在異鄉客居，或在戎馬倥傯中，都抑壓不住感觸與羈愁，使當日的文士詩人，不能不發出沉痛的歌聲，淒涼的樂調，而產生了許多新的詩篇，用來描寫戰爭、徭役、離別、思鄉、閨怨之類，多充滿着寫實的色彩，以及代表個人的浪漫精神，情感不是直率深切，就是悲壯高曠。如王粲七哀詩，曹操的薤露、蒿里行、苦寒行，曹丕的陌上桑、黎陽作，曹植送應氏詩，陳琳飲馬長城窟行，蔡琰悲憤詩，徐幹室思，阮瑀駕出北郭門行，都是由於時代的刺激所產生的傑作，而與後代一般詩人歌詠大平盛代的美景勝事，或個人得失成敗悲歡離合的素志麗情不同。

乙、詩體的成熟

漢代的各種詩體發展到了建安，因爲作者漸多，無論形式與技巧都已成熟，具備了各體：有古詩體、樂府體；有三言、四言、五言、六言、七言、雜言，以及帶有「兮」字的楚歌體；有短歌，也有如孔雀東南飛那樣的長調。在我國詩歌史上開闢了一個嶄新的局面。五言詩與樂府詩尤其興盛。建安的各體詩共有三百首左右，五言詩約佔一百六十多首；當時詩人抒情言志用五言體，撰作樂府也用五言體，遂使五言詩風行一時。其次兩漢的樂府詩興起後，有名的作品是流行於民間的謳謠；到了建安，由於曹氏父子的提倡，知識份子的撰作，也放出了特別的光輝。古詩宜於寫個人委順溫婉的情志。樂府宜於平鋪直敘，反映大衆的情感；戰亂也是造成建安樂府興盛的一個原因，當時有的用古樂府的舊曲來作新詞，有的另創新調來寫新意境。於是文士作的樂府詩就大量的產生了，篇幅也大都加長，如前面所說的曹操薤露、蒿里行等作品，多是樂府詩體。此外如曹操的度關山、善哉行、秋胡行、氣出唱，曹丕大牆上蒿行、上留田行，曹植名都、美女、白馬、浮萍、棄婦、種葛、桂之樹行、鼙舞歌，繁欽定情詩等，少的百數十言，中的三四百言，最長的如孔雀東南飛長一千七百餘言，這是兩漢樂府所少見，對後代文士作樂府詩的風氣影響非常大。而樂府歌行的盛行是從此一脈相傳而來的。再其次是七言詩，漢武的柏梁連句，張衡的四愁歌詩，尚非純粹的七言體，到曹丕燕歌行出，七言詩才算完全成熟了。再其次是四言詩，自周三百篇後，四言衰落了，西漢的郊祀歌，韋孟的諷諫、在鄒，都是摹倣周詩的，了無新意；以後作者如傅毅迪志，劉蒼武德舞歌，亦非佳作；直至曹操作短歌行，仲長統作述志詩，自鑄壯詞，又造成沒落的四言詩的復興。再其次是六言詩，任昉文章緣起說起於漢谷永，但作品已佚；現存最早的是孔融作三首六言詩，此外還有曹植的妾薄命，曹丕的上留田行。由於這些體裁的成熟與風行，擴大了漢詩的領域，也使建安詩在詩歌發展史的過程上佔了很重要的地位，開啓了魏、晉以後人作詩的路子。

丙、文學的倡導

曹操是建安時代的政治領袖，也是當時文學的倡導者。他由於政治的得勢，軍事的發展，網羅了各地第一流文士詩人：如魯國孔融（文擧）、陳留阮瑀（元瑜）、北海徐幹（偉長）、山陽王粲（仲宣），廣陵陳琳（孔璋）、東平劉楨（公幹）、汝南應瑒（德璉）七子（註），其他如繁欽（休伯）、邯鄲淳（子叔）、仲長統（公理）、路粹（文蔚）、楊修（德祖）諸人，都先後爲他羅致。曹植與楊德祖書說：

> 昔仲宣獨步於漢南，孔璋鷹揚於河朔，偉長擅名於青土，公幹振藻於海隅，德璉發跡於大魏，足下高視於上京。當此之時，人人自謂握靈蛇之珠，家家自謂抱荊山之玉。吾王（指曹操）於是設天網以該之，頓八紘以掩之，今悉集茲國矣。

又由於曹操的喜愛文學，與其二子曹丕、曹植提倡創作樂府，七子諸人的倡和贈答，遂使魏國成爲文藝音樂的中心。沈約謝靈運傳論：「至於建安，曹氏基命，三祖陳王，咸蓄盛藻。」（三祖爲魏武帝曹操、文帝曹丕、明帝曹叡，陳王爲曹植）。鍾嶸詩品序說：「曹公父子篤好斯文，平原兄弟（植嘗爲平原侯）蔚爲文棟，劉楨、王粲爲其羽翼；次有攀龍託鳳，自致於屬車者，蓋將百計，彬彬之盛，大備於時矣。」劉勰文心雕龍時序篇亦說：「魏武以相王之尊，雅愛詩章；文帝以副君之重，妙善辭賦；陳思以公子之豪，下筆琳瑯；並體貌英逸，故俊才雲蒸，仲宣委質於漢南，孔璋歸命於河北，偉長從宦於靑土，公幹徇質於海隅，德璉綜其斐然之思，元瑜展其翩翩之樂，文蔚、休伯之儔，子叔、德祖之侶，傲雅觴豆之前，雍容衽席之上，灑筆以成酣歌，和墨以藉談笑。」這裏我們可以想見當時名士詩人羣集鄴都，於樂飲酒酣之際，賦詩作文的盛況。由於曹氏父子的提倡獎勵，他們所作多爲五言，於是造成漢五言詩的極盛時代，形成了建安的詩體。如文心雕龍明詩篇所說：「建安之初，五言騰踊，文帝、陳思，縱轡以騁節；王、徐、應、劉，望路而爭驅：(1)並憐風月，狎池苑，述恩榮，敍酣宴；(2)慷慨以任氣，磊落以使才；(3)造懷指事，不求纖密之巧；驅辭逐貌，唯取昭晣之能：此其所同也。」這類賞風月，遊園池，寫遊獵宴樂，重才氣，代表建安作風的詩篇，如：曹丕芙蓉池作，曹植侍太子坐，曹植、王粲、劉楨、阮瑀、應瑒諸人作的公讌及鬥鷄，陳琳宴會、遊覽之類是。

建安詩篇，流傳至今者，約三百餘首，佔兩漢詩的一半。其中曹植最多，逾八十餘首，又闕詩近四十首；曹丕次之，凡四十餘首；曹操和王粲均存二十餘首；劉楨、阮瑀均存詩十餘首；再次爲應瑒、徐幹、陳琳、孔融、繁欽、蔡琰各有詩數首，最少爲邯鄲淳、吳質，各存一首。其中，除曹丕、曹植二人外，其餘大都死於建安時代。又因他們生卒年代的先後，各人的性格、生活、感受、身份、情思、才氣的不同，所產生的作風也不一致，內容也有差別。現將他們分述如後，先談曹操，次曹丕、曹植，次七子，再次蔡琰、仲長統、繁欽、邯鄲淳諸人。至於居三祖之末的明帝曹叡生的較晚，作品大都在魏代，這裏也就不予討論。

二、曹操

曹操（一五五——二二〇）名吉利，字孟德，小字阿瞞。沛國譙（安徽亳縣附近）人。本姓夏侯，父嵩爲宦官費亭侯曹騰的養子，遂改姓曹。小時機警有權謀，而任俠放蕩，不治行業。二十歲舉爲孝廉，爲郎，歷頓丘令，騎都尉。平黃巾賊有功，官至濟南相。爲典軍校尉，董卓廢立，走陳留，起兵反卓。建安元年（一九六），迎獻帝於許昌，自爲大將軍，總攬政權，挾天子以令諸侯。屯田勸農，明法敎戰，延攬英俊，因才授職。內興文學，外立武功。遂降張繡，殺呂布，破袁紹，撫定關中，統一華北。十三年，自爲丞相，南征下荊州，戰於赤壁，大敗而歸。十七年破馬超、韓遂，再定關中。次年稱魏公。二十年，降張魯，取漢中，進爲魏王。二十四年，與劉備戰於漢中，失利歸。次年（二二〇）正月，卒於洛陽，年六十六。子丕嗣爲魏王，篡漢稱帝，國號魏，追尊爲太祖武皇帝。

曹操在政治上是個雄才大略的領袖，爲人權譎強忍，霸氣縱橫；自獻帝初平初到建安末，三十餘年都忙於用兵理政。但在生活上却喜歡文學、音樂，曹瞞傳謂：「好音樂，倡優在側，常以旦達夕。」魏書言操：「御軍三十餘年，手不捨書，晝則講武策，夜則思經傳；登高必賦，及造新詩，被之管絃，皆成樂章。」他所著的樂府詩不少，今存二十多首（註一），氣格蒼莽；其中多四言，次爲五言，再次爲雜言。因爲他是個政治性的人物，所以遺留下來的詩篇也多半是有關時事的。沈德潛說：「借古樂府寫時事，始於曹公。」操的一生，可劃為兩個時期：由身經戰亂至征討羣雄，再由削滅羣雄至功高震主，受人疑度；他的詩也可以分為前後兩期來看：

甲、前期作品：由曹操起兵，以弱勢兵力對抗董卓、袁術、袁紹。這時期中，他所看到的所身受的，是離亂戰爭、艱苦哀傷的生活；表現詩篇中的，是描寫戰亂的慘象，悲世憂時的感情，格調古直而悲涼。代表作品，有善哉行、薤露、蒿里行、苦寒行等篇。如善哉行，是他在建安元年所作，其辭曰：

自惜身薄祜，夙賤罹孤苦，既無三徙教，不聞過庭語。（一解）
其窮如抽裂，自以思所怙；雖懷一介志，是時其能與？（二解）
守窮者貧賤，惋歎淚如雨。泣涕於悲夫，乞活安能覩？（三解）
我願於天窮，琅邪傾側左。雖欲竭忠誠，欣公歸其楚。（四解）
快人由為歎，抱情不得敘，顧行天教人，誰知莫不緒？（五解）
我願何時隨？此歎亦難處。今我將何照於光曜，釋銜不如雨。（六解）

這是一首很悲痛的抒情詩。內痛父親死於兵亂，外傷國君遭遇國變。他因父親在琅琊為陶謙所害，悲恨至於願琅琊地方傾側入海。再看他的薤露、蒿里行：

惟漢廿二世，所任誠不良。沐猴而冠帶，知小而謀彊。猶豫不敢斷，因狩執君王。白虹為貫日，
己亦先受殃。賊臣持國柄，殺主滅宇京。蕩覆帝基業，宗廟以燔喪。播越西遷移，號泣而且行。

瞻彼洛城郭，微子爲哀傷。（薤露）

關東有義士，興兵討羣凶。初期會盟津，乃心在咸陽。軍合力不齊，躊躇而雁行。勢利使人爭，嗣還自相戕。淮南弟稱號，刻璽於北方。鎧甲生蟣蝨，萬姓以死亡。白骨露於野，千里無鷄鳴。生民百遺一，念之斷人腸！（蒿里行）

薤露感傷何進執政，引致董卓之亂，使漢京殘破；蒿里行悲憤羣雄爭戰，袁術稱號，使生靈塗炭；也都是建安初的作品，是漢末的實錄。此外，在建安十年，北越太行山，征高幹時作的苦寒行說：

北上太行山，艱哉何巍巍！羊腸坂詰屈，車輪爲之摧。樹木何蕭瑟，北風聲正悲。熊羆對我蹲，虎豹夾路啼。谿谷少人民，雪落何霏霏。延頸長歎息，遠行多所懷。我心何怫鬱，思欲一東歸。水深橋梁絕，中路正徘徊。迷惑失故路，薄暮無宿棲。行行日已遠，人馬同時饑。擔囊行取薪，斧冰持作糜。悲彼東山詩，悠悠使我哀！

這首寫出征行軍的艱苦。悲壯蒼涼，是後人所比不上的。

乙、後期作品：曹操自從官渡一戰，擊破袁紹大軍，後又解決了袁紹的三個兒子譚、熙、尚，及紹外甥高幹，攻佔靑、幽、冀、幷四州之後，實力大增，軍事逐漸得勢。叱咤風雲，睥睨一世，功業日隆，地位日高，由丞相而魏公，而魏王，始終執漢朝大政。權重震主，爲人猜忌。再者半生戎馬，指揮疆場，往往橫槊賦詩；至年事日高，即不免有英雄晚暮之感。這時期作品，在氣勢上，英雄霸氣，蒼勁遒思，時露篇中，力道甚足，風格甚高；在內容上，亦有用作政治宣傳者，解釋其盡忠君國之意。代表的作品，有却東西門行、碣石步出東西門行、短歌行等篇。例如：却東西門行：

鴻雁出塞北，乃在無人鄉，舉翅萬里餘，行止自成行，多節食南稻，春日復北翔。田中有轉蓬，隨風遠飄揚，長與故根絕，萬歲不相當。奈何此征夫，安得去四方？戎馬不解鞍，鎧甲不離傍。冉冉老將至，何時返故鄉？神龍藏深泉，猛獸步高岡。狐死歸首丘，故鄉安可忘？

這首是建安十二年，北征烏丸出塞時作的征戍曲，寫行旅去鄉之思。全篇以興比寫意，悲涼中有沈雄俊爽的氣韻。又如：同期作的碣石步出東西門行中的觀滄海、龜雖壽二章：

東臨碣石，以觀滄海。水何澹澹，山島竦峙，樹木叢生，百草豐茂。秋風蕭瑟，洪波湧起。日月之行，若出其中；星漢燦爛，若出其裏。幸甚至哉，歌以詠志。（觀滄海）

神龜雖壽，猶有竟時；騰蛇乘霧，終爲土灰。老驥伏櫪，志在千里；烈士暮年，壯心不已。盈縮之期，不但在天；養怡之福，可得永年。幸甚至哉，歌以詠志。（龜雖壽）

觀滄海，寫大海之景，有吞吐宇宙的氣象；龜雖壽，表現着積極進取的人生觀；是三百篇外，自開奇響的作品。

曹操用歌詩作政治宣傳的很多，吾師梁容若在短歌行新解中說：「曹操爲人，權譎强忍，霸氣縱橫，所作詩文，大率抒情與宣傳交織而成，絕少頹唐自放，無病呻吟之篇。」他用詩歌，鼓勵士氣，收買人心，行使政教，表明心跡。如度關山：「天地間，人爲貴。」高唱重民政策，說明政教在於儉約推讓，兼愛尚同。又如對酒歌太平，純在宣傳當時朝廷的德政，如說：「王者賢且明，宰相股肱皆忠良，咸禮讓，民無所爭訟，三年耕有九年儲，倉穀滿盈，斑白不負戴，雨澤如此。」又如短歌行說：「周西伯昌，修奉貢獻，臣節不墜……。齊桓之功，爲霸之首。……晉文亦霸，躬奉天王。……是以其名紛葩。」以周文王的奉殷，齊桓、晉文的尊周自比。表明他的心跡，在統一天下，匡復漢室。他政治的理想是建立如齊桓的霸業，和他在建安十五年十二月乙亥公佈讓縣自明本志令意義相同。這一類宣傳性的樂府詩，文字多半平白，近於俚俗，文學價值很低，目的祇在廣收宣傳之效。另外一首短歌行，却是膾炙人口的傑作；其辭曰：

對酒當歌；人生幾何？譬如朝露，去日苦多。慨當以慷，憂思難忘。何以解憂？唯有杜康。

青青子衿，悠悠我心。但爲君故，沈吟至今。呦呦鹿鳴，食野之苹。我有嘉賓，鼓瑟吹笙。

明明如月，何時可掇？憂從中來，不可斷絕。越陌度阡，枉用相存。契闊談讌，心念舊恩。

月明星稀，烏鵲南飛；繞樹三匝，何枝可依？山不厭高，海不厭深；周公吐哺，天下歸心！

（短歌行）

這首詩，吾師梁容若把它定爲建安十三年，曹操在赤壁戰前，飲宴荆州投降的武將文臣：蒯越、王粲、文聘、韓嵩、鄧義等；封侯十五，笙瑟相慶之時，爲勸降劉琦、孫權、劉備而作。言己好賢，一如周公。宣示寬洪大量，無所不容，門戶洞開，歡迎來歸之意。這詩可取處，在於樂觀積極，軒昂灑脫。回環曲折中，表現他的苦心；耀武揚威下，不失慈祥愷悌的眞意。詞情意態，皆稱佳妙。

至於在他的作品裏，那些表現人生的幻滅感，與游仙思想的詩篇，如：秋胡行、陌上桑、精列、氣出唱之類。近代有些學者，如陸侃如因他形式採用雜言體，不拘韻律，就把它看做是曹操初期（早年）摸擬古樂府的作品（註二）。這個結論，是不正確的。由它的內容：「年之暮奈何！」（精列）。「絕人事，遊渾元。」（陌上桑）。「壯盛智慧，殊不再來。」（秋胡行）。考據他寫作的時代，都是在年老時候。秋胡行說：「晨上散關山，此道當何難！」黃節箋注說是建安二十年，操西征張魯，自陳倉，出散關時所作。操時年六十一歲。由於這些作品的內容，滿篇是仙人、玉女、王母、東君、蓬萊、崑崙、伯陽、羡門、赤松、王喬這一類的字眼，而使劉大杰以為曹操作游仙詩的心理狀態，是與秦始皇、漢武帝一樣（說見劉氏所著中國文學發展史上卷一八六頁）。這個結論，也是不正確的。曹操的功業類似秦皇、漢武，但他對仙道的看法，卻大大不同於秦皇、漢武。第一、曹操自說不信天命（見述志令）。第二、其子曹丕在典論論方術中，極力反對道教方術，斥時人信神仙方藥的愚謬。第三、曹植的辨道論，更將當時曹操招致天下方士的心理，說得非常明白。他說：

> 世有方士，吾王（曹操建安二十一年為魏王）悉所招致。甘陵有甘始，廬江有左慈，陽城有郤儉。始能行氣導引，慈曉房中之術，儉善辟穀，悉號三百歲。卒所以集之於魏國者，誠恐斯人之徒，接姦宄以欺衆，行妖慝以惑民。豈復欲觀神仙於瀛洲，求安期於海島，釋金輅而履雲輿，棄六驥而美飛龍哉？自家王與太子及余兄弟，咸以為調笑，不信之矣。然始等知上遇之有恆，奉不過於員吏，……終不敢進虛誕之言，出非常之語。……始若遭秦始皇、漢武帝，則復為徐市、欒大之徒也。（註三）

由此，可見曹操所以有游仙詩，實基於政治原因，自與秦皇、漢武不同。蓋東漢末道教勢力很大，張道陵創五斗米道，以符水禁咒之法，惑人聚衆；後來黃巾賊張角創太平道，便是由此衍出。道陵孫張魯以此割據漢中。曹操收羅方士於魏國，不過是免於這些人在外惑衆亂民；作這些歌詠神仙的樂府，用於飲宴燕樂，也不過是借宗教力量，攏絡號召教民；同時以神仙下降，裝飾太平，宣傳盛德而已。豈眞信什麼長生神仙，不死之藥？此外曹操甚至借這種游仙詩，抒發自己努力進取的人生觀。如秋胡行：

願登泰華山，神人共遠遊。願登泰華山，神人共遠遊。經歷崑崙山，到蓬萊。飄颻八極，與神人俱。思得神藥，萬歲爲期。歌以言志，願登泰華山。（一解）

天地何長久，人道居之短！天地何長久，人道居之短！世言伯陽，殊不知老。赤松、王喬，亦云得道。得之未聞，庶以壽考。歌以言志，天地何長久！（二解）

明明日月光，何所不光昭！明明日月光，何所不光昭！二儀合聖化，貴者獨人不？萬國率土，莫非王臣。仁義爲名，禮樂爲榮。歌以言志，明明日月光！（三解）

四時更逝去，晝夜以成歲。四時更逝去，晝夜以成歲。大人先天，而天弗違。不戚年往，憂世不治。存亡有命，慮之爲蚩。歌以言志，四時更逝去。（四解）

戚戚欲何念？歡笑意所之。戚戚欲何念？歡笑意所之。壯盛智慧，殊不再來。愛時進趣，將以惠誰？汎汎放逸，亦同何爲？歌以言志，戚戚欲何念？（五解）

這首是寫他希望能及時立功，與日月爭光的情志，文字極曲折轉變，猶如神龍夭矯雲間，蔚然而無跡可尋也。

註一：明馮惟訥詩紀輯存曹操樂府共二十一首。丁福保全三國詩中，收二十四首。黃節魏文武明帝詩注中收二十二首。

註二：陸侃如中國詩史四六一頁說：「曹操的樂府，大約可分兩個時期：第一時期，是模擬古樂府的。第二時期，是藉樂府以說自己的話的。……這第一期的樂府，形式是雜言的，內容是遊仙的。」又說：「這些遊仙的擬樂府，大都是無韻詩。」他並舉氣出唱、精列、秋胡行爲例。

註三：徐市說海中有神山，秦始皇遣之入海求仙人及長生不死藥。欒大以仙方道術說漢武帝，帝拜之爲五利將軍，封樂通侯並以衛長公主妻之。

三、曹丕（一八七—二二六）

曹丕字子桓，操次子。生於靈帝中平四年（一八七）。早年生活，在他的典論自叙裏說得很詳細。生五歲，就遇到董卓變亂、羣雄爭戰的時代。從小精於騎射，常從曹操出征。又工擊劍，喜彈碁，愛打獵。因曹操雅好詩書文籍，常以好學勉之；小時候喜誦詩論，後遂博貫經傳諸子百家的書（裴松之魏志注引魏書）。長大後，常爲帶兵官，主一面軍事；同時又是風流文雅名士派的貴公子。建安十六年（二一一），二十五歲，爲五官中郎將、副丞相。二十二年，爲魏太子。曹操提倡文學，與其弟植，成爲建安文學的中心人物。和他的屬僚朋友，如徐幹、劉楨、應瑒、陳琳、王粲、阮瑀、吳質、繁欽諸人，一起遊止，作詩作文，造成建安文學極盛的時代。建安二十五年，曹操卒，嗣爲魏王。旋受漢禪，即帝位，是爲魏文帝。黃初七年（二二六）卒，年四十。

曹丕在文學上的成就很大。不僅能創作詩歌辭賦，同時是當時權威的文學批評家，觀點明晰，識力精絕，對於建安七子，絜長比短的批評，都極竅要得度。他認爲文章是經國之大業，不朽之盛事，足使聲名傳於後代。所以他想將生命寄託於文學。這種意見，在他的典論論文、與王朗書、與吳質書裏，都時時流露了出來。魏志文帝紀說，他「以著述爲務，自所勒成垂百篇。」魏書說他所著典論、詩賦有百餘篇。隋志著錄有魏文帝集十卷，梁錄作二十三卷。可以想像他作的詩歌諒必不少。據鍾嶸所見到的，單五言詩，就有一百多篇（註一）。今存詩（內包括闕詩四首、楚歌體一首）四十四首，各體俱全，有四言、五言、六言、七言、雜言及楚歌體，都作得不壞。所寫內容很廣泛，中以寫遊讌歌舞的最多，其次是寫戰爭、行旅、念親、思鄉、閨怨、離愁，再次是言志、說理、詠史、思賢、託意等。曹丕作品中，樂府與古詩數量略等，現就分這兩方面來討論。

甲、樂府詩　曹丕的樂府詩，共計二十二首。清越古樸，多是擬古辭，用古意，標古題的作品；這些和曹操用寫時事，曹植多另創新題新意的不同。其中佳作不少：四言的善哉行、五言的釣竿行、六言的上留田行、七言的燕歌行、雜言的大牆上蒿行、陌上桑等篇，都是他的代表作。例如：

上山採薇，薄暮苦饑。谿谷多風，霜露沾衣。（一解）

野雉羣雊，猴猿相追；還望故鄉，鬱何壘壘。（二解）

高山有崖，林木有枝。憂來無方，人莫之知。（三解）

人生如寄，多憂何爲？今我不樂，歲月如馳。（四解）

湯湯川流，中有行舟，隨波轉薄，有似客遊。（五解）

策我良馬，被我輕裘，載馳載驅，聊以忘憂！（六解）

（善哉行）

這首是寫奔波征途，託言苦饑，上山採薇，見野雉猴子，成羣嬉樂，而引發鄉愁。措詞工而活，命意深而遠，風韻淸而逸，是寫憂獨到的作品。

東越河濟水，遙望大海涯。釣竿何珊珊，魚尾何簁簁。行路之好者，芳餌欲何爲？（釣竿行）

王船山評此首說：「如引人於張樂之野，冷風善月，人世陵囂之氣，淘汰俱盡。」

居世一何不同！上留田。富人食稻與粱，上留田。貧子食糟與糠，上留田。貧賤亦何傷，上留田。祿命懸在蒼天，上留田。今爾歎息，將欲誰怨？上留田。（上留田行）

這是極好的民歌。「上留田」，用在句尾，有聲無義，是用來協韻的。樸素活潑，可能是曹丕模仿民歌，或是修改民歌而作的。

現在讓我們讀一讀他的兩首燕歌行：

㈠

秋風蕭瑟天氣涼，草木搖落露爲霜（一解）。羣燕辭歸雁南翔，念君客遊多思腸（二解）。慊慊思歸戀故鄉，君何淹留寄他方（三解）？賤妾煢煢守空房，憂來思君不敢忘（四解）。不覺淚下霑衣裳，援琴鳴絃發清商（五解）。短歌微吟不能長，明月皎皎照我牀（六解）。星漢西流夜未央，牽牛織女遙相望，爾獨何辜限河梁（七解）？

(二)

別日何易會日難，山川悠遠路漫漫。鬱陶思君未敢言，寄聲浮雲往不還。涕零雨面毀容顏，誰能懷憂獨不歎？展詩清歌聊自寬，樂往哀來摧肺肝。耿耿伏枕不能眠，披衣出戶步東西。仰看星月觀雲間，飛鶬晨鳴聲可憐，留連顧懷不能存。

這兩首寫閨中思情，韻調美妙，情致委婉。七言詩，始於武帝柏梁。但柏梁臺詩爲集體創作，重韻很多，而且一句一意，只能說是粗具七言詩形式而已。其次是張衡四愁。但四愁詩，篇分四章，形式重疊，意境反覆，句中含有「之」「兮」類語助詞，還沒有全脫楚歌的痕跡。至張衡思玄賦後所附的思玄詩，雖可算是完整的七言，猶非獨立作品，內容在於抒發玄理，缺乏詩趣。曹丕的燕歌行，純是個人抒情的作品，(1)不重韻。(2)全篇一緒貫連，逐句轉承。這才眞正開拓了純粹七言詩的路子，所以說七言詩到此才算完全成熟了。南齊書文學傳論說：「魏文之麗篆，七古之作，非此誰先？」王船山說：「子桓燕歌二首，開千古妙境。」確定了曹丕爲七言詩初祖的地位。曹丕作的最長的一首詩，是大牆上蒿行，約七十句，三百六十四字，可分做七段。

大牆上蒿行

1. 陽春無不長成，草木羣類隨；大風起，零落若何翩翩！

2. 中心獨立一何煢，四時舍我驅馳。今我隱約欲何爲？人生居天壤間，忽如飛鳥棲枯枝。我今隱約欲何爲？

3. 適君身體所服；何不恣君口腹所嘗？多被貂鼲溫暖，夏當服綺羅輕凉。行力自苦；我將欲何爲？不及君少壯之時，乘堅車策肥馬良！

4. 上有倉浪之天，今我難得久來視；下有蠕蠕之地，今我難得久來履。何不恣意遨遊？從君所喜？帶我寶劍——今爾何爲自低卬？悲麗平壯。觀白如積雪，利若秋霜；駁犀標首，玉琢中央；帝王所服，辟除凶殃。御左右，奈何致福祥？

5. 吳之辟閭，越之步光，楚之龍泉，韓有墨陽；苗山之鋌，羊頭之鋼·知名前代，咸自謂「麗且美」。曾不如君劍良，綺難忘！

冠青雲之崔嵬，纖羅為纓；飾以翠翰，既美且輕：表容儀，俯仰垂光榮。宋之章甫，齊之高冠，亦自謂美；蓋何足觀？

6. 排金鋪，坐玉堂，風塵不起，天氣淸涼。奏桓瑟，舞趙倡，女娥長歌，聲協宮商，感心動耳，蕩氣回腸。酌桂酒，鱠鯉魴，與佳人期為樂康。前奉玉巵，為我行觴。今日樂，不可忘；樂未央！

7. 為樂常苦遲。歲月逝，忽若飛。何為自苦？使我心悲！

這首詩，第一段說由牆蒿秋零，引起感觸。第二段說人生居世，短促如飛鳥棲枝，隱居儉約作甚？第三段說當及時遊樂。第四、第五段，詳敍寶劍、冠服的美。第六段寫女樂飲宴的樂。第七段說不必自苦，使自己心悲，終結全文。朱乾等以為是勸駕之作。牆上生蒿，指隱士之居；並說為管寧作。管寧，東漢末高士；黃初四年，魏文徵之為太中大夫，不受(見魏志管寧傳)。所以有人以為這首和他的秋胡行：「朝與佳人期，日夕殊不來。嘉肴不嘗，旨酒停杯」同意。在建安時，常有用長篇詩歌寫辭賦所寫的東西，這篇就是這一類的傑作。王船山說：「長句長篇，斯為開山第一祖。鮑照、李白，領此宗風，遂為樂府獅象。」現在再看他的陌上桑：

棄故鄉，離室宅，遠從軍旅萬里客。披荆棘，求阡陌，側足獨窘，步路局苲。虎豹嘷動，鷄鷩禽失，羣鳴相索。登南山，奈何蹈盤石，樹木叢生鬱差錯。寢蒿草，蔭松柏，涕泣雨面霑枕席。伴旅單，稍稍日零落，惆悵竊自憐，相痛惜。

這首雖不正面描寫戰爭的慘況，只寫征途上露宿野外的片段生活。夥伴日零落，暗示每天都有戰死的人。旣痛死者，亦自傷也，情詞尤見悲切。曹丕是一個軍人，却又是詩人，所以他描寫戰爭行旅的生活，却常帶厭戰的情緒（註二），在他的古詩中這類作品也不少。

乙、古體詩　曹丕的古詩，存十八首，以五言爲主。因寫作時代不同，內容不同，風格情調也小有差別。例如：

乘輦夜行遊，逍遙步西園。雙渠相漑灌，嘉木繞通川。卑枝拂羽蓋，脩條摩蒼天。驚風扶輪轂，飛鳥翔我前。丹霞夾明月，華星出雲間。上天垂光彩，五色一何鮮。壽命非松喬，誰能得神仙？遨遊快心意，保己終百年。（芙蓉池作）

兄弟共行遊，驅車出西城。野田廣開闢，川渠互相經。黍稷何鬱鬱，流波激悲聲。菱芡覆綠水，芙蓉發丹榮。柳垂重蔭綠，向我池邊生。乘渚望長洲，羣鳥讙譁鳴。萍藻泛濫浮，澹澹隨風傾。忘憂共容與，暢此千秋情。（於玄武陂作）

清夜延貴客，明燭發高光。豐膳漫星陳，旨酒盈玉觴。絃歌奏新曲，游響拂丹梁。餘音赴迅節，慷慨時激揚。獻酬紛交錯，雅舞何鏘鏘。羅纓從風飛，長劍自低昂。穆穆衆君子，和合同樂康。（於譙作）

良辰啓初節，高會極歡娛。通天拂景雲，俯臨四達衢。羽爵浮象樽，珍膳盈豆區。清歌發妙曲，

樂正奏竽笙。曜靈忽西邁，炎燭繼望舒。翊日浮黃河，長驅旋鄴都。（孟津）

在建安後半期，中原日趨安定；鄴都逐漸繁華起來，開始修建臺閣園苑，建安十五年，築銅雀臺；於是曹丕在爲五官中郎將、爲魏太子時，常設酒讌客，或同他的兄弟及文學隨從，一起遊賞園池。這時，整個建安的文壇産生許多寫池苑風月，宴樂歌舞，遊獵鬥鷄的作品。曹丕的芙蓉池作，於玄武陂作，就是描寫這類生活的代表作，文采宛麗精綺，殆即陳倩父所謂建安體。於譙作、孟津，作得較晚。一首是延康元年曹丕在譙大饗六軍及父老百姓于邑東時所作，一首是黃初二年自孟津往鄴都時作。二首記宴會事，華腴矯健，是建安體的延續。曹丕這幾首詩的特徵，特別注意用字的功夫。如「丹霞夾明月，華星出雲間」「菱芡覆綠水，芙蓉發丹榮」「羅纓從風飛」「羽爵浮象樽。珍膳盈豆區」，用詞下字，都極講究。一字一詞，就使全篇點活，這就是後代所謂字眼。王船山說他：「靈光之氣，不期於（寫）景（記）事中飛集」。又說這一些佳句，「直令後人鐫心腐毫，不能髣髴」。再看他的兩首雜詩：

㈠

漫漫秋夜長，烈烈北風涼。展轉不能寐，披衣起彷徨。彷徨忽已久，白露沾我裳。俯視清水波，仰看明月光。天漢迴西流，三五正縱橫。草蟲鳴何悲，孤雁獨南翔。鬱鬱多悲思，緜緜思故鄉。願飛安得翼？欲濟河無梁。向風長歎息，斷絕我中腸。

㈡

西北有浮雲，亭亭如車蓋。惜哉時不遇，適與飄風會。吹我東南行，行行至吳會。吳會非我鄉，安能久留滯？棄置勿復陳，客子常畏人。

這兩首大概是南征孫吳時作，寫思鄉之情。就是鍾嶸詩品所謂：「源出李陵，頗有仲宣之體，……殊美贍可玩」的作品。王船山古詩評選說：「可與『行行重行行』（古詩），『携手上河梁』（李陵詩），狎主齊盟者。」其實這兩首詩的造句鑄辭，處處模仿李陵、蘇武及古詩的句法與辭意，所以「入十九首，而不能辨也」。請參閱第二十四頁「古詩等與曹丕雜詩比較」一節。至其寫離愁別緒，如於清河見挽船士新婚與妻別、清河作，則情韻纏綿，皆妙音絕唱：

與君結新婚，宿昔當別離。涼風動秋草，蟋蟀鳴相隨。冽冽寒蟬吟，蟬吟抱枯枝。枯枝時飛揚，身體忽遷移。不悲身遷移，但惜歲月馳。歲月無窮極，會合安可知？願爲雙黃鵠，比翼戲清池。

（於淸河見挽船士新婚與妻別）

方舟戲長水，湛澹自浮沈。絃歌發中流，悲風漂餘音。音聲入君懷，悽愴傷人心。心傷安所念？但願恩情深。願爲晨風鳥，雙飛翔北林。（清河作）

與妻別一首，句法尤有創意。中間的蟬吟、枯枝、遷移、歲月幾句，詞疊意轉，如聯珠環玉，使音節活潑生動，情思婉轉怨曲，給人的意味是那樣的無窮。後代的回旋反覆的疊字詩，恐亦自此而來。至其至廣陵於馬上作：

觀兵臨江水，水流何湯湯。戈矛成山林，玄甲耀日光。猛將懷暴怒，膽氣正縱橫。誰云江水廣？

一葦可以航。不戰屈敵虜，戢兵稱賢良。古公宅岐邑，實始剪殷商。孟獻營虎牢，鄭人懼稽顙。充國務耕殖，先零自破亡。興農淮、泗間，築室都徐方。量宜運權略，六軍咸悅康。豈如東山詩，悠悠多憂傷。

魏志說這首是黃初六年十月，行幸廣陵故城，臨江觀兵，於馬上所爲詩。寫兵威之盛，氣魄極其宏壯。

曹丕現存的作品，大體上說，可玩賞的多。至如鍾嶸詩品說的「百餘篇，率皆鄙直如偶語」之類的壞詩，諒大都已被時代淘汰，沒流傳下來。折楊柳行（五言）反對道術，煌煌京洛行（四言）評論史事：運以排偶之筆。如：

嗟彼郭生，古之雅人；智矣燕昭，可謂得臣。
袞袞仲連，齊之高士；北辭千金，東蹈滄海。（煌煌京洛行）

這類句子，鄙直無味，誠如鍾嶸所評。不過曹丕作詩喜歡用對偶句，則是事實。這跟他主張「詩賦欲麗」（註三）的見解有關。自古認爲「對偶句」是構成「麗辭」的主要條件（註四）。唐上官儀的詩體綺錯，就是由於他善用對偶句，他有六對、八對之說。在曹丕的作品中，對偶句極多，可說「俯拾皆是」。現略舉數例，以見一斑：

1. 沐雨櫛風。
沾衣濡裳。（以上爲本句對，見黎陽作）

2.朝遊高臺觀，夕宴華池陰。
大酋奉甘醪，狩人獻嘉禽。
齊倡發東舞，秦箏奏西音。（以上六句，上句與下句對，見善哉行）

3.嘉餚重疊來，珍果在一傍；棊局縱橫陳，博奕合雙揚。（夏詩）
驚風扶輪轂，飛鳥翔我前；丹霞夾明月，華星出雲間。（芙蓉池作）
轔轔大車，載低載昂；嗷嗷僕夫，載仆載僵。（黎陽作）（以上三例是上聯與下聯對）

曹丕詞采綺麗；惟他的對偶句缺點，在於詞意相同，言多而意少，詞麗而味淺。此即文心雕龍麗辭篇所謂「正對爲劣」也（註四）。若遣詞再流於俚俗淺率，就顯得鄙直無味了。曹植、陸機也喜歡用對偶句，曹植的變化多，陸機的華綺，故不失爲上品之作。

（註一）鍾嶸詩品謂魏文帝詩「百餘篇，率皆鄙直如偶語；『西北有浮雲』十餘首，殊美贍可玩。」詩品自序云：其「所錄，止乎五言。」故云。

（註二）曹丕本性厭惡戰爭，這大概跟他生於戰亂，出生入死的生活有關。即位後，倡無爲政治，不滿他父親長期用兵政策。接連下着息兵詔、薄稅詔等，要與民生養休息。孫權不服，他就將自己著的典論和詩賦抄寄給孫權，想用文字力量感化他的敵人。這也可見他的詩人氣質的一斑，以及他的厭戰心理。

（註三）語見曹丕典論論文。

（註四）文心雕龍麗辭篇：「麗辭之體，凡有四對：言對爲易，事對爲難，反對爲優，正對爲劣。」

四、曹植（一九二—二三二）

現在我們要討論的是曹植。

曹植字子建，操子丕弟。他是周詩三百篇、楚騷、漢十九首以後最偉大的詩人。詩品推稱他是「建安之傑」，又說他的詩「源出於國風，骨氣奇高，詞采華茂，情兼雅怨，體被文質，粲溢今古，卓爾不羣。嗟乎陳思之于文章也，譬人倫之有周孔，鱗羽之有龍鳳，音樂之有琴笙，女工之有黼黻。俾爾懷鉛吮墨者，抱篇章而景慕，映餘暉以自燭。」將他看作建安文壇上冠絕羣倫的作者。事實上，曹植是漢詩人中作品流傳最多的一位。丁晏編曹子建集銓評十卷，收三百零二篇，中存詩、樂府、闕詩共九十七首，又佚句十二則。嚴鐵橋曹集校輯載詩共百二十一首。朱述之曹集考異收有一百零一首，而失題、闕詩、佚句，不計在內。

關於曹植的作品的評語甚多。丁晏陳思王詩鈔原序說：

聆於耳者，黃鐘之元音也；咀於口者，太牢之厚味也；耀於目者，錦繡纂組之章也；洽於心者；與觀羣怨之旨也；泝而上之，覺國風、小雅之遺，溫柔敦厚之教，去古未遠。

所評最爲確當。說它音節和諧，意味深長，詞采華麗，內容廣大，無所不寫，情思溫厚，有古詩之作風，實包羅了它的要點。

研究他的一生經歷與遭遇，可分建安、黃初、太和三個時期。在這三期中，他的生活與感受截然不同，其作品也有很顯著的分野。現在讓我們討論：這三個時期中他的際遇與作品。

甲、建安時代

曹植生於獻帝初平三年（一九二），正是董卓死的一年，羣雄逐鹿中原之際。他正像其兄曹丕一樣生於亂世，長於軍中。但因他年紀較小幾歲，不像曹丕很早參加實際戰爭工作。在他童年這一階段，能安心誦讀詩論辭賦數十萬言。十來歲，就會寫很好的文章。建安十七年（二一〇），作銅雀臺賦，文思敏捷，提筆立成，使他的父親大大驚異。不但文思早熟，情感也是屬於早熟型。相傳十二歲時，就跟他的哥哥曹丕，爭着要甄夫人做妻子。甄夫人比他大十歲左右，所以曹操把她配給曹丕。他却鬱鬱不歡。後來甄夫人死了，他的哥哥將她睡過的一個枕頭送給他。他就作了一篇感甄賦，就是曹叡改名的洛神賦。由這些事實，我們知道他從小就有很好的文學教養，和那詩人特有的情性。

因爲曹操喜歡文學，也特別喜歡他的詩賦，特別寵愛他。建安十六年（二一一），曹丕被封爲五官中郎將兼副丞相；他才二十歲，也被封爲平原侯；十九年，改封爲臨淄侯，爲一方藩鎮。曹操對他的期望很大，爲魏王時，很想立他爲太子，作事業繼承人。曹植自己也以建立功業爲職志。與楊修書說：

> 吾雖德薄，位爲藩侯，猶庶幾戮力上國，流惠下民，建永世之業，留金石之功。豈徒以翰墨爲勳績，辭賦爲君子哉！

於是一時名士如丁儀、丁廙、楊修作他羽翼，爲他捧場，將他攪進政治的漩渦——與其兄曹丕爭位。

魏志本傳說：「太祖狐疑，幾爲太子者數矣。」但由於他任性，不自雕勵，飲酒不節；反之曹丕能運用權術，矯情自飾，交結左右，替他說話，因此曹丕終爲魏太子；而造成他後來處身危疑，半生消沉，挹鬱以終的境遇。

建安二十二年（二一七），食邑萬戶，是他最得意的時候，却在這時因私開司馬門犯禁獲罪（註一）。曹操下令痛責說：「始謂子建兒中最可定大事者，自私開司馬門，令我異目視此兒矣！」恩寵由是日衰。也就在這年定丕爲太子。建安二十四年，又將他的好友楊修借罪剪除。同年，曹仁爲關羽所圍，操命他率兵往救；因酒醉不能受命；操後悔，撤銷其任命。在這個時期中，他的際遇，雖逐漸由如意，趨於不如意，但他的生活却始終極逍遙自在。魏略記邯鄲淳見他的一段故事是：

植先洗澡傅粉，科頭拍袒，胡舞五椎鍛，弄跳丸、擊劍，大誦俳優小說，對淳說：「邯鄲生，何如耶？」既而更著衣幘，整儀容，和淳評說天地造化之端，暢論古來聖賢、名臣、烈士優劣之差，談說古今文章賦誄，以及做官施政之事，行兵倚伏之勢。然後始命廚役設酒待客。淳極佩服，驚謂：「天人」。

敖陶孫詩評說：「曹子建，如三河少年，風流自賞。」雖說評其詩，然亦可用狀其人。王士禎詩，有「搔頭傅粉對邯鄲」句，仍可想見他當年的風懷。

歸結曹植在建安時代，就是他二十八歲以前，得操寵愛，先爲貴公子，後爲藩侯，無憂無慮，風流倜儻，許多時光和詩人文士一起，飲酒作詩，唱和贈答。這時所寫的，是遊宴的快樂，或別離的惆悵，或同爲一事，而賦其觀感，或相贈嘉言，以規勉友人，有時也爲一些世態人情作詩，但絕無個人感傷的抒情作品。這時期作品，又可分做三類：

(1)遊覽公讌類：有公讌詩、侍太子坐、鬥雞、當車以駕行、當來日大難、妾薄命等篇，正如謝靈運所說都是些「不及世事，但美遨遊」的詩，造語美麗，詞多修飾，句頗尚駢對，也是當時流行的建安體。如鬥雞詩：

遊目極妙伎，清聽厭宮商。主人寂無爲，衆賓進樂方。長筵坐戲客。鬥雞觀閒房。羣雄正翕赫，雙翹自飛揚。揮羽激清風，悍目發朱光。觜落輕毛散，嚴距往往傷。長鳴入青雲，扇翼獨翺翔。願蒙狸膏助，常得擅此場。

鬥雞，在當時是一種很風行的玩意兒。鄴都故事說：「明帝太和中，築有鬥雞臺」。這首是寫建安時觀看鬥雞的樂趣。寫鬥雞威風凜凜的樣子，撲鬥的情形，得勝後的神態，都極生動。同時作者還有劉楨、應瑒（見藝文類聚），但都不如曹植這一首好。再看他的公讌詩：

公子敬愛客，終宴不知疲。清夜遊西園，飛蓋相追隨。明月澄清影，列宿正參差。秋蘭被長坂，朱華冒綠池。潛魚躍清波，好鳥鳴高枝。神飆接丹轂，輕輦隨風移。飄颻放志意，千秋長若斯。

（影，一作景）

這首當作於建安十九年至二十二年間（註二）。寫在鄴都陪從其兄曹丕遊園的歡娛，給人是一種美麗輕鬆的感覺。同時作者，還有王粲、劉楨、阮瑀公讌詩，應瑒侍五官中郎將建章臺集詩，陳琳遊覽二首、宴會闕詩一首，大概都是和曹丕作芙蓉池詩而作的。

又他的妾薄命說：

携玉手，喜同車，北上雲閣飛除。釣臺蹇產淸虛，池塘靈沼可娛。仰汎龍舟綠波，俯擢神草枝柯。想彼宓妃洛河，退詠漢女湘娥（註三）。日既逝矣西藏，更會蘭室洞房。華燈步障舒光，皎若日出扶桑。促樽合座行觴，主人起舞娑盤。能者穴觸別端，騰觚飛爵闌干。同量等色齊顏，任意交屬所歡。朱顏發外形蘭，袖隨禮容極情。妙舞僊僊體輕，裳解履遺絕纓。俛仰笑喧無呈，覽持佳人玉顏。齊舉金爵翠盤，手形羅袖良難。腕弱不勝珠環，坐者歎息舒顏。御巾裛粉君傍，中有霍納都梁，雞舌五味雜香。進者何人齊姜，恩重愛深難忘。召延親好宴私，但歌杯來何遲？客賦既醉言歸，主人稱露未晞。

這首，郭茂倩樂府詩集分作兩首，詩意都不完全。這裏據藝文類聚合爲一篇，和他的酒賦（註四）所寫王孫公子、遊俠豪客會飲至醉的內容相近，都是極寫樂飲歌舞，流情縱逸的歡樂。曹植這首每四、五句一轉韻，句法變化多，韻律極圓響而活潑，語詞極自由而生動，無一般六言詩音節呆板的毛病。

(2)送別贈答類：有送應氏詩、離友詩、贈徐幹、贈王粲、贈丁儀王粲、贈丁儀、贈丁廙等篇。除二首離友詩外，餘均昭明文選所錄，可見都寫得不壞。如送應氏詩：

(一)

步登北邙阪，遙望洛陽山。洛陽何寂寞！宮室盡燒焚。垣牆皆頓擗，荊棘上參天。不見舊耆老，但視新少年。側足無行徑，荒疇不復田。游子久不歸，不識陌與阡。中野何蕭條，千里無人煙。念我平生親，氣結不能言。

(二)

清時難屢得，嘉會不可常。天地無終極，人命若朝霜。願得展嬿婉，我友之朔方。親昵並集送，置酒此河陽。中饋豈獨薄，賓飲不盡觴。愛至望苦深，豈不愧中腸。山川阻且遠，別促會日長。願爲比翼鳥，施翮起高翔。

這兩首是建安十六年，曹植從曹操西征馬超，過洛陽時，送別應瑒的詩。第一首實寫漢京洛陽大亂後殘破未復的景象：破牆斷垣，荆棘蔽天，耆老盡死，所見唯有新生一代，以及田野荒蕪，千里蕭條。第二首抒寫送別應瑒之情，深摯溫厚。曹植作五言詩，大概一方面受曹丕及當時詩風的影響，特別講究華詞麗句，用了很多對偶句，如公讌詩：「秋蘭被長坂，朱華冒綠池。潛魚躍清波，好鳥鳴高枝。」之類是。另一方面，他許多詩篇——尤其是寫別愁、鄉思、閨情的——也跟他的哥哥曹丕一樣，往往模擬前人：十九首、李陵、蘇武，甚至班固作的古詩，及樂府古辭。在這兩首中的許多詩句，是套自古詩及蘇、李作品，但有他新意。如「步登北邙阪，遙望洛陽山，洛陽何寂寞」，就是自古詩「驅車上東門，遙望郭北墓，白楊何蕭蕭」而來。（請參閱本書第二五頁至第二八頁）胡應麟詩藪說：「子建送應氏、贈王粲等篇，全法蘇、李，詞藻氣骨有餘。」朱嘉徵也說：「子建送應氏二詩，絕似李少卿」。有過去漢詩的點滴成就，至建安時才能產生曹植、曹丕以及七子這樣作品。現舉例如下：

驚風飄白日，忽然歸西山。圓景光未滿，衆星粲以繁。志士營世業，小人亦不閒。聊且夜行遊，遊彼雙闕間。文昌鬱雲興，迎風高中天。春鳩鳴飛棟，流猋激櫺軒。顧念蓬室士，貧賤誠足憐。薇藿弗充虛，皮褐猶不全。慷慨有悲心，與文自成篇。寶棄怨何人？和氏有其愆。彈冠俟知己，知己誰不然？良田無晚歲，膏澤多豐年。亮懷璵璠美，積久德愈宣。親交義在敦，申章復何言？（贈徐幹）

初秋涼氣發，庭樹微銷落。凝霜依玉除，清風飄飛閣。朝雲不歸山，霖雨成川澤。黍稷委疇隴，農夫安所穫？在貴多忘賤，爲恩誰能博？狐白足禦多，焉念無衣客？思慕延陵子，寶劍非所惜。子其寧爾心，親交義不薄。（贈丁儀）

從軍度函谷，驅馬過西京。山岑高無極，涇渭揚濁清。壯哉帝王居，佳麗殊百城。員闕出浮雲，承露槩泰清。皇佐揚天惠，四海無交兵。權家雖愛勝，全國爲令名。君子在末位，不能歌德聲。丁生怨在朝，王子歡自營。歡怨非貞則，中和誠可經。（贈丁儀王粲）

這些贈答詩，有的是勸人仕進，如贈徐幹；有的是申述自己對朋友的情誼，如贈丁儀；有的勉友人做事應中和樂職，如贈丁儀王粲。不論是陳述、議論、規箴，均辭婉得體，使人易於接受。後代別序，贈人以言，猶存風範；至唐人贈詩，多用於抒情，則失其遺意矣。

(3)其他作品：詠史的有三良詩，寫出婦的有棄婦詩，感婚的有美女篇。現分述如下：

功名不可爲，忠義我所安。秦穆先下世，三臣皆自殘。生時等榮樂，既沒同憂患。誰言捐軀

易？殺身誠獨難！攬涕登君墓，臨穴仰天歎。長夜何冥冥，一往不復還。黃鳥爲悲鳴，哀哉傷肺肝！（三良詩）

春秋時，秦穆公卒，命奄息、仲行、鍼虎三臣殉死，秦人哀之，爲歌黃鳥。這首也是哀惜三良的死；爲建安十六年，植隨操西征張魯，過關中，臨穆公墓時作。另有王粲、阮瑀二人詠史詩，亦哀三良，當爲同時作。粲詩說：「自古無殉死，達人所共知。」瑀詩說：「誤哉秦穆公，身歿從三良。」直刺穆公令良臣殉葬的不當。殉葬，乃古代蠻族的陋俗。穆公卒，葬於雍，一時臣下從死者一百七十人，爲千古的悲劇。曹植這首詩，雖不像王、阮二人的明直，其立意也在於哀惜賢者之死。

過去有些學者，把曹植許多寫閨情的詩，如種葛、浮萍、棄婦、美女諸篇，目爲寫君臣的關係。以爲夫是君，妾是臣的象徵；都是對君上（指文帝、明帝）託諷，或是用以抒發內心抑鬱的作品。如美女篇：

美女妖且閑，采桑岐路間。長條紛冉冉，落葉何翩翩。攘袖見素手，皓腕約金環。頭上金爵釵，腰佩翠琅玕。明珠交玉體，珊瑚間木難。羅衣何飄飄，輕裾隨風還。顧眄遺光采，長嘯氣若蘭。行徒用息駕，休者以忘餐。借問女安居？乃在城南端。青樓臨大路，高門結重關。容華曜朝日，誰不希令顏？媒氏何所營？玉帛不時安。佳人慕高義，求賢良獨難！衆人徒嗷嗷，安知彼所歡？盛年處房室，中夜起長歎。

郭茂倩樂府詩集解題，就持這種看法，說：

　美女者，以喻君子。言君子有美行，願得明君而事之；若不遇時，雖見徵求，終不屈也。

後人更進一步認定曹植這首是以美女自喻，託其求君而事之意。其實根據曹植感婚、靜思，王粲閑邪，阮瑀和陳琳止欲，應瑒正情諸賦（註五）的內容，全在描寫一個盛年待嫁的美女。曠世絕色，千代無匹；無論誰見了，都會魂牽情傾，夢思與婚。王粲閑邪賦說：

　夫何英媛之麗女，貌洵美而絕逸。橫四海而無仇，超遐世而秀出。發棠棣之春華，當盛年而處室。恨年歲之方暮，哀獨立而無依。

內容和曹詩相同，可為註脚。曹植感婚賦，也是有感於一個妖嬈美人，無良媒為他說婚而作。由此可見美女篇，當也是在建安時為這位絕色的女子而作，寫她的美貌及待嫁的心情，頗為出色；而不是郭氏諸人所謂託喻的作品。其中有些句子，是模仿古樂府陌上桑的。至於棄婦詩：

　石榴植前庭，綠葉搖縹青。丹華灼烈烈，璀采有光榮。光榮曄流離，可以戲淑靈。有鳥飛來集，拊翼以悲鳴。悲鳴夫何為？丹華實不成。拊心長歎息；無子當歸寧。有子月經天，無子若流星；天月相終始，流星沒無精。棲遲失所宜，下與瓦石幷。憂懷從中來，歎息通鷄鳴。反側不能寐，逍遙於前庭。峙𡾊還入房；肅肅帷幕聲。搴帷更攝帶，撫節彈素箏。慷慨有餘音，要妙悲且清。收淚長歎息，何以負神靈？招搖待霜露，何必春夏成？晚穫為良實，願君且安寧。

玉臺新詠卷二，收建安時王宋作雜詩二首。其序說：「王宋者，平虜將軍劉勳妻也，入門二十餘年。

後勳悅山陽司馬氏女，以宋無子出之。」時曹丕、王粲、曹植諸人都作有出婦賦（註六）。這首由鳥的悲鳴：「丹華實不成」；引起自己的歎息，而寫她因無子被棄的感想心情，說：「有子月經天，無子若流星」，以及憂愁滿懷，不能安睡的情形：正是詠劉勳妻的事。這是舊社會的悲劇，也可見在詩人筆下當時中國婦女性格的溫厚。至種葛詩，寫婦人因年老色衰被遺棄之情；浮萍篇，寫被棄後尚盼丈夫回心轉意。和棄婦詩，當為同時作。現再錄浮萍篇看看：

浮萍寄清水，隨風東西流。結髮辭嚴親，來為君子仇。恪勤在朝夕，無端獲罪尤。在昔蒙恩惠，和樂如瑟琴。何意今摧頹？曠若商與參。茱萸自有芳，不若桂與蘭。新人雖可愛，無若故所歡。行雲有返期，君恩儻中還。慊慊仰天歎，愁心將何愬。日月不常處，人生忽若寓。悲風來入懷，淚下如垂露。發篋造裳衣，裁縫紈與素。

這首以「浮萍寄清水，隨風東西流」作起，喻當時婦女在家庭中毫無地位可言，任人擺佈玩弄。被人遺棄，只緣不如新人的美麗可愛，然被遺棄後，還希望「君情中還」；行雲去了，還有回來時候，這是多麼飄渺虛幻的希望。文字溫厚，情調悲惻，雖說是替他人抒情，仍然感人極深。

像上面這類作品，都是屬於有感於世情而作。當然在曹植的作品中，也有許多是託興喻情的；但我們却不能把他所有的詩，都看做是寄託性的。其實一個能成為大詩人的人，他的情感一定非常豐富；他把世上的悲歡離合，選為作詩的題材，也是常見的事。且同為一事(指時事言)，而寫其感興，也是建安文壇上的一種風氣；翻翻張溥輯百三名家集中建安諸子所作同題的詩賦，就可知道。所以將曹植所有寫男女之情的詩篇，全比爲君臣的關係，實在是附會的看法。這是我們研究曹植詩應特別注意分辨的一點。現在讓我們附帶研究曹植在魏黃初與太和時代的作品。

乙、黃初時代

歷史的記載，顯示政治是冷酷無情的，即使是親如手足的兄弟，也常因政爭變成了陌路或仇敵。曹植因有興趣於政治生活，這是造成他一生不幸的痛苦的源泉。建安二十五年（二二〇）正月，操卒。曹丕嗣爲魏王，因不滿他弟弟植過去和他爭位，所以一上臺，就將曹植的一黨丁儀、丁廙兄弟，藉故下獄。可說是初次給他精神一種打擊。吳汝綸說，曹植有名的野田黃雀行，就是當曹丕收丁儀下獄之時作。

高樹多悲風，海水揚其波。利劍不在掌，結友何須多？不見籬間雀，見鷂自投羅。羅家得雀喜，
少年見雀悲。拔劍捎羅網，黃雀得飛飛。飛飛摩蒼天，來下謝少年。

當時，他的心境，可以由「利劍不在掌，結友何須多？」二句見出，非常沈重悲傷。「不見」，是說他自己還不如一少年。那個少年還有一劍在握，可以捎破羅網，救助黃雀，使它恢復自由，高飛靑空。另一方面，表現他還希望能够營救丁儀，像少年之救黃雀（註七）。可是丁儀兄弟却終被處決，幷誅及男口。但從文學上說，這種白描平敘、格高才勁的詩，是曹植作品中最優秀的。他們兄弟二人的感情，却因是年（二二〇）十一月，丕受漢禪，即帝位；植以爲漢獻帝遇害，發喪悲哭，而加深猜嫌。曹丕說：「人心不同，當我登大位之時，天下有哭者！」（見魏略及魏志蘇則傳）

曹丕即位，改元黃初，國號魏；漢朝至此結束。曹丕即位不久，遣曹植與諸侯返國。曹植就回臨淄。鼙舞歌（聖皇、靈芝、大魏、精微、孟多）五首，是這時的作品。鼙舞歌，是在他樂府中惟一帶有祝頌意味的作品。鼙舞歌乃漢章帝所造（南齊書樂志），爲漢雜舞一種，用於燕饗（宋書樂志），有關東有賢女、章和二年中、樂久長、四方皇、殿前生桂樹五篇（樂府詩集引古今樂錄）。宋志除列有上面五篇篇目外，又有漢吉昌及狡兔兩篇之目，不知是否即樂久長與四方皇之異稱。曹植自序說，他作五篇鼙舞歌，乃根據漢前曲改作（註八）。所以宋志將他的聖皇篇當漢章和二年中，靈芝篇當殿前生桂樹，大魏篇當漢吉昌，精微篇當關東有賢女，孟多篇當狡兔。今略述其內容：

(1)聖皇，起頌文帝即位，後述諸侯就藩國時離別的情感。

(2)靈芝，述古孝子的故事，並悼念曹操。末有亂辭，頌文帝的德敎。

(3)大魏，慶豐年的樂歌。篇中多頌美帝德及祥瑞之辭。

(4)精微，述古賢女的故事，並頌魏的德敎治道。

(5)孟多，寫田獵的情形。末有亂辭，也是頌帝之言。

這幾篇都是長篇大曲，每首均三、四百言，文字雅麗，氣質雄勁；並在祝頌中帶有抒情、說理、描寫的分子，這和一般祝頌詩不同，也是曹植高出時人的地方。現舉：

聖皇應曆數，正康帝道休。九州咸賓服，威德洞八幽。三公奏諸公，不得久淹留。藩位任至重，舊章咸率由。侍臣省文奏，陛下體仁慈。沈吟有愛戀，不忍聽可之。迫有官典憲，不得顧恩私。

諸王當就國，璽綬何累縗。便時舍外殿，宮省寂無人。主上增顧念，皇母懷苦辛。何以爲贈賜？傾府竭寶珍。文錢百億萬，采帛若煙雲。乘輿服御物，錦羅與金銀。龍旂垂九旒，羽蓋參班輪。諸王自計念，無功荷厚德。思一効筋力，糜軀以報國。鴻臚擁節衛，副使隨經營。貴戚並出送，夾道交輜軿。車服齊整設，韡燁耀天精。武騎衛前後，鼓吹簫笳聲。祖道魏東門，淚下霑冠纓。扳蓋因內顧，俛仰慕同生。行行將日暮，何時還闕庭？車輪爲徘徊，四馬躊躇鳴。路人尚酸鼻，何況骨肉情！（聖皇篇）

由此可見當時曹丕對他雖然猜忌，可是骨肉之情猶深，臨別賞賜之多，祖道之盛，仍可由詩中看出。現再舉孟多一篇爲例：

孟多十月，陰氣厲清。武官誡田，講旅統兵。玄龜襲吉，元光著明。蚩尤蹕路，風弭雨停。乘輿啓行，鸞鳴幽軋。虎賁采騎，飛象珥鶡。鐘鼓鏗鏘，簫管嘈喝。萬騎齊鑣，千乘等蓋。夷山墳谷，平林滌藪。張羅萬里，盡其飛走。趯趯狡兔，揚白跳翰。獵以青骹，掩以脩竿。韓盧宋鵲，呈才騁足。噬不盡緤，牽麋掎鹿。魏氏發機，養基撫弦。都盧尋高，搜索猴猨。慶忌、孟賁，蹈谷超巒。張目決眥，髮怒穿冠。頓熊扼虎，蹴豹搏貙。氣有餘勢，負象而趨。獲車既盈，日側樂終。罷役解徒，大饗離宮。亂曰：聖皇臨飛軒，論功校獵徒。死禽積如京，流血成溝渠。明詔大勞賜，大官供有無。走馬行酒醴，驅車布肉魚。鳴鼓舉觴爵，擊鐘釂無餘。絕網縱麟麑，弛罩出鳳雛。收功在羽校，威靈振鬼區。陛下長歡樂，永世合天符。

用這樣長篇的歌詩，寫田獵的盛況，好像西漢的宮廷文人司馬相如作上林賦，揚雄作羽獵賦一樣；假使曹植當時沒有離京就國這一回事，也許終其一生，就只寫這一類的樂章了。

小人的進讒，往往造成君臣的猜忌。屈原的被貶逐，由於上官大夫在楚懷王面前說他壞話。魏黃初二年，監國謁者灌均希旨彈劾曹植「醉酒悖慢，刼脅使者。」還有東郡太守王機，防輔吏倉輯等許多人的誣檢，使他獲罪更深（見魏志陳思王傳注引曹植作自誡令）。魏志本傳末引明帝景初中詔書說：「其收黃初中，諸奏植罪狀，公卿已下議尙書、中書、祕書三府大鴻臚者，皆削除之。」可知黃初中，希旨糾劾曹植的很多。於是他連遭迫害。魏略說：「植入京謝罪，文帝不見；卞太后以爲自殺，對帝泣。及植負鈇鑕徒跣，詣闕下；帝猶嚴顏色，不與語。」世說新語文學篇說：文帝嘗迫植七步作詩，不成，將行大法。植應聲爲詩曰：

煮豆持作羹，漉菽以爲汁。萁在釜下燃，豆在釜中泣。本自同根生，相煎何太急！

尤悔篇又說：魏文帝將任城王彰毒死；又要殺植，卞太后云：「汝不得復殺我東阿（註九）。」這時曹植是天天生活在驚恐惶懼之中，幷像屈原一樣受到貶黜放逐。他在當牆欲高行中說：「衆口可以鑠金，讒言三至，慈母不親。」又說：「願欲披心自說陳。君門以九重，道遠河無津。」又在九愁賦內說：「悵時王之謬聽，受奸枉之虛辭。揚天威以臨下，忽放臣而不疑。」黃初二年，因灌均的彈劾，自臨淄（今山東臨淄），貶安鄉（河北無極）侯。其年改爲鄄城（在山東濮縣東南）侯。三年改爲鄄城王。四年，徙封雍丘（河南杞縣）王。（前後三年中，三次徙都）。這年，召他入京覲見，給他極大的安慰。當時作責躬、應詔二詩，抒述他奉詔興奮的心情。說趕程入京的情形，「望城不過，面邑不遊。」（應詔詩）寫他的希望，「甘赴江湘，奮戈吳越。」（責躬詩）詩中並恭維曹丕，向曹丕請罪，實望魏文帝起用他，建旗東征孫權，立功贖罪。但入朝結果，更加絕望，兄弟間的感情並沒好轉。任城王彰又在這時被毒死；曹植和白馬王彪出京東歸，監國使者不讓他們兄弟同路共宿；感觸更深，滿腹憤慨。贈白馬王彪就在這種遭遇感受下產生。

1. 謁帝承明廬，逝將歸舊疆。清晨發皇邑，日夕過首陽。伊、洛廣且深，欲濟川無梁。汎舟越洪濤，
怨彼東路長。顧瞻戀城闕，引領情內傷。

2. 大谷何寥廓，山樹鬱蒼蒼。霖雨泥我塗，流潦浩縱橫。中逵絕無軌，改轍登高岡。修坂造雲日，
我馬玄以黃。

3. 玄黃猶能進，我思鬱以紆。鬱紆將何念？親愛在離居。本圖相與偕，中更不克俱。鴟梟鳴衡軛，
豺狼當路衢。蒼蠅間白黑，讒巧令親疏。欲還絕無蹊，攬轡止踟躕。

4. 踟躕亦何留！相思無終極。秋風發微涼，寒蟬鳴我側，原野何蕭條，白日忽西匿。歸鳥赴喬林，

翩翩厲羽翼。孤獸走索羣，銜草不遑食。感物傷我懷，撫心長太息。

5.

太息將何爲！天命與我違。奈何念同生，一往形不歸！孤魂翔故城，靈柩寄京師。存者忽復過，亡沒身自衰。人生處一世，去若朝露晞。年在桑榆間，影響不能追。自顧非金石，咄唶令心悲！

6.

心悲動我神，棄置莫復陳。丈夫志四海，萬里猶比鄰。恩愛苟不虧，在遠分日親。何必同衾幬，然後展慇懃？憂思成疾疹，無乃兒女仁？倉卒骨肉情，能不懷苦辛？

7.

苦辛何慮思？天命信可疑。虛無求列仙，松子久吾欺。變故在斯須，百年誰能持？離別永無會，執手將何時？王其愛玉體，俱享黃髮期。收淚即長路，援筆從此辭。

全篇七章八十句，一氣呵成。而第二章至七章，每章相互銜接：後章起句，承前章結句；如第二章結句爲「我馬玄以黃」，第三章起句就作「玄黃猶能進」。但一、二章是例外；這種章法，完全是從詩大雅文王、旣醉二篇學來（註十）。詩意是：

第一章寫離京時，內心的感傷與依戀。

第二章寫路上遇雨的困頓。

第三章寫對讒臣進譖作梗的憤慨。

第四章寫秋涼暮景，覩物傷懷。

第五章悼任城王死，幷傷年命易逝。

第六章勉强慷慨陳言，抑制死別生離之悲。

第七章說天命可疑，神仙難期，生死無常，結以訣別，叮嚀對方保重身體。「離別永無會，執手將何時？」「收淚即長路，援筆從此辭。」幾於生人作死別之語；情極淒痛，令人酸心。這在曹植集中，是一篇最偉大的作品了。

曹植和曹丕的感情，直到黃初六年，曹丕東征孫權，回來路過雍丘，住在曹植宮裏，兄弟倆情感才稍恢復，和樂歡笑地言談（見曹植自試令。）然而第二年曹丕就過世了。所以在黃初六、七年間，是曹植生命史上最受壓迫的時期，也是曹植好詩最多的一個時期。這時期裏，除上面舉的幾首外，應該尚有雜詩（高臺多悲風、轉蓬離本根、西北有織婦、南國有佳人）四首、七哀詩、朔風詩、盤石篇、吁嗟篇等作品，也都是感人極深，膾炙人口的。這些詩的特色，和前期（建安）寫應酬唱和，遊宴歌舞的，迥然不同；洗盡鉛華，歸趨眞樸，篇中都是眞摯之情，抒寫的都是個人的抑鬱與憤慨，離愁與感觸，希望與祈求，而以委婉纏綿，寄託悠深之詞出之。如吁嗟篇：

吁嗟此轉蓬，居世何獨然；長去本根逝，夙夜無休閒。東西經七陌，南北越九阡。卒遇回風起，吹我入雲間；自謂終天路，忽然下沈泉。驚飈接我出，故歸彼中田。當南而更北，謂東而反西。宕宕當何依？忽亡而復存。飄颻周八澤，連翩歷五山。流轉無恆處，誰知吾苦艱？願爲中林草，秋隨野火燔，糜滅豈不痛，願與根荄連。

以蓬草隨風飄轉，寫他的屢次徙國遷移的痛苦。由「卒遇回風起」至「忽然下沈泉」幾句看來，這詩似作於黃初四年出京後。以爲這一下入朝，將步雲衢，誰知又令返國，如溺深淵。末四句，說明就是身體糜滅，也願留居故國的心意。雜詩中「轉蓬離本根」一首，與此同意。盤石篇：「盤盤山巔石，飄颻澗底蓬」，說他遠貶，寫一路上所經的凶險，及他抱罪懼禍懷邦之情，也是這一類的作品。現再看他的雜詩：

高臺多悲風，朝日照北林。之子在萬里，江湖迥且深。方舟安可極？離思故難任。孤雁飛南遊，過庭長哀吟。翹思慕遠人，願欲託遺音。形影忽不見，翩翩傷我心。

南國有佳人，容華若桃李。朝遊江北岸，夕宿瀟湘沚。時俗薄朱顏，誰爲發皓齒？俛仰歲將暮，榮曜難久恃。

這兩首雜詩都是懷念白馬王彪之作（見陳祚明、黃節等說）。之子，佳人，皆稱彪。前一首說思念他，要託飛雁寄訊。詩意套自李陵別詩：「有鳥西南飛，……欲寄一言去，……以遺心蘊蒸。鳥辭路悠長，羽翼不能勝。」後一首讚美彪年青才美。至朝遊江北，夕宿瀟湘，蓋悲其遷徙無定。彪，黃初三年爲吳王，五年改封壽春縣（安徽壽縣）。七年徙封白馬。末四句，說無人替他進言擢用，恐不久亦將老成凋謝。寫得非常淸迥純淨。四言的朔風詩，也是這一類懷都及思弟之作。黃節定爲黃初六年在雍丘時作：

仰彼朔風，用懷魏都，願騁代馬，倏忽北徂。凱風永至，思彼蠻方（南方），願隨越鳥，翻飛南翔。四氣代謝，懸景運周。別如俯仰，脫若三秋。昔我初遷，朱華未希；今我旋止，素雪雲飛。俯降千仞，仰登天阻。風飄蓬飛，載離寒暑。千仞易陟，天阻可越。昔我同袍（指任城王彰），今永乖別。子（指彪）好芳草，豈忘爾貽？繁華將茂，秋霜悴之。君（指魏文帝）不垂眷，豈云其（我也）誠？秋蘭可喻，桂樹冬榮。絃歌蕩思，誰與銷憂？臨川慕思，何爲汎舟？豈無和樂，游非我鄰。誰忘汎舟？愧無榜人！（朔風詩）

曹植四言詩不多，僅元會、責躬、應詔、矯志等六七首；以這首最好。胡應麟詩藪：「陳王四言，源出國風。」但這首「昔我初遷，朱華未希；今我旋止，素雪雲飛。」則自小雅采薇：「昔我往矣，楊柳依依；今我來思，雨雪霏霏」變來。現在再看看他的七哀詩及雜詩中「西北有織婦」兩首：

西北有織婦，綺縞何繽紛。明晨秉機杼，日昃不成文。太息終長夜，悲嘯入青雲。妾身守空閨，良人行從軍。自期三年歸，今已歷九春。飛鳥遶樹翔，噭噭鳴索羣。願爲南流景，馳光見我君。（雜詩之三）

明月照高樓，流光正徘徊。上有愁思婦，悲歎有餘哀。借問歎者誰？言是客子妻。君行踰十年，孤妾常獨棲。君若淸路塵，妾若濁水泥。浮沉各異勢，會合何時諧？願爲西南風，長逝入君懷。君懷良不開，賤妾當何依？（七哀）

這兩首都是寫閨思的。過去學者舊注，都認爲是「思君」「望文帝悔悟」寄託之作。借丈夫未歸，閨婦愁思，象徵作者自己對魏文帝的思情。近代學者認爲這或由於曹植的際遇與心情，和棄婦相似，所以在歌詠愁思閨怨的詩中，不知不覺流露了一點自己的身世之感，寫得非常眞摯動人。七哀詩，尤自然高妙，意味無窮，爲千古絕響。

這些詩，殆所謂處危疑之際，憂讒畏譏，雖有鬱思怨緒，憤情忠悃，也不敢直率成章，只好寄託轉蓬思婦，佳人芳草，借題發揮；文字怨惻婉曲，慷慨沈健，頗有風人的遺音。蘭莊詩話說：「子建詩，質樸渾厚，春容雋永。風調非後人易到，陳子昂、李太白，慕以爲宗，信乎晉以下鮮其儷也！」這是曹植在黃初時作品的概觀。下面續論太和時代。

丙、太和時代

曹丕卒，子叡即位，是爲明帝，待曹植稍佳。太和元年（二二七），改封浚儀（河南祥符）王。二年，復還雍丘。九月，大將軍曹眞征吳小挫，曹植很想出山，効命疆場，上求自試表求用：

若使陛下出不世之詔，効臣錐刀之用。……必乘危蹈險，騁舟奮驪，突刃觸鋒，爲士卒先。……使名掛史筆，事列朝榮；雖身分蜀境，首懸吳闕，猶生之年也。如微才弗試，沒世無聞，徒榮其軀，而豐其體，……非臣之所志也。

此表雖上，見疑不用。三年，改封東阿（山東阿城）。五年，又上疏求存問親戚，並致其願辭王爵，入京爲陪從侍臣之意：

若得辭遠遊，戴武弁；解朱組，佩青紱；駙馬奉車，趣得一（勳）號，安宅京室，執鞭珥筆，出從華蓋，入侍輦轂，承答聖問，拾遺左右，乃臣丹誠之至願，不離於夢想者也。

接着又上陳審舉表，說憂念國事，常至「輟食而揮餐，臨觴而搤腕。」又說亦如「廉頗在楚，思爲趙將。」又說願「策馬執鞭，首當塵路。」仍盼明帝起用，並且建議朝廷，親用宗室，以固國本。是年多，入朝。六年(二三二)二月，封陳王。魏志本傳說：「植每欲求別見獨談，論及時政，幸冀試用，終不能得。既還，悵然絕望。遂發疾薨，時年四十一。」諡號思。葬於東阿魚山。他在明帝太和時代，始終求試；這也可說是他生平素志的表現；所謂：「願得展功勤，輸力於明君。懷此王佐才，慷慨獨不羣。」（薤露行）因此，在這時期作品，如雜詩中五、六兩首，都是抒發這種的心境：

僕夫早嚴駕，吾將遠行遊。遠遊欲何之？吳國爲我仇。將騁萬里塗，東路安足由？江介多悲風，淮泗馳急流。願欲一輕濟，惜哉無方舟。閑居非吾志，甘心赴國憂。

飛觀百餘尺，臨牖御櫺軒。遠望周千里，朝夕見平原。烈士多悲心，小人媮自閒。國讎亮不塞，甘心思喪元。拊劍西南望，思欲赴太山。絃急悲聲發，聆我慷慨言。

因屢次上表，皆見疑不用，所以又有鰕䱇篇之類的述懷詩產生：

鰕䱇游潢潦，不知江海流。燕雀戲藩柴，安識鴻鵠遊？世士誠明性，大德固無儔。駕言登五嶽，然後小陵丘。俯觀上路人，勢利是謀讎。高念翼皇家，遠懷柔九州。撫劍而雷音，猛氣縱橫浮。汎泊徒嗷嗷，誰知壯士憂？（鰕䱇篇以鰕䱇、燕雀比世人，江海、鴻鵠比自己）。

感傷世人不識他的素懷，不了解他的忠心。顧盼自憐，聲氣豪健。這時，他還有一些諷喻性作品，如惟漢行：「行仁章以瑞，變故誡驕盈。」用諷君上，並望廷臣忠於國事。當欲遊南山行：「東海廣且深，由卑下百川。」說君上用人，應兼容并包，不棄小材。豫章行：「鴛鴦自用親，不若比翼連，」論疏親之理，喻異姓雖親，不若骨肉至情。怨歌行：「為君既不易，為臣良獨難，」詠周公佐成王之事，論君臣相處之道。陳古諷今，借物喻志，皆質樸渾厚。除此之外，還有昭明文選卷二十七所收箜篌引、白馬篇、名都篇，辭極瞻麗，屬於另一類作品。其撰作年代，諸說紛紜。今分述如下：

置酒高殿上，親友從我遊。中廚辦豐膳，烹羊宰肥牛。秦箏何慷慨，齊瑟和且柔。（一解）陽阿奏奇舞，京洛出名謳。樂飲過三爵，緩帶傾庶羞。主稱千金壽，賓奉萬年酬。（二解）久要不可忘，薄終義所尤。謙謙君子德，磬折欲何求？驚風飄白日，光景馳西流。盛時不可再，百年忽我遒。（三解）生在華屋處，零落歸山丘。先民誰不死？知命亦何憂。（四解）（箜篌引）

這篇，黃節注以為作於封平原或臨淄侯時。這時曹植才二十幾歲，不宜有「磬折欲何求？」「百年忽我遒！」之語。（磬折，謂年老身僂之狀。遒，盡也。）詩中又有「京洛出名謳」句，洛陽在董卓亂後，殘破不堪；洛陽的興復，殆始於曹丕即位自鄴城遷都洛陽時。根據辭意及歷史背景，此篇似為明帝太和五年，上疏求存問親戚，入京燕享賓親之時作。先寫豐膳樂飲，賓主獻酬；次寫己已年衰，於世何求？又次寫光景西流，盛時難再；末言能知天命，終可無憂。再看名都篇：

名都多妖女，京洛出少年。寶劍直千金，被服光且鮮。鬥鷄東郊道，走馬長楸間。馳騁未能半，雙兔過我前。攬弓捷鳴鏑，長驅上南山。左挽因右發，一縱兩禽連。餘巧未及展，仰手接飛鳶。

觀者咸稱善，衆工歸我妍。我歸宴平樂，美酒斗十千。膾鯉臇胎鰕，寒鼈炙熊蹯。鳴儔嘯匹旅，列坐竟長筵。連翩擊鞠壤，巧捷惟萬端。白日西南馳，光景不可攀。雲散還城邑，淸晨復來還。

這首寫洛京貴家子弟，耽於遊獵宴樂的事。由「京洛出少年」，及「我歸宴平樂」句看來（平樂觀，在洛陽西）。這首當亦作於太和末（或黃初初），曹植在洛京時。

白馬飾金羈，連翩西北馳。借問誰家子？幽幷遊俠兒。少小去鄉邑，揚聲沙漠垂。宿昔秉良弓，楛矢何參差。控弦破左的，右發摧月支。仰手接飛猱，俯身散馬蹄。狡捷過猴猨，勇剽若豹螭。邊城多警急，胡虜數遷移。羽檄從北來，厲馬登高堤。長驅蹈匈奴，左顧凌鮮卑。棄身鋒刃端，性命安可懷？父母且不顧，何言子與妻？名編壯士籍，不得中顧私。捐軀赴國難，視死忽如歸！（白馬篇）

這篇寫幽、幷的健兒，身手的不凡，勇赴國難的心志。朱乾說：寫幽、幷遊俠，實自況也。李辰多敎授定爲太和時作。「俯身散馬蹄」寫馳馬射箭之狀；和鬥雞「觜落輕毛散」形容鬥雞之勢，一樣成功。前人評曹植樂府，「如和璧隨珠，希世之寶，異采陸離。」這幾首抒懷描寫的詩似可當之。與前面浮萍、種葛諸篇，天然古質，殊自不同。所以詩品說他「情兼雅怨，體被文質。」此外如艷歌、當車以駕行的模擬，梁甫行、苦熱行的枯窘，就不再提了。最後要談的是子建集中的游仙詩：升天行、仙人篇、遊仙、五遊詠、善哉行、平陵東行、苦思行、遠遊篇、桂之樹行、飛龍篇、驅車篇共十餘首，約佔全部作品十分之一强。雖非重要的作品；因數量之多，歷來爲讀子建詩者所注意。歸納現代學者的看法：有的說這種美慕神仙思想的詩篇，是曹植愛自由的意境表現（見胡適白話文學史五章）。有的說是對漢代古樂府中游仙詩的模擬（見陸侃如中國詩史中卷一篇四章，他並舉升天行等十個模擬例子爲證）。有的說是曹植理想破滅後，想隱居，求解脫，所以表現在詩裏的都是想成仙得道的思想（見李辰多文學與生活一輯二十二講等）。胡博士的說法，過於簡略。陸氏的模擬說，是只見一端的看法。曹植作各體詩，文句詞意，時常模仿前人，其例不勝指屈（請參看第一章五言詩的辨證一節）；他作游仙詩，模擬樂府古辭，實不能用以解釋他寫作的理由，即在於「模擬」學習。其實；在三種看法中，當以第三種最接近於曹植生活的背景。

一般說來，高蹈游仙的思想的產生，常基於厭世、超世的心理；藝術家、文學家在本質上都有超世的思想，高蹈的氣味。當他遇到不平、失意、灰心、絕望之際，這種想法顯得特別濃厚；這時往往將這種意識，宣洩於文學作品中，求自我的解脫。屈原作遠遊，王逸序說：

屈原履方直之行，不容于世，上爲讒佞所譖毀，下爲俗人所困極，章皇山澤，無所告訴，遂叙妙思，託配仙人，與俱遊戲，周歷天地，無所不到焉。

說明屈原作遠遊是因不滿濁世而求精神超脫。曹植早年不信方士，反對仙道，作有辨道論。黃初中，贈白馬王彪詩猶說：「虛無求列仙，松子久吾欺。」後因處境與屈原相似，屢求而用見疑；他作遠遊詩，篇名即由此而出；所以自郭茂倩樂府詩集的子建遠遊詩解題即引王逸楚辭序；黃節注，認爲他這些詩是求解脫之作。現再由他的文章與際遇，探討他心理狀態的轉變。他屢上表求試，終不可得；想建功立業，卻閒居以老。太和五年，上諫取諸國士息表：

若陛下聽臣，悉還部曲，罷官屬，省監官，使解璽釋紱，追柏成、子仲之業，營顏淵、原憲之事，居子臧之廬，宅延陵之室。如此，雖進無成功，退有可守。身死之日，猶松、喬也。

至此他顯然想擺脫爵位，以隱居生活，游仙思想，來尋求心靈的解脫。他在釋愁文內說：自己憂思纏心，極端苦痛，無計可絕；并借玄靈先生的口吻勸自己解脫名利說：

方今大道既隱。子生末季，沈溺流俗，眩惑名位，濯纓彈冠，諮趣榮貴，坐不安席，食不終味，遑遑汲汲，或憔或悴，所鶩者名，所拘者利。良由華薄，凋損正氣。吾將贈子以無為之藥，給子以淡薄之湯，刺子以玄虛之針，灸子以淳朴之方，安子以恢廓之宇，坐子以寂寞之床。使王喬與子遨遊而逝，黃公與子詠歌而行，莊子與子具養神之饌，老聃與子致愛性之方。趣遐路以棲跡，乘輕雲以翱翔。於是精駭魂散，改心回趣；願納至言，仰崇玄度；衆愁忽然不辭而去。

由這些文字，可見他的心理轉變的軌迹。由於世情險艱，想放下名利，投身道家妙道，寄情神仙幻境，以求心靈解脫。於是產生了這些游仙詩，翩然遐征，覽思方外。現舉五遊詠一首為代表：

九州不足步，願得凌雲翔。逍遙八紘外，遊目歷遐荒。披我丹霞衣，襲我素霓裳，華蓋芬晻藹，六龍仰天驤。曜靈未移景，倏忽造昊蒼。閶闔啓丹扉，雙闕曜朱光。徘徊文昌殿，登陟太微堂。上帝休西櫺，羣后集東廂。帶我瓊瑤佩，漱我沆瀣漿。踟躕玩靈芝，徙倚弄華芳。王子奉仙藥，羡門進奇方。服食享遐紀，延壽保無疆。

寫他想離開人間，遨遊仙鄉的願望與幻想。其他如遠遊、仙人、升天諸篇，大都類此，或表現他追慕神仙的思想，如「人生不滿百，戚戚少歡娛。意欲奮六翮，排霧凌紫虛。」（遊僊）或描繪天上生活的快樂逍遙，景物的雄偉美麗，如「仙人攬六著，對博泰山隅；湘娥拊琴瑟，秦女吹笙竽。」「閶闔正嵯峩，雙闕萬丈餘。玉樹扶道生，白虎夾門樞。」（仙人篇）文字華妙，綽有仙意。此外苦思行：「中有耆年一隱士，鬚髮皆皓然，策杖從我遊，敎我要忘言。」借仙人自戒，守默處世。桂之樹行：「要道甚省不煩，淡泊無爲，自然乘蹻萬里之外。」言仙道在澹泊無爲。這些作品全在脫離現實，尋求解脫之方。其實曹植在本質上是不信神仙的，又不是能淡泊無爲的人。所以雖崇仙道，仍然解脫不了他的生之苦。終於壯盛之年，憂憤絕望而卒。他在髑髏說內說：「偃然長寢，樂莫是踰。」死，才算是給這一代大詩人帶來了眞正的解脫，而將痛苦永留於人間。

（註一）司馬門，當時只有天子車駕出入，才可以開。

（註二）西園、建章臺於建安十九年築成，應瑒、劉楨卒於二十二年。

（註三）湘娥以上，樂府詩集爲一首，以下爲另一首。

（註四）曹植酒賦，見曹子建集卷三。

（註五）曹植感婚、靜思，王粲閑邪，陳琳、阮瑀止欲，應瑒正情諸賦，分見於張溥漢魏六朝百三名家集陳思王集卷一，王侍中集、陳記室集、阮元瑜集、應德璉集賦類中。

（註六）曹丕出婦賦：「夫色衰而愛絕，信古今其有之……信無子而應出，自典禮之常度。」曹植、王粲作賦，分見其本集中。

（註七）胡適白話文學史五章說曹植野田黃雀行是：「愛自由，思解放的心理」的表現。

（註八）曹植鼙舞歌序，見曹子建集卷五。

（註九）曹植於明帝太和三年，始封東阿王。此稱東阿，乃劉義慶（世說新語）的疏略。這種不大講究稱號與年代關係的疏略，是一般人追記前代史事，最容易犯的一種毛病，也是我們讀古籍所應該了解的一點。

（註十）見王世貞藝苑卮言卷三及沈德潛說詩晬語卷上。

五、建安七子

「七子」之稱，始見於曹丕的典論論文：

今之文人：魯國孔融、廣陵陳琳、山陽王粲、北海徐幹、陳留阮瑀、汝南應瑒、東平劉楨：斯七子者，於學無所遺，於辭無所假，咸以自騁驥騄於千里，仰齊足而並馳。

孔融等七人，都是建安這時代裏重要的作家與詩人，前後爲曹操所羅致。孔融在建安元年，被徵爲將作大匠。徐幹很早被辟爲司空軍謀祭酒掾屬。陳琳於九年爲袁尚的使者向操求降時歸操；十年，和阮瑀同爲司空軍謀祭酒，爲操管記室。王粲在十三年操征荊州時歸附，爲丞相掾，賜爵關內侯。應瑒、劉楨二人，三國志王粲傳謂：「各被太祖辟爲丞相掾屬。」曹操在建安十三年爲丞相，則二人歸操可能較晚。他們在鄴都甚受敬重。曹丕兄弟尤時常邀請公宴共遊，談心賦詩。曹丕與朝歌令吳質書之一，曾詳述當時的情狀：

每念昔日南皮之遊，誠不可忘。既妙思六經，逍遙百氏，彈棊閒設，終以博奕，高談娛心，哀箏順耳。馳騁北場，旅食南館，浮甘瓜於清泉，沈朱李於寒水。白日既匿，繼以朗月，同乘並載，以遊後園，輿輪徐動，賓從無聲。清風夜起，悲笳微吟，樂往哀來，愴然傷懷。余顧而言：「斯樂難常！」足下之徒，咸以爲然。

他與吳質書之二，又說：

昔年疾疫，親故多離其災。徐、陳、應、劉，一時俱逝，痛可言邪？昔日遊處，行則連輿，止則接席，何曾須臾相失。每至觴酌流行，絲竹並奏，酒酣耳熱，仰而賦詩；當此之時，忽然不自知樂也！謂百年己分，可長共相保，何圖數年之間，零落略盡！

這兩封信，都是追憶他們當日的悠遊生活及酒酣唱和的情形。也可見到當日文士詩人受曹氏父子的網羅禮遇，使他們能夠各展其才，幷驅當代。如孔融的嘲戲性文章，陳琳的章表，阮瑀的書記，王粲的辭賦，徐幹的中論，都是一時之選；這是個人的成就。至於詩歌方面，七子皆有創作。劉楨五言，尤稱絕一時；王粲之體，爲潘、張所出；放出了奇彩悠韻，在文學史上佔了重要的一頁。「建安七子」就成爲文學上的習語了。七子中，以孔融死的最早，卒於建安十三年，阮瑀卒於十七年，王粲卒於二十二年正月，同年，徐幹、陳琳、應瑒、劉楨，在一次大瘟疫中，相繼而逝；不然，他們將有更多更富有光輝的作品留傳下來。現依次分述如下：

甲、孔融（一五三——二〇八）

孔融字文舉，魯國（山東曲阜）人，孔子二十世孫，早以孝悌宏博，有高名於世。性放逸，好嘲戲，不受禮俗所羈。舉高第。歷官侍御史、北軍中侯、虎賁中郎將、北海相、將作大匠、少府、太中大夫。曹操爲人雄詐，融常以詭辭嘲之；爲操所忌憚。路粹希旨，誣奏融與禰衡佚蕩放言，敗亂倫常，違反天道，下獄棄市，時年五十六。隋志有集十卷，今存詩八首。

孔融的詩，寫得不很高明，惟調甚悲苦。其中六言詩三首，爲我國現存的最早的六言體詩。第一首言董卓作亂；第二首言郭汜、李傕爭戰西京；第三首言曹操從洛陽迎獻帝到許昌的大公無私：

漢家中葉道微，董卓作亂乘衰。僭上虐下專威，萬官惶怖莫違，百姓慘慘心悲。（其一）

郭、李分爭爲非，遷都長安思歸。瞻望關東可哀，夢想曹公歸來。（其二）

從洛到許巍巍，曹公憂國無私，減去廚膳甘肥，羣僚率從祈祈。雖得俸祿常饑，念我苦寒心悲。（其三）

近人以詩中讚美曹操，說：「曹公憂國無私」，與融平日言行不合，疑出僞託（見陸侃如中國詩史中卷四四五頁）。其實在漢末關東諸侯起兵討卓觀望不進之時；操獨冒艱險與卓部戰於滎陽，自是英雄；獻帝返洛陽，諸侯貢奉不至，操獨入京迎帝，自值讚美。所以這三首是孔融在建安尚未深知曹操爲人時所作，當可無疑。這些詩，都寫得俚俗淺薄。其他如離合詩、臨終詩、失題詩，也都同樣不高明。離合是一首謎語詩，是利用字形的拆開併合，隱射「魯國孔融文舉」六字。臨終詩是死前作的說理詩，「言多令事敗」「讒邪害公正」「生存多所慮，長寢萬事畢」，寫受讒被害的心境，含有敎訓與解脫的意思。失題：「歸家酒債多，」大概是從他的「座上客常滿，樽中酒不空」二句衍化出來的。在他衆作中，值得我們注意的，是兩首雜詩。如第一首中說：

呂望老匹夫，苟爲因世故。管仲小囚臣，獨能建功祚。

其風格與建安流行體，不大相類。第二首，似爲悼子幼殤的詩：

遠送新行客，歲暮乃來歸；入門望愛子，妻妾向人悲！聞子不可見，日已潛光輝。孤墳在西北，常念君來遲。褰裳上墟丘，但見蒿與薇；白骨歸黃泉，肌體乘塵飛。生時不識父，死後知我誰？孤魂遊窮暮，飄颻安所依？人生圖孠息，爾死我念追，俛仰內傷心，不覺淚沾衣。人生自有命，但恨生日希！（雜詩）

感情眞摯，語詞沉痛，是孔融詩中最好的一首。

乙、阮瑀（　——二一二）

阮瑀字元瑜，陳留尉氏（河南尉氏）人，少受學於蔡邕，知音善琴。心志高潔，無意仕途；其隱士詩說：「何患處貧苦？但當守明眞。」建安中，都護曹洪要他掌書記，不就。曹操辟之，又逃匿山中。操派人燒山，才出來爲操記室，文才捷麗，軍國書檄多出其手。隋志有集五卷。曹丕稱：「元瑜書記翩翩。」其詩却平易樸質。詩品列下品謂：「平典，不失古體。」今存五言十二首。因身經動亂時代，所以他的作品多用寫思鄉、悵別、羈愁、流離這種情感，充滿了悽涼的調子。不是說：「客子易爲戚」（雜詩一），就是說「思慮益惆悵」（雜詩二）；不是說「漂若河中塵」（怨詩），就是說「我心摧已傷」（苦雨）；甚至連寫歡樂的公讌也說：「五味風雨至，杯酌若浮雲」。詠史詩兩首，一哀三良之殉葬，一歎荆軻之入秦，也是這一類的作品。作的比較好的，是駕出北郭門行與失題這兩首，可算是他作品的代表：

駕出北郭門，馬樊不肯馳。下車步踟躕，仰折枯楊枝。顧聞丘林中，噭噭有悲啼。借問啼者出，何爲乃如斯？親母舍我歿，後母憎孤兒。饑寒無衣食，舉動鞭捶施；骨消肌肉盡，體若枯樹皮。藏我空室中，父還不能知。上冢察故處，存亡永別離。親母何可見？淚下聲正嘶！棄我於此間，窮厄豈有貲?! 傳告後代人，以此爲明規。

駕出北郭門行，寫孤兒受後母虐待的事，苦楚動人，是寫實的社會文學。由於篇末有「傳告後代人，以此爲明規」的結語，還可看出他受樂府民歌的影響的痕跡。與孔雀東南飛的結尾：「多謝後世人，戒之愼勿忘」相類，都是用來告誡世人的。再看失題：

白髮隨櫛墮，未寒思厚衣。四支易懈倦，行步益疎遲。常恐時歲盡，魂魄忽高飛。自知百年後，堂上生旅葵。

這首是傷老的作品。文字淺易，結構精約。還有七哀詩一首說：「出壙望故鄉，但見蒿與萊。」似爲五言自輓詩的開創者；晉陶潛三首輓歌，殆由此出。

丙、王粲（一七七——二一七）

王粲字仲宣，山陽高平（山東鄒縣西南）人，世家子弟，幼有異才。曹植王仲宣誄說他「材技廣宣，强記洽聞。文若春華，思若涌泉。」獻帝西遷，羈旅長安。後以西京擾亂，遠去荆州（湖北襄陽）依劉表。以貌醜體弱，不很得志。曹操南征荆州，歸降入操幕下。後操封魏公建國，拜爲侍中，爲親信近臣。魏宗廟用的樂章：太廟頌（三首）、俞兒舞歌（四首），皆出其手。建安二十二年，從征孫權，病卒軍中，年四十一。隋志有集十一卷。今存詩二十六首，以四言、五言爲主。王粲的四言詩，深受詩經的影響。如在荆州時作的贈蔡子篤及贈士孫文始、贈文叔良、爲潘文則作思親詩等篇，都是模仿二雅的。歸操後作太廟頌三首，是模仿周頌的。如周頌淸廟一章，其辭是：

於穆淸廟，肅雝顯相。濟濟多士，秉文之德。對越在天，駿奔走在廟。不顯不承，無射於人斯。

王粲太廟頌三是：

於穆淸廟，翼翼休徵。祁祁髦士，厥德允升。懷想成位，咸奔在宮。無思不若，允覩厥崇。

由上面的比較，可以看出他模擬脫胎的痕跡，也可以看出他對古文學修養之深。王粲的五言詩，在七子中，與劉楨並稱。詩品將他們同列上品，其序並說：「曹公父子篤好斯文，劉楨、王粲爲其羽翼。」計有七哀、公讌、雜詩、從軍、詠史等十五首。除七哀詩外，其餘都是作於歸操之後。七哀詩產生於獻帝興平二年（一九五），時卓將李傕、郭汜爭戰於西京，殺人無算，王粲離京避亂荆州時所作。共三首，今錄二首：

西京亂無象，豺虎方遘患，復棄中國去，委身適荆蠻，親戚對我悲，朋友相追攀，出門無所見，白骨蔽平原。路有飢婦人，抱子棄草間，顧聞號泣聲，揮涕獨不還：「未知身死處?何能兩相完?」驅馬棄之去，不忍聽此言。南登霸陵岸，回首望長安；悟彼下泉人，喟然傷心肝！（七哀詩一）

這首就是沈約謝靈運傳論內所說：「仲宣灞岸之篇。」寫的是民衆逃難的情形。「白骨蔽平原」，「抱子棄草間」，都是由戰爭所造成的慘絕人寰的景況。「未知身死處?何能兩相完?」語尤沈痛；深深反映出那個動亂時代的影子。沈德潛說：「此是杜少陵無家別、垂老別諸篇之祖。」

荊蠻非我鄉，何爲久滯淫?方舟溯大江，日暮愁我心。山崗有餘暎，巖阿增重陰。狐狸馳赴穴，飛鳥翔故林。流波激清響，猴猿臨岸吟，迅風拂裳袂，白露霑衣衿。獨夜不能寐，攝衣起撫琴；絲桐感人情，爲我發悲音。羈旅無終極，憂思壯難任！（七哀詩二）

這一首寫的是作者自己羈留異鄉的哀傷。這些大概就是謝靈運擬王粲詩序所謂：「遭亂流寓，自傷情多」之類的作品。因爲是親見身歷的，所以寫得特別眞摯深切。

王粲歸附曹操後，他的生活和在荊州時不同。他的作品的內容和風格也開始轉變。建安中，所作公讌、雜詩（五首）等，都是寫陪宴遊園，多應酬阿諛之語，如：「常聞詩人語，不醉且無歸」，「願我賢主人，與天享巍巍。」（公讌）「遭遇風雲會，託身鸞鳳間。」（雜詩四）是。同時，他也開始注重鍛字鍊句，如：「曲池揚素波，列樹敷丹榮。」（雜詩）「幽蘭吐芳烈，芙蓉發紅暉。」（雜詩二）、「北臨清漳水，西看柏陽山。」（雜詩一）「雚蒲竟廣澤，葭葦夾長流。」（從軍詩五）等是。

和七哀詩的直抒胸情，可說完全不同。這些尙駢對華采的詞句，正是建安詩體的一種代表風格，已下開兩晉、南朝詩人的摛藻華豔的風氣了。王粲從軍詩五首，建安二十年至二十一年間作，第一首寫平張魯還鄴，歌頌曹操的武功。第二、三、四首從征孫權時作，有鼓勵士氣的，有描寫征夫的傷情，也有抒發隨軍心志的。第五首寫行軍至譙；譙郡是曹操的故鄉；這詩即頌美譙地。在從軍詩中，亦多阿諛之語，如「館宅充鄽里，士女滿莊馗；自非賢聖國，誰能享斯休！」這是王粲歸曹操後作詩的最大的一個缺點。其次，是他的文字雖然典贍，聲韻却常見舒緩，顯得力弱氣羸：

征夫懷親戚，誰能無戀情？撫衿倚舟檣，眷眷思鄴城。（從軍二）

白日半西山，桑梓有餘暉。蟋蟀夾岸鳴，孤鳥翩翩飛。征夫心多懷，悽愴令吾悲？下船登高防，草露霑我衣。迴身赴床寢，此愁當告誰？身服干戈事，豈得念所私？（從軍三）

鍾嶸詩品說他：「源出李陵，發愀愴之詞，文秀而質羸，在曹（植）劉（楨）間，別構一體。方陳思不足，比魏文有餘。」這批評是很確當得體的。至何義門據王粲詠史詩反對鍾嶸說：「仲宣詩極沈鬱頓挫，而鍾記室以爲『文秀而質羸』，殆所未喻。」大概是由詠史詩的「生爲百夫雄，死爲壯士規」之類的慷慨之句而來。惟僅此一詩，誠不足代表王粲大部份作品的風格。

丁、徐幹（一七〇—二一七）

徐幹字偉長，北海劇（今山東壽光東南）人。曹操爲司空時，幹任司空府軍謀祭酒掾屬，後爲五官中郎將曹丕文學。爲人恬淡寡欲，不求名利，謙退自修，常有避世退隱之意。曹丕贊之爲「彬彬君子」。著有中論二十餘篇，辭義典雅。詩今存答劉公幹、情詩、室思等三首。室思六章，玉臺新詠合爲一題；淸吳兆宜注標明各章起訖。後來諸選本每以前五章爲雜詩，末一章爲室思，誤也。由詩的內容看來，六章一脈相承，婉轉曲折地寫閨人的思情，當爲一首無疑。今將全詩抄錄如下：

室思（一首）

沈陰結愁憂，愁憂爲誰與？念與君相別，各在天一方。良會未有期，中心摧且傷。不聊憂飡食，慊慊常饑空。端坐而無爲，髣髴君容光。（其一）

峩峩高山首，悠悠萬里道，君去日已遠，鬱結令人老。人生一世間，忽若暮春草，時不可再得，何爲自愁惱？每誦昔鴻恩，賤軀焉足保！（其二）

浮雲何洋洋，願因通我詞；飄颻不可寄，徙倚徒相思。人離皆復會，君獨無返期。自君之出矣，明鏡暗不治。思君如流水，何有窮已時！（其三）

慘慘時節盡，蘭華彫復零。喟然長太息，君期慰我情。輾轉不能寐，長夜何緜緜。躡履起出戶，仰觀三星連。自恨志不遂，涕泣如涌泉！（其四）

思見君巾櫛，以益我勞勤。安得鴻鸞羽？覯此心中人！誠心亮不遂，搔首立悁悁。何言一不見，復會無因緣。故如比目魚，今隔如參辰。（其五）

人靡不有初，想君能終之！別來歷年歲，舊恩何可期？重新而忘故，君子所尤譏！寄身雖在遠，豈忘君須臾？既厚不爲薄，想君時見思！（其六）

沈德潛說：「此託言閨人之詞也。」以爲它是託喻君臣關係的詩。其實這只是「身在江海，心存魏闕」的那些文人們的一種「以己度人」的看法。室思，就是閨思。（玉臺新詠收錄於卷一）。這完全是一首女子寄與男人的情詩，擬寫我國過去舊社會中女人那種溫柔敦厚、哀怨悱惻，綢繆繾綣的情思。這眞可算是中國情詩中的傑出的作品之一。這詩與古詩十九首風格稍近，其句子頗有模仿十九首者。這詩的第三章「自君之出矣，明鏡暗不治；思君如流水，何有窮已時！」四句，歷代擬者極多。郭茂倩樂府詩集卷六十九所收，即有宋孝武帝、劉義恭、顏師伯、鮑令暉，齊王融、虞羲，梁范雲，陳後主、賈馮吉，隋陳叔達，唐李康成、辛弘智、盧仝、雍裕之、張祜等二十首。「自君之出矣」，遂成專題。楊仲宏謂：「五言絕句，乃古詩末四句；所以意味悠長，蓋本於此。」（見謝榛四溟詩話一）。對五絕的產生，也很有影響。

戊、陳琳（—二一七）

陳琳字孔璋，廣陵（江蘇江都）人。先爲何進主簿；進死，避難冀州（河北）爲袁紹典文章。曾爲紹傳檄劉豫州，痛詆曹操（文見昭明文選四十四）。後歸操。操愛其才，不咎既往，使爲記室。琳所作章表，詞富氣健。隋志有集十卷。詩今存四首，其中飲馬長城窟行一篇，是最可注意的：

飲馬長城窟，水寒傷馬骨。往謂長城吏：「愼莫稽留太原卒！」「官作自有程，舉築諧汝聲！」

「男兒寧當格鬥死，何能怫鬱築長城？長城何連連，連連三千里；邊城多健少，內舍多寡婦！」

作書與內舍：「便嫁莫留住！善事新姑嫜，時時念我故夫子！」報書往邊地：「君今出語一何鄙？」「身在禍難中，何爲稽留他家子？生男愼莫舉，生女哺用脯。君獨不見長城下，死人骸骨相撐拄！」「結髮行事君，慊慊心意關。明知邊地苦，賤妾何能久自全！」

這首大概是陳琳避難冀州時作，描寫人民徭役之苦，夫婦別離之情，給人是悲憤沉痛眞實的感覺，也是建安初戰亂時代裏必然的產品。全詩用問答體，神理井然，無問答之痕；三分之一爲七言，句法很特殊，開闢後人五七言樂府的句子長短變化之端。至遊覽、宴會詩，如「嘉木凋綠葉，芳草纖紅榮。」「玄鶴浮清泉，綺樹煥青蕤。」亦是建安體的風格。惟氣味悠長，而多感慨語，如「高會時不娛，羈客難爲心」，「騁哉日月逝，年命將西傾」是。

巳、應瑒（　　－二一七）

應瑒字德璉，汝南（河南汝南）人。伯父劭著有風俗通，爲漢名儒。父珣爲司空掾。瑒早以文學名於魏都，曹操辟爲丞相掾屬，後轉爲平原侯（植）庶子，又爲五官中郎將（丕）文學。隋志有集二卷。今存詩六首（註），可歸兩類：一寫遊宴，一寫飄泊。作得較佳的詩，是寫飄泊之情的。建安的公讌詩，都是述恩宴而寫風月，詞華麗而意平庸的，開闢後代應酬的詩體。應瑒侍五官中郎將建章臺集詩，也是在酒酣之際所作的應酬詩；然別具一格，而異於當日的衆作：

朝雁鳴雲中，音響一何哀！問子遊何鄉？戢翼正徘徊。言我寒門來，將就衡陽棲；往春翔北土，今多客南淮。遠行蒙霜雪，毛羽日摧頹，常恐傷肌骨，身隕沈黃泥。簡珠墮沙石，何能中自諧？欲因雲雨會，濯翼陵高梯；良遇不可値，伸眉路何階！公子敬愛客，樂飲不知疲，和顏既以暢，乃肯顧細微。贈詩見存慰；小子非所宜。爲且極懽情，不醉其無歸。凡百敬爾位，以副飢渴懷！

這詩寫知遇之感。先以「朝雁」自喻，敘自己流落不遇；次言感激主人的愛顧，贈詩相慰之意；末以努力自勉作結。調悲格高，另有風致。其別詩，也是比較成功的一首：

朝雲浮四海，日暮歸故山。行役懷舊土，悲思不能言！悠悠涉千里，未知何時旋？

這首以「朝雲」起興，敘思鄉飄零之情。精約雋永，可爲短詩的規範。

（註）應瑒詩，有報趙淑麗、公讌、侍五官中郎將建章臺集詩、別詩（二首）、鬥雞等共六首。又廣文選有應瑒雜詩（細微可不慎、散騎常師友、少壯面目澤）三首；藝文類聚作應璩。按其詞采，類應璩百一詩體；此據藝文不錄。

庚、劉楨（—二一七）

劉楨字公幹，東平（山東泰安）人，歷任丞相掾屬，平原侯庶子、五官中郎將文學。辭旨巧妙，爲諸公子所喜愛。後在宴會上，因曹丕的甄夫人出拜時，楨獨平視，不敬得罪，被輸作部磨石。赦回，復署吏。隋志有集四卷錄一卷。詩今存十五首。在七子中，詩名最盛。曹丕稱：「其五言詩，妙絕當時」（與吳質書）。在他的作品，找不出像孔融六言詩、阮瑀駕出北郭門行、王粲七哀詩、陳琳飲馬長城窟行之類的反映時代描寫社會的詩；都是些抒情、述志、應酬、贈答的詩。就現存的作品看來，雖不能說眞能妙絕當時，大體說也都是夠水準的：氣高論遠，趣奇辭精，文妙意逸。正如鍾嶸詩品所謂：「楨詩源出於古詩，仗氣愛奇，動多振絕；眞骨凌霜，高風跨俗；但氣過其文，雕潤恨少；然自陳思以下，楨稱獨步」。劉勰文心雕龍體性篇：「公幹氣褊，故言壯而情駭。」如贈從弟三首：

汎汎東流水，磷磷水中石，蘋藻生其涯，華紛何擾弱。采之薦宗廟，可以羞嘉客。豈無園中葵？懿此出深澤。（其一）

亭亭山上松，瑟瑟谷中風；風聲一何盛，松枝一何勁。冰霜正慘愴，終歲常端正；豈不羅凝寒？松柏有本性！（其二）

鳳凰集南嶽，徘徊孤竹根，於心有不厭，奮翅凌紫氛。豈不常勤苦？羞與黃雀羣。何時當來儀？將須聖明君。（其三）

這些贈人之作，全用比體，蘋藻、山松、鳳凰，喻他的從弟：蘋藻，說他才德清美，可薦宗廟；山松，說他本性堅强，不畏逆境；鳳凰，說他志向高邁，不同於俗士：寄意超逸，絕世脫俗，非當時趨勢求利不重名節的文士可比，實爲短章佳作。此外，他寫素木、女蘿的「失題」闕詩，也都是這類託意的作品。又如贈五官中郎將之三：

秋日多悲懷，感慨以長歎。終夜不遑寐，叙意於濡翰。明燈曜閨中，淸風凄已寒；白露塗前庭，應門重其關；四節相推斥，歲月忽欲殫。壯士遠出征，戎事將獨難；涕泣灑衣裳，能不懷所歡？

（文選李善注：壯士，謂五官也；涕泣，自謂也。）

寫秋日中的悲懷與思情，極自然佳妙。「明燈曜閨中，淸風凄已寒」兩語，情融景中，意寄節候，無針線痕，却能映襯出他的感慨悲歎與不能安寐之心境。又如贈徐幹也是他抒情名作之一：

誰謂相去遠？隔此西掖垣。拘限清切禁，中情無由宣；思子沈心曲，長歎不能言！起坐失次第，
一日三四遷。步出北寺門，遙望西苑園，細柳夾道生，方塘含清源，輕葉隨風轉，飛鳥何翻翻：
乖人易感動，涕下與衿連。仰視白日光，皦皦高且懸，秉燭八紘內，物類無頗偏。我獨抱深感，
不得與比焉！

這寫他被拘禁貶遷之情，直而不迫，沈切感人；大概是獲罪時作。其中寫景極工，輕妙秀麗，如在目前。王船山說：「『細柳夾道生』以下二十字，謝客（靈運）疑神授者。」建安詩人大都善寫景，在公讌時，各逞其巧能；惟當日肉味酒氣，時溢篇中；諛語媚言，常露行間；由王粲諸人作品可見。劉楨詩絕沒有這種習氣，如公讌詩：

永日行遊戲，歡樂猶未央，遺思在玄夜，相與復翱翔。輦車飛素蓋，從者盈路傍。月出照園中，
珍木鬱蒼蒼。清川過石渠，流波爲魚防。芙蓉散其華，菡萏溢金塘。靈鳥宿水裔，仁獸遊飛梁。
華館寄流波，豁達來風涼。生平未始聞，歌之安能詳。投翰長歎息，綺麗不可忘。

連用珍木、金塘、靈鳥、仁獸、華館，寫景雖稍嫌富麗，然皆鮮潤可愛，卓犖多姿。又如：

方塘含白水，中有鳧與鴈。安得肅肅羽？從爾浮波瀾！（雜詩）

輕靈美麗。此外，如寫鬥雞說：

利爪探玉除，瞋目含火光。

寫射鳶說：

流血灑牆屋，飛毛從風旋。

辭皆精峻勁奇，所謂「勁多振絕」之語也。劉楨五言，超絕羣倫，獨步一時，並非倖致。曹丕以下，評價稱美者極多。至與王粲相比，各有所長。許學夷詩源辨體說：「公幹氣勝於才，仲宣才勝其氣。」形成魏晉後「養氣」、「摛藻」二體。

六、其他詩人

建安詩人，除了上面討論過的二祖、陳思與七子外，可考的還有十幾位。其中吳質、魏明帝、繆襲、應璩、左延年、何晏等人現存作品，大都產生於入魏之後；因限於研究體例與範圍，這裏不擬加以討論。至邯鄲淳僅存答贈臨淄侯植四言詩一首，作得普普通通，沒有什麼文學價值可言。白馬王彪，詩品將他和徐幹並列，說：「白馬與陳思答贈，偉長與公幹往復，雖曰以莛扣鐘，亦能閑雅矣。」可惜他的作品早佚，今僅初學記載有四句：「盤徑難懷抱，停駕與君訣。卽車登北路，永歎尋先轍。」無法由此「一斑」而窺彼「全豹」。現在只提繁欽、仲長統、蔡琰、甄后、劉勳妻幾人，介紹一下。他們留下的作品雖少，但大都是可加圈點的佳作。

甲、繁欽

繁欽（　　—二一八）字休伯，潁川（河南禹縣）人。以文才機辯，得名汝潁間。長於書記，善爲詩賦。曹丕繁欽集序謂「其文甚麗」。建安初，避亂荆州。後以豫州從事，稍遷爲丞相主簿。建安二十三年卒。隋志有集十卷。詩今存四言二首、五言四首。其中，最膾炙人口的是定情詩：

我出東門遊，邂逅承清塵；思君即幽房，侍寢執衣巾。時無桑中契，迫此路側人；我旣媚君姿，君亦悅我顏。

× × ×

何以致拳拳？綰臂雙金環。何以致殷勤？約指一雙銀。
何以致區區？耳中雙明珠。何以致叩叩？香囊繫肘後。
何以致契闊？繞腕雙跳脫。何以結恩情？佩玉綴羅纓。
何以結中心？素縷連雙針。何以結相於？金薄畫搔頭。
何以慰別離？耳後瑇瑁釵。何以答懽忻？紈素三條裙。
何以結愁悲？白絹雙中衣。〔何以消滯憂？足下雙遠遊。〕

× × ×

與我期何所？乃期東山隅。日旰兮不至，谷風吹我襦。遠望無所見，涕泣起踟躕！
與我期何所？乃期山南陽。日中兮不至，凱風吹我裳。逍遙莫誰覩？望君愁我腸！
與我期何所？乃期西山側。日夕兮不來，躑躅長太息！遠望涼風至，俯仰正衣服！
與我期何所？乃期山北岑。日暮兮不來，淒風吹我衿。望君不能坐，悲苦愁我心！

× × ×

愛身以何爲？惜我華色時；中情既款款，然後剋密期。褰衣躡茂草，謂君不我欺。廁此醜陋質，徙倚無所之。自傷失所欲，淚下如連絲！

這首定情詩以女子口吻寫成，全詩共六十四句，可分四段：第一段寫偶然邂逅，一見鍾情；第二段述解環贈珠致意定情的經過；第三段寫四次相約，而對方都失信不來；第四段怨責對方，并自傷失戀。詞情悽豔。一三兩段章法句調，尤爲別致。和國風中許多民歌的重疊形式相近。陸侃如疑是當時民間原有此民謠，經繁欽潤飾而成名作；或繁欽擬民歌而作，而猶不失民歌風趣的（見中國詩史中卷四七六頁）。由第二段結構看來，這跟現在閩、粵一帶船家流行的唱答式情歌也很相類。譬如：男唱：「但看流水還，」女答：「未見郎影歸。」男唱：「但看浮雲返，」女答：「未見郎心回。」這類對答性歌詞，唱者、作者可以在一定形式內，自由增添句數、變化文字，反覆連續下去。像這裏上句是「何以……？」，下句就舉一件衣飾爲答，一共反覆了十一次方式就是。所以陸氏的說法是正確而頗有見地。

乙、仲長統

仲長統（一七八——二二〇）字公理，山陽（山東鄒縣）人，早年遊學靑、徐、并、冀間，與交者多異之。建安十一年，爲尚書郎。二十五年卒。著昌言十二卷。詩今存述志詩二首：

大道雖夷，見幾者寡：任意無非，適物無可；古來繞繞，委曲如瑣。百慮何爲？至要在我。寄愁天上，埋憂地下；叛散五經，滅棄風雅；百家雜碎，請用從火。抗志山棲，游心海左，元氣爲

舟，微風爲柁，翺翔太清，縱意容冶。（其一）

飛鳥遺跡，蟬蛻亡殼，騰蛇棄鱗，神龍喪角：至人能變，達士拔俗。乘雲無轡，騁風無足，垂露成幃，張霄成幄，沆瀣當餐，九陽代燭，恒星豔珠，朝霞潤玉：六合之內，恣心所欲！人事可遺，何爲局促？（其二）

這兩首詩完全表現了道家的自然無爲絕學棄智遁跡仙界的思想與哲理。可以說仲長統是第一個用詩來寫老、莊哲理的。他的詩和當日曹操秋胡行、陌上桑，以及稍後曹植桂之樹行、遠遊篇、升天行、玄暢賦、釋愁文、髑髏說，相激成風，遂造成了魏、晉仙詩的興起，玄風的風行。文心雕龍時序篇：「自中朝貴玄，江左稱盛。詩必柱下之旨歸，賦乃漆園之義疏。」實由仲長統始作俑者。但仲作二首，自有他成功的地方，如「恒星豔珠，朝霞潤玉」，文字是何等瞻麗；「寄愁天上，埋憂地下」，懷抱是何等曠達；所以能和曹操短歌行同成爲四言的名作，使已衰落的四言詩又在東漢末突然放出令人目駭的異采，爲三百篇外的奇響。

丙、蔡琰

蔡琰字文姬，一作昭姬（見列女後傳），陳留圉（河南陳留東南）人，蔡邕的女兒。博學有才辯，精妙於音律。初嫁衛仲道，夫亡無子，歸寧娘家。漢末，天下大亂，爲胡騎擄去，沒於南匈奴左賢王。在匈奴住了十二年，生有兩個兒子。曹操素與蔡邕善，悲其無嗣，乃派使者用金璧贖她回來，再嫁屯田都尉董祀（註一）。琰感傷亂離，追懷悲憤，作詩二章，一爲五言體，一爲楚辭體，均見後漢書列女傳董祀妻傳。五言一首，爲千古不朽之作：

漢季失權柄，董卓亂天常，志欲圖篡弑，先害諸賢良。逼迫遷舊邦，擁主以自强。海內興義師，欲共討不祥。卓衆來東下，金甲耀日光。平土人脆弱，來兵皆胡羌（註二）。獵野圍城邑，所向悉破亡。斬截無孑遺，屍骸相撐拒，馬邊懸男頭，馬後載婦女。長驅西入關，迥路險且阻。還顧邈冥冥，肝脾爲爛腐。所略有萬計，不得令屯聚，或有骨肉俱，欲言不敢語。失意幾微間，輒言斃降虜：「要當以亭刃，我曹不活汝！」豈敢惜性命？不堪其詈罵，或便加棰杖，毒痛參并下。旦則號泣行，夜則悲吟坐。欲死不能得，欲生無一可。彼蒼者何辜？乃遭此戹禍！邊荒與華異，人俗少義理。處所多霜雪，胡風春夏起，翩翩吹我衣，肅肅入我耳。感時念父母，哀歎無窮已。有客從外來，聞之常歡喜，迎問其消息，輒復非鄉里。邂逅徼時願，骨肉來迎己。己得自解免，當復棄兒子。天屬綴人心，念別無會期。存亡永乖隔，不忍與之辭。兒前抱我頸，問：「母欲何之？人言母當去，豈復有還時？阿母常仁惻，今何更不慈？我尚未成人，奈何不顧思？」見此崩五內，恍惚生狂癡，號泣手撫摩，當發復回疑。兼有同時輩，相送告離別，慕我獨得歸，哀叫聲摧裂。馬爲立踟蹰，車爲不轉轍。觀者皆歔欷，行路亦嗚咽。去去割情戀，遄征日遐邁，悠悠三千里，何時復交會？念我出腹子，胸臆爲摧敗。既至家人盡，又復無中外。城郭爲山林，庭宇生荆艾。白骨不知誰，從橫莫覆蓋。出門無人聲，豺狼嗥且吠。煢煢對孤景，怛咤糜肝肺。登高遠眺望，魂神忽飛逝，奄若壽命盡。旁人相寬大，爲復彊視息；雖生何聊賴？託命於新人，竭心自

勗勵；流離成鄙賤，常恐復捐廢。人生幾何時？懷憂終年歲！（悲憤詩）

這是一首五百四十字的長篇抒情敘事詩：初敘董卓的亂政與遷都，以及董卓部下羌胡外兵的暴行；次寫被擄途上的慘苦；中述胡地的生活及思鄉的情形；繼述親人來贖和兒子及同輩訣別時的悲痛；末寫歸鄉後見到家破人亡景象全非的哀傷感觸；一轉爲託命奉事新夫之語。她將眞情實事毫不掩飾地鋪敘抒寫，用悲憤的文字貫串，纏綿眞摯，激昂酸楚，是一字一淚結成的悲歌。戰亂的餘影，在今日看來，猶刺人心魂。和王粲七哀詩、陳琳飲馬長城窟行、曹操的薤露、蒿里行，是一類的作品，但因她的遭遇特別慘，感受特別深，她的成就，也特別的偉大。

世傳蔡琰作品，另有胡笳十八拍一篇，見郭茂倩樂府詩集卷五十九琴曲歌辭中。全詩共分十八節，長一千三百餘言。由它格調看來，繁衍流靡，不像漢人的詩，與蔡琰兩首悲憤詩的風格也完全不類。再由郭茂倩的解題及這詩的內容，我們可以斷定胡笳十八拍是唐人的作品，郭氏解題引唐劉商（大曆時人）胡笳曲序曰：

蔡文姬……爲胡人所掠。……（曹操）敕大將軍贖以歸漢。胡人思慕文姬，乃捲蘆葉爲吹笳，奏哀怨之音。後董生以琴寫胡笳聲（曲）爲十八拍，今之胡笳弄也。

又引李肇國史補曰：

唐有董庭蘭，善沈聲，祝聲，蓋大小胡笳云。（大胡笳十八拍號沈家聲，小胡笳十九拍號祝家聲）

據此，可知十八拍這一曲子，原來是用胡笳吹奏的，是胡人爲文姬歸漢而作。後來董生將它改譜成琴曲。董生，梁啓超認爲他就是國史補中的董庭蘭（見中國之美文及其歷史一二九頁）。董庭蘭是唐玄宗、肅宗時，有名的琴工（見唐書房琯傳）。胡笳十八拍結尾一拍的歌詞，是：

胡笳本自出胡中，綠琴翻出音律同；十八拍兮曲雖終，響有餘兮思無窮：是知絲竹微妙兮均造化之功，哀樂各隨人心兮有變則通。（絲指琴，竹指笳。）

這詞的意思是：胡笳十八拍「琴曲」譜翻得很妙，能夠表達出原作「笳曲」的音律與情感。琴曲爲董生所譜，董生又爲唐時人；那麼十八拍詞，當是和董生同時或稍後的人所作了。又宋史藝文志樂類著錄有蔡琰胡笳十八拍四卷，又有仿蔡琰胡笳十八拍；而隋志新、舊唐志均不見著錄。由此又可見十八拍歌詞，確始於唐人。再據歌詞內容看來，又皆足以證明是唐人作品。譬如：

(1)十拍的起首四句：「城頭烽火不曾滅，疆場征戰何時歇？殺氣朝朝衝塞門，胡風夜夜吹邊月。」注重對仗，句調完全像唐人寫邊塞風光的七絕。由漢人七言的發展看來，絕不可能有這一類詩句的產生。

(2)漢人七言，都是每句押韻；上面四句却是第一、二、四句（滅、歇、月）押韻，第三句「門」字不韻：這種韻法，始於宋鮑照行路難，盛行於唐人作品中。

(3)五拍中的「雁南征兮欲寄邊聲，雁北歸兮爲得漢音。」六拍中的「饑對肉酪兮不能餐，夜聞隴水兮聲嗚咽，朝見長城兮路杳漫。」八拍中的「爲天有眼兮何不見我獨漂流，爲神有靈兮何事處我天南海北頭。我不負天兮天何配我殊匹，我不負神兮神何殛我越荒州。」這種排比句，在兩漢人楚辭體歌詩中是極不容易見到，在十八拍中却俯拾皆是，亦與唐人樂府歌詩相類。

(4)十七拍中的「豈知靈得兮入長安。」唐都於長安。「入長安」自是唐人口頭上的熟詞兒。東漢都洛陽；西遷長安，只有獻帝初平、興平間的五、六年。蔡琰歸漢，是在建安中，時都許昌（或鄴城），說「入長安」既不切於漢事，也不合於蔡琰的遭遇。

由上面幾點看來，這詩應是唐人的作品。梁啓超說：「原作者非有心冒充文姬，只是借她的事，代她撰作。無識的選家，硬要把它送給文姬。」我補充一點，就是這詞大概是爲董生所翻的琴曲新譜而作，所以結尾有「胡笳本自出胡中，綠琴翻出音律同」之句。後來隨琴歌的流行而傳開；因寫的是蔡琰的故事，人們就以爲它是蔡琰作了。

註一：曹操贖蔡琰事，並見魏文帝蔡伯喈女賦序。

註二：羌、胡，指卓部。通鑑紀事本末宦官亡漢篇：「鄭泰謂董卓曰：『天下所畏者，無若幷、涼二州之人與羌、胡義從，而明公擁以爲爪牙。』」又後漢書南匈奴傳：「靈帝崩，天下大亂，單于將數千騎與白波賊寇河內諸郡。」蔡琰被擄或在此時，邕尚未逝世。蘇軾疑「琰之流離，爲在父（邕）沒之後。董卓既誅，伯喈方遇禍；今此詩乃云：爲卓所驅，虜入胡中：知其非眞也。」（語見東坡志林及東坡詩話補遺）。疑琰二詩爲後人僞作。坡說蓋未深考於史也。且當時兵亂之際，士大夫未必以家自隨；帝京洛陽尚且殘破，況個人之眷屬乎？讀後漢書、三國志，皆可見當日天下離亂之慘。且范蔚宗時代距東漢末不遠。蔡琰別傳亦以琰作有悲憤詩。非止范蔚宗一家之說。琰作二詩可信。

丁、甄后

甄后，中山無極（河北無極）人；甄逸女，初爲袁紹次子熙婦。姿貌絕倫，知書能文。曹操破紹，將她配與曹丕爲妻。丕即位，立爲皇后。其後爲郭嬪所譖賜死。作有塘上行一首：

蒲生我池中，其葉何離離。傍能行仁義，莫若妾自知。衆口鑠黃金，使君生別離。念君去我時，獨愁常苦悲。想見君顏色，感結傷心脾。念君常苦悲，夜夜不能寐。莫以豪賢故，棄捐素所愛。莫以魚肉賤，棄捐葱與薤。莫以麻枲賤，棄捐菅與蒯。出亦復苦愁，入亦復苦愁。邊地多悲風，樹木何脩脩。從軍致獨樂，延年壽千秋。

樂府解題：「前志云：晉樂奏魏武帝蒲生篇。而諸集錄，皆言其辭文帝甄后所作。歎以讒訴見棄，猶幸得新好，不遺故惡焉。」現從之，定爲甄后作。過去中國婦女作詩文，常喜用草木鳥獸蟲魚來託意喻情。如：言已則女蘿浮萍，言夫婦則鴛鴦翡翠；言情之深則比翼連理；言所思者則芙蓉蓮子；言觸景傷懷，則燕歸雁行。又她們抒閨怨寫離愁，縱使怨極愁極恨極，而寫來却溫婉委順纏綿悱惻之極。這是中國婦女文學的二大特色。甄后這一首塘上行也正是這一類的作品。

己、王宋

王宋，平虜將軍劉勳妻，嫁勳二十餘年。建安時，勳愛山陽司馬氏女，藉口宋沒有生育把她遺棄。她在還家道中，作雜詩二章自傷（註）：

翩翩牀前帳，張以蔽光輝。昔將爾同去，今將爾共歸。緘藏篋笥裏，當復何時披？

誰言去婦薄？去婦情更重。千里不唾井，況乃昔所奉。遠望未爲遙，踟蹰不得往！

風致楚楚，頗爲動人，已有一些近體的風韻；然一往情深，怨而不怒，猶不失古詩的遺意。

註：詩曹丕、曹植、王粲諸人作有出婦賦。藝文類聚並以此詩爲魏文帝作。然不類文帝風格。此從玉臺新詠。

七、孔雀東南飛

故事詩，是以歌唱客觀事象爲主旨的詩歌，通常以歷史、傳說、神話、時事爲題材。在西方是很早就產生了這樣故事詩，但在中國起來得很遲。在詩經中雖然有一些記載周朝民族英雄立國的歌詩，如大雅中的生民、公劉、緜、皇矣、大明諸篇。但這些歌詩創作的主旨，只在於歌頌他們（如后稷、公劉、太王、文王、武王）的盛德與豐功，而不在描敘他們創立功業的故事。不像古希臘荷馬的伊里亞特(Iliad)、與得賽（Odyssey）與印度的馬哈巴拉泰(Mahabharata)、拉馬耶那（Ramayana）之類敘事詩，寫英雄與戰爭的故事，都是極完美詳盡富有趣味的。中國故事詩興起得很晚的原因，這可能與詩體有關。周詩是四言體，楚辭是帶有虛字助詞的騷體。這兩種形式的本身就已經限制了作者發揮與描敘的能力。很難用以敘述繁雜的故事。元朝人所以能用詩曲來寫各種題材的戲劇，就是由於形式的限制不大，長短句與襯字的活用，使元人能夠用詩表達各種情節，產生了許多偉大的詩劇。所以中國到五言詩產生之後，故事詩才跟着興起。又由於一般小百姓喜歡聽唱曲子，漢朝倡優常用故事合歌舞演出；由於這些社會需要的刺激，有些人便將當時社會上發生的事情編成故事詩。因此現在漢人的樂府詩中存有許多故事詩；如孤兒行是寫孤兒受兄嫂虐待的故事；隴西行寫賢婦待客的故事；上山採蘼蕪寫一對離婚的夫婦的故事；日出東南隅寫羅敷有夫的故事；辛延年羽林郎寫霍將軍家奴調戲酒家女的故事；魏黃初間左延年秦女休行寫烈女手刃親仇的故事。此外還有許多故事詩流傳於民間，而今佚亡。例如古樂府有秋胡行，本辭雖失傳了，然可證明當日有秋胡戲妻的故事詩；又有淮南王篇，本辭雖也沒有了，然可證明當日有淮南王成仙的故事詩；還有關東有賢女篇，本辭也佚亡了，但由曹植鼙舞歌精微篇擬有「關東有賢女，自字蘇來卿，壯年報父仇，身沒垂功名。」四句，也可證明當日有蘇來卿報父仇的故事詩。由於故事詩的逐漸發達，所以在建安五言詩巔峯的時代裏，數百言的長詩常見於各家作品中，這時也就產生了中國最傑出的一首敘事長詩——孔雀東南飛，寫舊家庭的悲劇。這詩不錄於文選；初見於梁徐陵玉臺新詠卷一，題爲「古詩爲焦仲卿妻作」。篇首附序說：

> 漢末建安中，廬江府小吏焦仲卿妻劉氏，爲仲卿母所遣，自誓不嫁。其家逼之，乃投水而死。仲卿聞之，亦自縊於庭樹。時（人）傷之，爲詩云爾。

作者不詳。惟這序把悲劇發生的「年代、人物、地點」都記載得非常明白，又說時人傷之而作詩：可見這一定是轟動當時的一件實事，刺激當時無名詩人的同情心，而寫下了這樣偉大的長篇。由這詩結尾「多謝後世人，戒之愼勿忘」兩句看來，作詩人的目的乃在提醒警戒世人，免再發生同類的悲劇。過去的人都認爲這首詩是漢人的作品，如玉臺新詠將它列於繁欽、曹丕之間，自然認爲是建安作品。後來郭茂倩樂府詩集收入雜曲歌詞中，稱之爲古辭，也是認爲是漢人所作。梅鼎祚八代詩乘、馮惟訥詩紀、張之象古詩類苑，沈德潛古詩源，王士禎古詩選、丁福保全漢詩，都是將它看做漢詩。近人謝无量中國大文學史也說是「建安時人所爲耳。」沒有人懷疑它著作年代。但到了近代却有梁啓超、陸侃如等人開始懷疑。因梁、陸二氏著說懷疑，又有胡適、劉大杰等人糾正梁、陸說法的產生。此外還有黃節、張爲騏、古直等人也各有主張，或主六朝，或主舊說，我們不能一一細論；僅將梁陸、胡劉二種代表說法扼要介紹如下：

梁啓超認爲孔雀東南飛是起於六朝，是受了六朝翻譯的佛教文學（佛本行經，佛所行讚經）的影響，所以有那種熱烈的情感和豐富的想像，而一反過去中國古詩溫柔敦厚的詩風（見梁著印度與中國文化之親屬關係）。後來陸侃如附和梁說，更舉詩中「新婦入青廬」句，並據唐段成式酉陽雜俎說是北朝的婚俗；「四角龍子幡」句，說是南朝的風尙；認爲此詩出自六朝。（見陸著的孔雀東南飛考證）。

但是胡適認爲在孔雀東南飛詩中全沒有一點受佛教思想影響的痕跡；劉大杰也認爲梁氏說法完全是想像的。他們兩人都認爲孔雀東南飛寫死別時所謂「黃泉下相見」之類，完全是中國舊宗教的觀念，沒有一點佛家那種「輪迴」「超度」「來世」一類的意識（如陳鴻長恨歌傳中「願世世爲夫婦」；白居易長恨歌中「天上人間會相見」都是來世的思想）。胡博士又說佛本行讚等譯出後，對六朝人並不曾發生多大的影響。劉氏更說孔雀東南飛只是一首純粹的寫實的敘事詩，所描寫只是一些平凡的家庭瑣事，哪裏有佛教文學那種豐富浪漫的想像力？而且文體正是當日流行的五言詩，與蔡琰悲憤詩完全相似，不能說六朝前無有。並說六朝時也沒有什麼富有想像力的詩歌產生。這是他們二人對梁氏意見的批評。同時他們認爲陸侃如氏的看法與例證，也不可靠。

「青盧」之俗，劉氏認爲漢末已有，世說新語假譎篇：「魏武少時，嘗與袁紹，好爲游俠。觀人新婚，因潛入主人園中，夜呼叫云：『有偷兒賊！』青盧中人皆出觀。」由此可見「青盧」不止限於南北朝。至「龍子幡」一句，他們認爲這更不是重要的證據，無法證明南北朝以前沒有「龍子幡」。（案漢書輿服志：「公卿之車輿旆皆畫龍。」龍子幡，當也是畫有龍形之類圖案的錦旗），其起源也一定很早了。他們認爲梁、陸二氏推想孔雀東南飛作於六朝（宋少帝至徐陵）間的說法，是不能成立的。此詩的創作，胡博士意見是離故事產生的年代不遠，劉氏認爲出自建安、黃初間，都是相信原序之說。但都認爲中間曾經過後人增飾，迄南北朝梁、陳時，始成爲定型。（見胡適白話文學史六章孔雀東南飛的時代考，及劉大杰中國文學發展史七章漢代詩歌五叙事詩）。他們的說法是很正確很合理的。現將孔雀東南飛全詩抄錄如下：

孔雀東南飛，五里一徘徊。

× × ×

「十三能織素，十四學裁衣，十五彈箜篌，十六誦詩書，十七爲君婦，心中常苦悲。君既爲府吏，守節情不移；賤妾留空房，相見常日稀。鷄鳴入機織，夜夜不得息；三日斷五疋，大人故嫌遲。——非爲織作遲，君家婦難爲。妾不堪驅使，徒留無所施；便可白公姥，及時相遣歸！」

府吏得聞之，堂上啓阿母：「兒已薄祿相，幸復得此婦。結髮同枕席，黃泉共爲友。共事二三年，始爾未爲久。女行無偏斜，何意致不厚？」

阿母謂府吏：「何乃太區區？此婦無禮節，舉動自專由；吾意久懷忿，汝豈得自由！東家有賢女，自名秦羅敷。可憐體無比，阿母爲汝求！便可速遣之，遣去愼莫留！」

府吏長跪告，伏惟啓阿母：「今若遣此婦，終老不復取！」

阿母得聞之，搥床便大怒：「小子無所畏，何敢助婦語！吾已失恩義，會不相從許！」

府吏默無聲，再拜還入戶。舉言謂新婦，哽咽不能語：「我自不驅卿，逼迫有阿母。卿但暫還家，吾今且報府。不久當歸還，還必相迎取。以此下心意，愼勿違我語！」

新婦謂府吏：「勿復重紛紜。往昔初陽歲，謝家來貴門；奉事循公姥，進止敢自專？晝夜勤作息，伶俜縈苦辛。謂言無罪過，供養卒大恩；仍更被驅遣，何言復來還？妾有繡腰襦，葳蕤自生光；紅羅複斗帳，四角垂香囊；箱簾六七十，綠碧青絲繩；物物各自異，種種在其中。人賤物亦鄙，不足迎後人，留待作遺施。於今無會因，時時爲安慰，久久莫相忘！」

鷄鳴外欲曙，新婦起嚴妝。著我繡裌裙，事事四五通。足下躡絲履，頭上瑇瑁光。腰若流紈素，耳著明月璫，指如削葱根，口如含硃丹。纖纖作細步，精妙世無雙。

上堂謝阿母，母聽去不止。「昔作女兒時，生小出野里。本自無教訓，兼愧貴家子。受母錢帛多，不堪母驅使。今日還家去，念母勞家裏。」

卻與小姑別，淚落連珠子：「新婦初來時，小姑始扶牀；今日被驅遣，小姑如我長。勤心養公姥，好自相扶將！初七及下九，嬉戲莫相忘！」

出門登車去，涕落百餘行。府吏馬在前，新婦車在後。隱隱何甸甸，俱會大道口。

下馬入車中，低頭共耳語：「誓不相隔卿，且暫還家去。吾今且赴府，不久當還歸，誓天不相負！」

新婦謂府吏：「感君區區懷，君既若見錄，不久望君來。君當作磐石，妾當作蒲葦。蒲葦紉如絲，磐石無轉移。我有親父兄，性行暴如雷，恐不任我意，逆以煎我懷！」舉手長勞勞，二情同依依。

入門上家堂，進退無顏儀。阿母大拊掌：「不圖子自歸！十三教汝織，十四能裁衣，十五彈箜篌，十六知禮儀，十七遣汝嫁，謂言無誓違。汝今何罪過，不迎而自歸？」

蘭芝慚阿母：「兒實無罪過！」阿母大悲摧。

× × ×

還家十餘日，縣令遣媒來，云：「有第三郎，窈窕世無雙，年始十八九，便言多令才。」

阿母謂阿女：「汝可去應之！」

阿女含淚答：「蘭芝初還時，府吏見丁寧，結誓不別離。今日違情義，恐此事非奇。自可斷來信，徐徐更謂之！」

阿母白媒人：「貧賤有此女，始適還家門。不堪吏人婦，豈合令郎君？幸可廣問訊，不得便相許！」

媒人去數日。尋遣丞請還，說有蘭家女，承籍有宦官。云有第五郎，嬌逸未有婚。遣丞為媒人，主簿通語言。直說太守家，有此令郎君，既欲結大義，故遣來貴門。

阿母謝媒人：「女子先有誓，老姥豈敢言？」

阿兄得聞之，悵然心中煩，舉言謂阿妹：「作計何不量？先嫁得府吏，後嫁得郎君，否泰如天地，足以榮汝身。不嫁義郎體，其往欲何云？」

蘭芝仰頭答：「理實如兄言，謝家事夫婿，中道還兄門，處分適兄意，那得自任專？雖與府吏要，渠會永無緣！」登即相許和，便可作婚姻。

媒人下牀去，諾諾復爾爾。還部白府君：「下官奉使命，言談大有緣。」

府君得聞之，心中大歡喜，視曆復開書：「便利此月內，六合正相應，良吉三十日，今已二十七，卿可去成婚！」

交語速裝束，駱驛如浮雲。青雀白鵠舫，四角龍子幡，婀娜隨風轉；金車玉作輪，躑躅青驄馬，流蘇金鏤鞍；齎錢三百萬，皆用青絲穿；雜綵三百疋，交廣市鮭珍；從人四五百，鬱鬱登郡門。

阿母謂阿女：「適得府君書，明日來迎汝。何不作衣裳？莫令事不舉！」

阿女默無聲，手巾掩口啼，淚落便如瀉。移我琉璃榻，出置前窗下。左手持刀尺，右手執綾羅。朝成繡裌裙，晚成單羅衫。晻晻日欲暝，愁思出門啼。

× × ×

府吏聞此變，因求假暫歸。未至二三里，摧藏馬悲哀。新婦識馬聲，躡履相逢迎。悵然遙相望，知是故人來。

舉手拍馬鞍，嗟歎使心傷：「自君別我後，人事不可量！果不如先願，又非君所詳。我有親父母，逼迫兼弟兄，以我應他人。君還何所望？」

府吏謂新婦：「賀卿得高遷！磐石方且厚，可以卒千年；蒲葦一時紉，便作旦夕間。卿當日勝貴，吾獨向黃泉！」

新婦謂府吏：「何意出此言？同是被逼迫，君爾妾亦然。黃泉下相見，勿違今日言！」

執手分道去，各各還家門。生人作死別，恨恨那可論？念與世間辭，千萬不復全！

府吏還家去，上堂拜阿母：「今日大風寒，寒風摧樹木，嚴霜結庭蘭。兒今日冥冥，令母在後單。故作不良計，勿復怨鬼神。命如南山石，四體康且直！」

阿母得聞之，零淚應聲落：「汝是大家子，仕宦於臺閣，愼勿爲婦死，貴賤情何薄！東家有賢女，窈窕豔城郭；阿母爲汝求，便復在旦夕！」

府吏再拜還，長歎空房中，作計乃爾立。轉頭向戶裏，漸見愁煎迫。

其日馬牛嘶，新婦入青廬。奄奄黃昏後，寂寂人定初，「我命絕今日，魂去尸長留。」攬裙脫絲履，舉身赴清池。

府吏聞此事，心知長別離；徘徊庭樹下，自掛東南枝。

兩家求合葬，合葬華山傍。東西植松柏，左右種梧桐，枝枝相覆蓋，葉葉相交通。中有雙飛鳥，
自名爲鴛鴦，仰頭相向鳴，夜夜達五更。行人駐足聽，寡婦起彷徨。多謝後世人，戒之愼勿忘。

× × ×

這詩共三百五十七句，長一千七百八十五字，是中國第一首五言的長詩，寫焦仲卿和劉蘭芝一對恩愛的夫婦被迫離婚終而殉情的故事。造成這悲劇的原因，不是由於命運的捉弄或性格的缺陷，而是由於當日的社會制度。這詩反映出舊日家庭組織的缺點，婆媳的難以融洽相處，男女婚姻的不能自主，媳婦在家庭中處於無酬苦工的地位，以及當日社會的背景，與結婚的習俗：這是這詩成功的一點。但在文字方面，孔雀東南飛仍有許多優點值得提出：

(1)它是以對話爲主體。用對話敘述故事的發展，情節的變化。對話的分量，約佔全詩三分之二，雜述八九人的口語，却能各肖其人的聲容情思，極自然生動。

(2)對人物的情態與性格的描寫，也都淋漓盡致，逼眞可愛。

(3)長詩本來很難寫得好：但這首詩却能在平平的敘述中，使故事曲折多姿，炫人心目；在質樸的文字中，却能處處點染出妙筆華詞，如「妾有繡腰襦，……種種在其中」寫新婦衣物的一段，又如「雞鳴外欲曙，……精妙世無雙」寫嚴妝的一段，又如「交語速裝束，……鬱鬱登郡門」寫置辦粧奩的一段，都非常綺麗，使全詩不因直敘平鋪，流於俚俗無味。在剪裁方面，也利落得當，沒有冗漫拖沓的地方，也沒有草率了事的毛病。雖然有些人還嫌它有些地方不能「宛述備陳」「從容攄寫」（見陸時

雍詩鏡總論）；這是由於他未能了解詩歌的特質，是用美的情調貫穿的，與寫實文學有一段距離。若處處詳寫其情，詳敍其事，詳明其交待；其結果是情盡事明、交待淸楚後，而讀來亦味同嚼臘矣。

(4)在悲愴之中，復極溫厚。如「憶我初來時，……嬉戲莫相忘。」寫別小姑一段的對話，很可見到中國婦女溫柔敦厚的性格。

這是孔雀東南飛突出衆作的地方。明王世貞藝苑巵言說：「孔雀東南飛，質而不俚，亂而能整，敍事如畫，敍情若訴，長篇之聖也。」的確是最恰當的批評啊！

魏晉詩研究

魏晉詩研究

緒說

魏、晉是承接東漢建安的時代，共兩百年（西元二二〇——四一九），在中國歷史上，可以說是內有政爭篡奪、外有異族侵犯的大動亂時代。魏、晉文學深受這種時代環境的影響，形成它的浪漫性。我這「魏晉時代詩人與詩歌」的論文集，蓋就當時重要有名的詩人，如魏代的曹叡、繆襲、左延年、何晏、應璩、嵇康、阮籍、劉伶，西晉的傅玄、傅咸、張華、張載、張協、潘岳、潘尼、陸機、陸雲、左思、左貴嬪、石崇、劉琨，東晉的郭璞、孫綽、許詢、陶潛等二十五人，分別論述他們的生平事蹟與詩歌的寫作時代，產生背景，詳細內容與文學價值。由於他們的作品與所處時代，有密切的關係，因此這裏先將魏晉時代環境的演變，作者的境遇與詩歌發展的情形，加以闡述。

曹丕篡漢建立魏國後，建安時代的詩人大都凋謝，只有曹丕、曹植在世，繼續創作；因此魏初文學仍然沿襲着建安渾厚的詩風（曹丕、曹植作品，因本人另有「建安詩研究」，收於其中，所以這裏不加論介）。這時，天下分裂爲魏、蜀、吳三國。到魏明帝曹叡時，四海依舊分崩，屢興兵戎，吳蜀來犯，殆無寧歲；明帝很有才藻，時常度曲制詩，寫伐吳的功業，頗壯盛典雅，風流可懷；所以他能够和魏武帝曹操、魏文帝曹丕，並稱「魏氏三祖」。他雖然不如其他二祖；但是他在文帝黃初中，由於生母甄后被郭貴嬪譖害賜死，悲憤不平，遂託物懷思，作詩諷諫，所謂「長歌哀鳴」，「愴深孤燕」，也極感人。繆襲，是明帝太和時才學之臣，奉命擬漢短簫鐃歌作魏鼓吹曲十二首，歌頌三祖的武功盛德；並造悲哀的挽歌，而見稱晉代。左延年，妙音樂，善鄭聲，曾改定杜夔傳下來的騶虞、伐檀、文王等三曲；所作「秦女休行」詠烈女爲宗報仇，自然質樸，平淡有力。這時詩歌仍承建安之餘緒。

在詩史上，魏明帝以後，進入正始時代。「正始」是魏齊王的年號。何晏、嵇康、阮籍、劉伶都是這時的詩人。但在政治上，由於明帝青龍後，盛營宮館，浪費無度，致財竭民疲；加以明帝病篤忍死，託後事於司馬懿，使與曹爽並輔少主，加強了司馬懿的政治地位。魏齊王芳卽位時，年僅八歲。曹爽爲大將軍，可是昏庸寡斷，雖然網羅了一時名士何晏、鄧颺、李勝、丁謐、畢軌，想要改革立功，因所圖太大，不爲時俗所喜，又由於人心積相猜忌，於是形成曹魏與司馬二家政爭的局勢。司馬氏乃陰蓄死士，伺機生變。何晏之徒，雖身居高位，心實懷憂懼，於是縱酒作樂，逃避現實，並與王弼倡導玄風，妙言老莊，蔚成時風，老莊遂取代儒家，成爲魏、晉人思想的主流。何晏詩：「鴻鵠比翼遊，常畏大網羅。」懼禍之情，溢於言表。應璩爲曹爽長史，作百一詩，借用古語，規諷時事，拙樸質直。晉詩一派如嵇含、阮侃、嵇紹、棗據等人，深受何晏、應璩的影響，作詩平典而不失古風，和張華、陸機的華美之體不同。

魏正始十年（二四九），司馬懿發動兵變，曹爽、何晏、鄧颺、丁謐、畢軌、李勝、桓範、曹羲、曹訓等，都像几上之肉，被夷三族，可謂慘烈至極。嘉平六年（二五三），司馬師又誅名士夏侯玄、李豐等人。九月，魏帝被廢爲齊王；魏朝雖存，政柄已失。繼位魏高貴鄉公髦，又爲司馬昭所弒；再立魏常道鄉公奐，終在咸熙二年（二六五）禪位於司馬炎。魏朝遂亡。在魏晉交替黨派對立鬥爭激烈的時代裏，動輒滅族，令人寒心。何晏揮麈談玄，尙難逃滅門之禍。當時文人爲保全生命，自然走上老莊的無爲，楊朱的縱欲，方士的求仙，許由的高蹈，沮溺的耦耕，孔子的知命，釋氏的厭世的路子，追求生活的自由、浪漫、放縱來逃避現實，於是形成縱酒逸樂，養生服藥，散髮裸袒，不重體法，寄情田園，隱遁山林，爲中國浪漫主義全盛的時代。嵇康與阮籍是這個時代中代表的詩人。三國志注引魏氏春秋說：

「嵇康寓居河南之山陽縣，與之遊者，未嘗見其喜慍之色；與陳留阮籍、河內山濤、河南向秀、籍兄子咸、瑯琊王戎、沛人劉伶，相與友善，遊於竹林，號爲七賢。」

因此後人稱嵇康、阮籍、山濤、向秀、阮咸、王戎、劉伶七人，爲「竹林七賢」，或「竹林名士」。七人中山濤、向秀、王戎、阮咸四人，都沒有詩篇流傳下來；劉伶也只傳下「北芒客舍」一首，寫夜半聞笛，愁歎頓消的感情。劉勰在文心雕龍明詩篇中，說：

「正始明道，詩雜仙心；何晏之徒，率多浮淺；惟嵇志清峻，阮旨遙深，故能標焉。」

嵇康，正始中娶曹操曾孫女長樂亭主做妻子；因此和魏室有姻親關係，爲着避禍遠害，他引退山林，鍛鐵採藥，然仍不免以「呂安案件」牽連下獄，終於被殺。他的詩多寫與兄偕隱塵外的快樂，兄被網羅出仕後的感傷，以及老莊高蹈的道理；如「目送歸鴻，手揮五絃。」韶秀清遠，未之前見；僅下獄後作幽憤詩，憤慨峻切，有傷淵雅之致。阮籍本懷濟世大志，以處二朝交替之際，因此縱情於酒，而求自全。他以五言詠懷，著稱於世，常慮禍患，多作象徵之言，「志在刺譏，而文多隱避」，文采艷逸，寄託遙深，故雖隱晦費解，而不失爲一代的名手啊。

晉武帝篡魏時，蜀漢已亡二年，剩下江南孫吳，已不足爲患，可說天下太平，因此泰始二年（二六六）開始郊祀天地；營建太廟，砍伐荆山木材，採鑿華山岩石，鑄造銅柱十二，塗以黃金，鏤以百物，綴以明珠；並在南北郊舉行二至的祀典，又遷神主於太廟；詔令朝臣製作郊廟宮廷的各種樂章舞曲，歌頌大晉的功德，於是傅玄、張華、荀勗、成公綏等都成了泰始時代的宮廷詩人。傅玄還模倣民歌，製作歌詩，敍述故事，恬適淸俊，寄託思情，宛轉纏綿。張華歌詠的範圍很廣，遍及遊獵、俠客、勵志、抒情、游仙、招隱等，文字妍冶華艷；他寫男女的愛情，尤穠麗懇切，前人評謂：「兒女情多，風雲氣少」，至於像「屬耳聽鶯鳴，流目玩儵魚」之類，都是像明珠一般的好句子，陸機擧體華美，應該是受他的鼓勵；同時他也是晉武帝太康中詩壇上的名詩人。

泰始後就是太康時代。這時有名的詩人，除張華外，還有張載、張協兄弟，陸機、陸雲兄弟，潘岳、潘尼叔姪，左思等人，就是鍾嶸詩品所謂「三張、二陸、兩潘、一左」；此外還有傅咸、石崇、歐陽建、何劭、孫楚、王瓚、張翰、曹攄、郭泰機、嵇含、王濟、嵇紹、棗據諸人，可謂極一時之盛。鍾嶸說：「亦文章之中興也。」太康爲西晉的盛代；太康元年，東吳也被晉人所滅，天下統一。但這個盛代很短，武帝一崩，惠帝繼位，愚騃無能，大權旁落，於是引致賈后八王，爭權作亂，前後二十多年（二九〇——三一二），內戰死者數十萬人，精英都盡，邊胡乘隙入侵，遂致懷帝永嘉五年，洛京爲匈奴人攻破的大變。這些詩人大都是成名於太康時代，而死於惠、懷動亂之時。如：張華、潘岳、石崇、歐陽建就是被趙王倫所殺，陸機、陸雲被成都王穎所收殺。因此當時時代盛衰的影子與個人成敗的境遇，還可以由他們的作品，依稀反映出來。如張載詩多感慨人生，悼亡傷別；「七哀」一首，敍東漢皇帝在北芒山陵墓，在晉季喪亂的時代裏被人盜掘破壞，就寫出了那個亂代的悽愴與人生的無常觀。張協，在諸王相攻時，守道隱居，以屬詠自娛，在三張中，詩才最高，文體華淨，風流調達，寫秋夜閨思，君子遠役等，都是華采俊逸，透脫絕人的詩篇。潘岳，辭藻絕美，好像「翔禽之有羽毛，衣服之有綃縠」，悼念亡妻，宛轉曲折，感情最深。潘尼，早期多爲贈答應制之作，文彩高麗；至於惠帝永興二年（三〇五）的迎大駕詩，暗寄世亂退隱的心意了。陸機、陸雲二人，生於江南世家，祖父遜，父親抗，都是東吳的名將，吳國滅亡後，退居華亭，太康末徵召入洛，爲張華所激賞；兩人雖然並名，雲詩實不能和機作相比。陸雲四言大多是篇幅冗長，追稱先人功業的作品，只是文筆庸腐，又缺乏詞采，不能很生動地表現出乃祖乃父的英雄事蹟。陸機寫詩的範圍較廣，喜用俳語偶句，圓穩華贍，亦無高致深情；喜歡他的人贊美他，說：「才高詞贍，舉體華美」；不喜歡他的，或譏之呆板，以爲俳偶雕刻，有失詩體。他這種滿篇駢儷，實沿曹丕、王粲而來，到他趨於全盛，遂開出俳偶一家，對梁、陳專講對仗的詩風，影響很大。左思於泰始八年(二七二)，隨妹左芬到洛陽，除悼離贈妹詩，爲送妹入宮爲修儀時作，其餘大都是在洛陽時所寫，或藉詠史以述懷，抒其鬱結，豪放沈雄，或託招隱而言志，寄其高蹈，優美自然；讀來令人超脫神往。思妹芬，入宮爲武帝貴嬪，啄木離思，也深有情致。傅咸，玄子，剛簡有大節，官至司隸校尉，有七經詩，都是規已誡人的格言。石崇作樂府歌詩：「王明君辭」抒伊人的離思哀情，「思歸引」言自己的遊樂生活，都頗有漢人的古調。至於如孫楚的「零雨」，王瓚的「朔風」，張翰的「黃華」，郭泰機的「寒女」，也都是聞名文苑的佳構；何劭的淸雋，曹攄的宛轉，嵇含、嵇紹、棗據的溫厚質樸，各有他們特有的風標，也有一二可誦的篇章。

太康之後，詩史上有永嘉之稱。自永嘉至建興，短短的幾年，却是一個大動亂的時代，懷、愍二帝相繼爲匈奴劉曜俘虜北去；於是西晉淪亡。晉元帝建都建康（今江蘇南京），是爲東晉，中州人士多遷往江南。這時，詩人有劉琨、郭璞。劉琨自永嘉元年（三〇七）爲幷州刺史，就轉戰匈奴叢聚的區域，出入幷、幽之間，後爲段匹磾所猜嫌，遂被害，扶風歌、答盧諶詩，都是他處艱危喪亂之際所作，故多英雄失路、感恨悲涼之詞，在悽戾酸楚之中，有淸剛激越之氣。盧諶，爲劉琨別駕，亦善作詩文。郭璞，也生在這個亂世，避難江東，明帝時爲王敦所害，詩多藉游仙而言中懷，或抒逃世之情，或寫神仙境界之美，文采艷逸，超過潘岳，一變永嘉平淡的詩體，意境高遠，比起後來孫綽、許詢、桓溫、庾亮枯淡的作品高明多了，所以稱爲「中興第一」。

自永嘉以來，天下動亂，俗貴黃老，尙虛談；西晉王濟之輩的詩篇，都是著重於表現道家的思想，于時篇什，理過其辭，淡乎寡味。到了江南，玄風尙傳，無論孫綽的才藻，許詢的恬淡，劉惔的清蔚，王濛的溫潤，桓溫的高賞，庾亮的雅達，猶自相襲。詩品說：「孫、許、桓、庾諸公，詩皆平典，似道德論」，又加三世之辭，詩騷之體盡矣（說取詩品、晉書、世說新語、續晉陽秋）。大體說來，孫綽的四言詩，多是說理談玄的文字，好像歌偈，枯淡乏味，晦澀難解。至於劉惔、王濛、庾亮的作品，今皆不傳。許詢的詠「竹扇」，桓溫的懷「八陣圖」，雖未言道談玄，讀來也很平淡無味。不過孫、許的一些殘句，却間有妍鍊的文詞。如剡溪詩話所引孫綽秋日詩：「疎林積涼風，虛岫凝結霄」，又引許詢詩：「丹葩耀芳蕤，綠竹蔭閑敞」，「青松凝素髓，秋菊落芳英」，「曲櫺激鮮飈，石室有幽響」，却是很會描寫大自然優美恬淡的景狀的好句。

永嘉這種玄虛之風，到了晉安帝隆安、義熙時，謝混、殷仲文、陶潛出來，才爲之改變。謝、殷的作品，以華綺著稱。沈約說：「仲文始革孫、許之風，叔源（謝混）大變太玄之氣。」劉大杰說：「殷詩玄氣未除，謝作清新絕少，眞能獨樹一幟，一洗當日枯淡的風氣，使詩歌重回於意境情韻，是陶淵明。」

晉安帝卽位後，大臣會稽王道子及世子元顯專政，招權納賄，政治黑暗，世局動蕩不安，先有王恭等稱兵反；中繼有海賊孫恩、盧循，擄掠各地；後又有桓玄叛亂篡位；劉裕討平桓玄，繼又專橫，終於代晉。戰爭黨禍，盜賊飢荒，瀕臨人間。陶潛生於這樣的季世，在安帝義熙元年（四〇五）自動辭官，歸隱田園，成爲文學史上最偉大的隱逸派田園詩人，別創質野、沖淡、敦厚、曠遠、浩瀚的風格，作品約可分爲詠懷、贈答、田園、飲酒、詠史、說理六大類；集合了正始詩風的大成，與晉太康以來注重浮艷華美、駢詞儷句的文風，迥然不同，成爲兩漢以還的第一等大詩人。

現在，將魏、晉時代有名的詩人與詩歌，分別論述如下。

甲、魏朝時代

一、曹叡（二〇五——二三九）

曹叡字元仲，魏文帝丕太子，甄后所生。天姿秀出，好學多識。漢獻帝延康元年（二二〇），封武德侯，年十五。魏文帝黃初二年（二二一）封齊公。叡母甄后，原袁熙婦，姿貌絕倫；曹操破鄴，與丕爲妻；丕卽位，立爲皇后，時爲郭貴嬪譖害賜死。這事對叡刺激甚深，悲憤不平，因此久不得立爲太子。三年封平原王。至七年（二二六）五月，文帝病篤，始立爲嗣。未幾卽位，爲魏明帝。嗣位之後，頗能禮遇大臣，處以方任，容納直言，有君人之量。當時，吳蜀來犯，殆無寧歲，叡則以司馬懿拒蜀；孫權攻合肥，則自將擊退之；公孫淵反於遼東，命懿討斬之。然青龍後，盛營宮館，留意玩飾，賜與無度，財竭民罷，歿後政權遂漸歸司馬氏。景初三年（二三九）崩，在位十三年。明帝頗愛文學，盛有才藻，時雖屢與兵戎，亦常度曲制詩，故能與魏武帝曹操、魏文帝曹丕，並稱「魏氏三祖」（註一）。鍾嶸詩品批評：「叡不如丕。」隋志有集七卷，今存樂府詩十二首。內容主要寫伐吳功業與託物懷思。曹叡的託物懷思之作，大多模擬古作，以寓諷諫。如：玉臺新詠所錄樂府詩，叡作「昭昭素月明」，就是從古詩十九首「明月何皎皎」翻出；「種瓜東井上」，是由十九首「冉冉孤生竹」翻出。至步出夏門行，大抵雜集並改變曹操與曹丕的詩句而成；如：陸侃如中國詩史二九五頁所讚美的「『丹霞蔽日，彩虹帶天，弱水潺潺，落葉翩翩，孤禽失羣，悲鳴其間。』這些表示出一種特殊的風格，頗能脫離三百篇的束縛」的名句，與「月盈則沖，華不再繁。古來之說，嗟哉一言」等十句，均採自曹丕丹霞蔽日行，略改動數字而已（註二）；又「烏鵲南飛，繞樹三匝，何枝可依」三句，則曹操短歌行中語也。曹叡除上述三首外，還有長歌行、猛虎行兩首，大都是用比興的手法，抒寫懷傷、感憤、諷諫的情感。王夫之、朱嘉徵、朱乾、陳祚明、黃節等大都認爲這些作品跟他的母親甄后之遭魏文帝屏棄賜死事有關連。其中以長歌行最爲感人：

「靜夜不能寐，耳聽衆禽鳴。大城育狐兔，高墉多鳥聲。壞宇何寥廓，宿屋邪草生。中心感時物，撫劍下前庭。翔佯於階際，景星一何明？仰首觀靈宿，北辰奮休榮。哀彼失羣燕，喪偶獨煢煢。單心誰與侶，造房孰與成？徒然喟有和，悲慘傷人情！余情偏易感，懷往增憤盈。吐吟音不徹，泣涕沾羅纓。」

這首寫靜夜不寐，徘徊庭階，明星綴空，聽到失偶的孤燕，形單無侶，徒然哀鳴，而勾起自己對往事的懷念與悲憤。有人評謂：「其聲慘愴，不忍卒讀。」陳祚明說：「應感母氏之屏居，故愴深孤燕，不能自已。」再看他的種瓜篇：

「種瓜東井上，冉冉自踰垣。與君新爲婚，瓜葛相結連。寄託不肖軀，有如倚太山。兔絲無根株，蔓延自登緣。萍藻託清流，常恐身不全。被蒙丘山惠，賤妾執拳拳。天日照知之，想君亦俱然。」

這首詩先由「種瓜東井上，冉冉自踰垣」二句起興，次寫與君新婚，感情親密，好像瓜葛結連，自以爲今後終身有靠如倚太山；但想起自己身世的可憐，能得託身於君，好似無根兔絲，自蔓延攀緣；然而又常懼君意轉移，終不能自全，就像萍藻寄託清流，常隨風而東西；然今感君厚愛，惠同丘山，賤妾固牢記於心，此情唯天日鑒照知道，想君亦必如是：全部用比喻象徵的寫法，表現一個女人對丈夫的深篤的愛情與複雜的心理。前人以爲此詩當作於魏文帝黃初初年，其母甄后被廢時。所以朱嘉徵說：「或曰引喻深痛，明帝感母后之事而作。」

朱乾說：「當是擬甄后塘上行之作，意主昭雪母冤，感悟其父」，寫來「不露一毫悲憤，使讀之者自動，可謂善於立言矣。」王夫之說：「怨詩不作怨語。」至猛虎行：「上有雙棲鳥，交頸鳴相和。何意行路者，秉丸彈是窠。」也是這一類感事喻情的作品。可見他對母后被廢賜死感懷之深。集中歌詠伐吳功業，有櫂歌行、苦寒行、善哉行等。櫂歌行作於黃初三年叡爲平原王時，歌頌魏文帝南征東吳，故詩中有「皇上悼愍斯，宿昔奮天怒」句。苦寒行與善哉行，均青龍二年（二三四）征吳時作。苦寒行寫過龍陂城故壘，悼念他的祖父曹操。操於建安二十四年冬駐軍龍陂（註三），二十五年春還洛陽崩；綜其生平最後陳兵，乃在龍陂；明帝重經其地，追懷乃祖，所以有「徒悲我皇祖，不永享百齡」之歎（說取黃節魏明帝詩註）。善哉行兩首在這幾篇中寫得較好。今錄一首：

「我徂我征，伐彼蠻虜。練師簡卒，爰正其旅。輕舟竟川，初鴻依浦。桓桓猛毅，如羆如虎。發砲若雷，吐氣成雨。旄旌指麾，進退應矩。百馬齊轡，御由造父。休休六軍，咸同斯武。兼途星邁，亮茲行阻。奔寇震懼，莫敢當御。權實豎子，備則亡虜，假氣遊魂，魚鳥爲伍。虎臣列將，怫鬱充怒。淮泗肅清，奮揚微所。運德耀威，惟鎮惟撫。反旆言歸，告入皇祖。」（宋書樂志分爲八解，無「權實豎子」至「魚鳥爲伍」四句）。

按三國志魏志明帝紀：「青龍二年五月，孫權入居巢湖口，向合肥新城，又遣將入淮沔。七月，帝親御龍舟東征。權遁走。」這首就是魏明帝在這一戰役凱旋時所作，寫東征孫權的兵威，頗壯盛典雅。另一首結語有「願君速捷早旋歸」，正如朱乾所言「乃是遣將之作」也。

（註一）王僧虔技錄：「魏氏三祖，風流可懷。」沈約宋書謝靈運傳論：「三祖陳王，咸蓄盛藻。」

（註二）曹丕丹霞蔽日行：「帶」字作「垂」，「弱」字作「谷」，「落葉」作「木落」，「其」字作「雲」，「之說」作「有之」，「哉一」作「我何」。

（註三）龍陂，原名摩陂。三國志魏志明帝紀：「青龍元年正月，青龍見郟之摩陂井中。二月，幸摩陂觀龍，於是改年，改摩陂為龍陂。」

二、繆　襲（一八六——二四五）

繆襲字熙伯，東海蘭陵（山東嶧縣附近）人。父斐為東漢末名儒。襲亦有才學，多所著述。建安時，辟御史大夫府。歷事曹操、魏文帝、明帝、齊王四世，官至尚書光祿勳。於魏齊王正始六年（二四五）卒，年六十，隋志有列女傳讚一卷、集五卷，詩今存魏鼓吹曲十二首、挽歌一首。魏鼓吹曲十二首，係擬漢時樂曲短簫鐃歌，歌頌曹魏的武功盛德：第一首楚之平擬漢朱鷺，言漢末大亂，武皇曹操起兵，平定天下之功德也，古今樂錄作初之平，第二首戰滎陽擬漢思悲翁，言山東諸侯討董卓，衆疑無計，獨操與卓部徐榮戰於滎陽也；第三首獲呂布擬漢艾如張，言操東圍臨淮，生擒呂布也；第四首克官渡擬漢上之回，言操破袁紹於官渡也；第五首舊邦擬漢翁離，言操勝紹於官渡後，還譙祭告陣亡士卒也；第六首定武功擬漢戰城南，言操擊袁尚，決漳破鄴，武功奠定，始於此時也；第七首屠柳城擬漢巫山高，言操越北塞，歷白檀，破三郡烏丸於柳城也；第八首平南荆擬漢上陵，言操南平荆州，劉琮投降也；第九首平關中擬漢將進酒，言操征馬超，定關中也；第十首應帝期擬漢有所思，言文帝曹丕受漢禪讓，應運爲君也；第十一首邕熙擬漢芳樹，言魏氏臨國，君臣邕穆，庶績和熙也；第十二首太和擬漢上邪，言太和元年，明帝登位，德澤流布也。晉書樂志：「漢時有短簫鐃歌之樂，…………多序戰陣之事；及魏受命，改其十二首，使繆襲爲詞。」按繆襲生於漢靈帝中平三年（西元一八六），曹操與卓將徐榮戰滎陽，事在漢獻帝初平元年（一九〇），襲才五歲，自不能作詞歌頌。細讀這十二首曲辭，稱曹操爲「武皇」「神武」，如「赫武皇」（楚之平）、「賴我武皇」（戰滎陽）、「神武慹海外」（屠柳城）、「劉子面縛至，武皇許其成」（平南荆），曹丕於黃初元年（二二〇）受漢禪讓，即位稱帝，始追尊操爲武皇帝；曲辭中又稱曹丕爲「文皇」，如「於昭我文皇」（應帝期）；而稱明帝曹叡，則爲「皇帝」，如「惟太和元年，皇帝踐阼」；由此顯見繆作十二首魏鼓吹曲辭，當爲魏太和元年（

二二七）明帝即位時所作，有關操與丕事，皆追頌之作。至郭茂倩樂府詩集卷十八，引晉書樂志作解題說：「魏武帝使繆襲造鼓吹十二首，以代漢曲。」這是郭氏以私意竄改晉書樂志的原文，或以爲魏曲大多歌頌魏武功業，就以爲「魏武帝使繆襲造」，實在大謬，所以不惜改動晉志的文字，以致貽誤後人。繆襲的魏鼓吹曲，都是歌功頌德的史詩，雖然寫得不很高明，但跟他所作的挽歌，在南朝時却是同樣的有名。如劉勰文心雕龍樂府篇說：「漢世鐃挽，雖戎喪殊事，而並總入樂府；繆襲所致（致當作制），亦有可算焉。」鍾嶸詩品將繆襲列於下品說：「熙伯挽歌，惟以造哀爾。」現將所作挽歌，引錄如下：

「生時遊國都，死沒棄中野。朝發高堂上，暮宿黃泉下。白日入虞淵，懸車息駟馬。造化雖神明，安能復存我？形容稍歇滅，齒髮行當墮。自古皆有然，誰能離此者？」

這首悲哀人的生命短促，終歸於死。大概此詞造成後，爲時人所通用，所以昭明文選亦錄於卷二十八。

三、左延年

左延年，生卒里籍不詳，官中郎將，妙音樂，善鄭聲（見三國志杜夔傳），能譜曲作詞。曹操使杜夔製定雅樂，傳鹿鳴、騶虞、伐檀、文王等曲，皆古聲辭。魏黃初中，延年以新聲被寵；於魏明帝太和時（二二七——二三二），改杜夔前所定的騶虞、伐檀、文王三曲，另作聲節，與古調不同。後人又改三篇行禮詩：第一首於赫篇詠魏武帝，與鹿鳴古曲同；第二首巍巍篇詠魏文帝，用延年改作的騶虞曲；第三首洋洋篇詠魏明帝，用延年改作文王曲（見晉書樂志上）。他作的樂曲可能是很成功的，所以才能受人尊寵採用。所作的歌辭，今傳有從軍行和秦女休行。從軍行是一首闕詩：

「苦哉邊地人，一歲三從軍。三子到敦煌，二子詣隴西。五子遠鬥去，五婦皆懷身。」

（下闕）

後來，杜甫石壕吏、白居易新豐折臂翁都是這一類的作品。因爲是殘篇，無法比其優劣。秦女休行是一首很傑出的敘事詩：

「始出上西門，遙望秦氏廬。秦氏有好女，自名爲女休。休年十四五，爲宗行報讎，左執白楊刃，右據宛魯矛。讎家便東南，仆僵秦女休（此十字不可讀，疑有錯誤）。女休西上山，上山四五里，關吏呵問女休。女休前置詞：『平生爲燕王婦，於今爲詔獄囚；平生衣參差，當今無領襦。明知「殺人當死」，兄言怏怏，弟言無道憂；女休堅辭：「爲宗報讎，死不疑！」』殺人都市中，徼我都巷西。丞卿羅列東向坐，女休悽悽曳梏前。兩徒夾我持，刀刃五尺餘。刀未下，朣朧擊鼓赦書下。」（樂府詩集收於卷六十一雜

曲歌辭，刀刃，一作刀刀）

這首大略說秦女休爲宗報讎的義烈，殺人都市中，雖然被判死罪，終於得到赦免。文字自然質樸，平淡有力。曹植鼙舞歌精微篇說到「女休逢赦書，白刃幾在頸。」植作鼙舞歌係根據漢章帝所作舊曲改寫，精微篇歌詠古代賢女的故事，除秦女休外，還有杞梁妻的哭夫，蘇來卿的報讎，緹縈的救父，女娟的下嫁趙簡子。而漢章帝的鼙舞歌關東有賢女卽詠蘇來卿事，班固詠史詩卽詠緹縈事，爲曹植所模倣。左延年作秦女休行，當亦如曹植一樣，都是取材漢人流傳下來的故事詩。黃節以爲「女休報讎，事當在漢代」（見漢魏樂府風箋）。後人以秦女休爲作樂府詩題材的還有晉傅玄和唐李白。

四、何　晏（？——二四九）

何晏字平叔，南陽宛（河南南陽）人，何進孫。父咸早卒，建安初曹操爲司空納其母尹氏爲夫人。晏明惠若神，形貌絕美，操奇愛之，收養爲假子。後尙魏金鄉公主，賜爵列侯。性無顧憚，魏文帝特憎之，黃初之際，無所事任。至魏齊王正始元年，大將軍曹爽用爲侍中、吏部尙書，主選擧，宿舊多得濟拔。與鄧颺等同佐爽，謀剷司馬懿。十年（卽嘉平元年，西元二四九）正月，坐爽黨，被懿所殺（事分見三國志曹爽傳、盧毓傳、管輅傳，魏略，魏末傳，世說新語）。晏好言莊老，辭理巧妙；魏、晉玄風，因之而起。正如劉勰所說：「迄至正始，何晏之徒，始盛玄論，於是聃、周當路，與尼父爭塗矣。」（見文心雕龍論說篇）。晏著作甚富，隋志有論語集解十卷、老子道德論二卷、集十一卷。詩今存五言擬古（鴻鵠比翼遊）與失題（轉蓬去其根）二首，詩意浮淺不足稱，可是由這兩首可以看出何晏在爽、懿政爭司馬氏潛謀代魏之際的心情。名士傳載：「是時曹爽輔政，識者慮有危機。晏有重名，與魏姻戚，內雖懷憂，而無復退也。著五言詩，以言志曰：『鴻鵠比翼遊，羣飛戲太清。常畏大網羅，憂禍一旦并。豈若集五湖，從流唼浮萍？永寧曠中懷，何爲怵惕驚？』蓋因輅言，懼而賦詩。」輅指管輅。按三國志管輅傳：正始九年十二月二十八日，輅爲何晏占卦詳夢，稱引易理，戒其謙損。這一首詩借鴻鵠比喻自己懼禍思退江湖的意思。然而無所避禍，只好縱情作樂，史稱他「好色」「縱酒」，當有他的原因啊！他的失題詩說：「且以樂今日，其後非所知」，也正是這種心境的表現。

五、應　璩（一九〇——二五二）

應璩字休璉，汝南（河南汝南）人。他博學好屬文，爲建安七子應瑒弟。魏明帝時，歷官散騎常侍。魏齊王卽位（二四〇）後，大將軍曹爽執政，多違法度；璩爲爽長史，作詩規諷。後爲侍中，典著作。於魏齊王嘉平四年（二五二）卒，年六十三，追贈衞尉。隋志有集十卷、梁又有應貞注應璩百一詩八卷，今存五言詩十二首，包括百一詩三首（見詩紀）又五首（見雜體詩集）、雜詩三首（廣文選作應瑒作，藝文類聚作應璩）、三叟詩一首（見藝文類聚）。他的詩質直拙樸，喜借古語，用伸事理。如雜詩一：

「細微可不愼，隄潰自蟻穴。腠理早從事，安復勞鍼石？哲人覩未形，愚夫闇明白。曲突不見賓，燋爛爲上客。思願獻良規，江海倘不逆。狂言雖寡善，猶有如雞跖；雞跖食不已，齊王爲肥澤。」

「隄潰自蟻穴」，語出韓非子喻老篇，喻人應特別注意細微的地方。曲突，語出漢書霍光傳，喻人多未能聽人善言，而防患未然。雞跖，語出呂氏春秋用衆篇：「善學者若齊王之食雞，必食其跖，數千而後足，」喻取道需多，才能博識多智。由此可見應璩喜借古語申述今情，正如蕭子顯南齊書文學傳論所評述。因爲他文辭質直，愛用古語，和魏文帝煌煌京雒行、折楊柳行用鄙質之言議論故事者相近；又微傷于媚，和魏文帝美贍可翫，更其相類：所以鍾嶸詩品將應璩與魏文帝詩同列中品，說他「祖襲魏文，善爲古語，指事殷勤，雅意深篤，得詩人激刺之旨。至於『濟濟今日所』，華靡可諷味焉。」若據他現存的詩篇看來，是不能跟魏文帝比美的；也許在他佚亡的作品中有些佳構。在魏正始時代，璩作最有名的就是張方賢所說「譏切時事，遍以示在事者，咸皆怪愕，或以爲應該焚棄」的百一詩（見楚國先賢傳）。所謂百一者，含義頗晦，前人有種種解釋：

(1)張方賢楚國先賢傳：「應休璉作百一篇詩，譏切時事。」以爲他作有一百零一篇詩，所以稱做百一詩；但李充翰林論則說：「休璉作五言詩百數十篇，以風規治道。」孫盛晉陽秋說：「璩作詩百三十篇，言時事頗有補益。」據此二文，應璩所作似不止百一篇也。

(2)宋王儉七志：「璩集謂之新詩，以百言爲一篇，或謂之百一詩。」然現存百一詩，除文選所載「下流不可處」百字外，餘多爲二十字、四十字，並無超過百字以上。其後，梁何遜有擬百一體，所謂「靈輒困桑下，於陵拾桑螬。」其詩一百一十字，恐泥於七志之說而作者。

(3)沈建樂府廣題：「百者數之終，一者數之始。士有百行，始終如一，故言百一。」此說更爲牽強附會。

(4)文章錄：「曹爽多違法，璩爲是詩以諷焉，意者以爲百分有一補於時政。」（見文選五臣注引，此解亦見宋葛勝仲丹陽集）。

(5)百一詩序：「時謂曹爽曰：『公今聞周公巍巍之稱，安知百慮有一失乎？』百一之名，蓋興於此也。」（見文選李善注引）。(4)(5)兩說，似稍得當。

前人觀文選所載應璩百一篇，以爲略不及時事；此說不確；其實據今存的幾首內容看來，不能說應璩沒有譏諷時事的意思。如：

「室廣致凝陰，臺高積來陽。奈何季世人，侈靡在宮牆。飾巧無窮極，土木被朱光。徵求傾四海，雅意猶未康。」

就是譏評時人的大興土木，窮極奢靡。又如：

「漢末桓帝時，郎有馬子侯。自謂識音律，請客鳴笙竽。爲作陌上桑，反言鳳將雛。左右僞稱善，亦復自搖頭。」

這篇借馬子侯以陌上桑爲鳳將雛，左右的僞稱善，及馬子侯的搖頭欣喜，自鳴不凡，暗暗諷刺世情的虛僞，俗士的虛驕。又如：

「郡國募將士，馳騁習弓戟。雖妙未更事，難用應卒迫」。

評當時練兵政策，言將士多缺乏實際的作戰經驗，難用以應付緊急的事變。諸如此類，都是譏切時事的作品。所以劉勰讚美他這種不畏權勢直言正道的精神說：「若乃應璩百一，獨立不懼，辭譎義貞，亦魏之遺直也。」（文心雕龍明詩篇）。至於如昭明文選卷二十一所收的一首：

「下流不可處，君子愼厥初。名高不宿著，易用受侵誣。前者隳官去，有人適我閭。田家無所有，酌醴焚枯魚。問我何功德？三入承明廬。所占於此土，是謂仁智居。文章不經國，筐篋無尺書。用等稱才學，往往見歎譽。避席跪自陳，賤子實空虛。宋人遇周客，慚愧靡所如。」

這一首是自誨之作。黃庭鵠古詩冶認為：「『下流不可處』，本譏朝士，而借己以諷，亦微而婉矣。」

六、嵇　康（二二三——二六二）

嵇康字叔夜，譙國銍（安徽宿縣）人，生於魏文帝黃初四年（二二三）。早孤，有奇才，曠邁不羣，身長七尺八寸，詞氣美，風儀佳，人以為龍章鳳姿，恬靜寡欲，含垢藏瑕，愛惡無爭於懷，喜怒不寄於顏，寬簡有大量，為學博覽，無不該通。長好老莊，喜游仙，曾修眞山中，服食上藥，著有養生論，以為「導養得理，以盡性命」，就可以長壽，「上獲千餘歲，下可數百年」，主張清虛寡欲，不營名位，弗吃厚味，平日但彈琴詠詩，求自足於懷罷了。

大概在魏齊王正始中（二四〇——二四八），他結婚娶魏沛穆王林的長樂亭主做妻子，算起來是魏武帝曹操的曾孫女壻；婚後，遷郎中，拜中散大夫。

當時魏室與司馬氏政爭極烈。正始八年，司馬懿稱疾，不與政事；十年（二四九）正月，突然發動政變，大將軍曹爽，尙書丁謐、鄧颺、何晏、司隸校尉畢軌、荆州刺史李勝、大司農桓範等，都被加上圖謀反逆的罪名，夷滅三族。於是軍政大權悉歸司馬氏，魏室的政治勢力一時瓦解。嵇康因爲跟魏宗室有姻親的關係，爲了避禍遠害，引退山林，閒居不仕，採藥煉丹，想益壽登仙。嘉平中（二四九—二五三，見聖賢羣輔錄），他和阮籍、山濤、劉伶、阮咸、向秀、王戎，住在山陽（河南修武），常爲竹林之遊，酣飲暢談，世稱「竹林七賢」，成爲一時盛事。此外，他和東平呂安也非常要好，往來很密切；安每一思康，則率爾命駕（見干寶晉紀）。還跟郭遐周、郭遐叔、阮德如……來往，有贈答之作。跟隱士孫登從遊於深山中。這時，他的遊踪所至，不過河東、潁川、汲縣、洛邑數地而已。他家貧，不治生業，性巧能鍛鐵，偶以謀雞酒之資，頗能自得其樂。

鍾會是當時著名的貴公子，爲司馬昭所寵信，聞康之名，前去拜訪。康正在大樹下鍛鐵，向秀替他鼓風搧火；鍾會「乘肥衣輕，賓從如雲」而至；他不爲之禮，仍鎚鐵不停，旁若無人，移時不交一言。問會說：「何所聞而來？何所見而去？」會說：「聞所聞而來，見所見而去。」於是鍾會銜恨於心。由此，可見他負才任性、輕時傲世的一斑。也許他心裏不喜歡見司馬一派的人物吧。後來，他終於被殺，跟他這次得罪鍾會也有很大的關係。其實他因與魏宗室婚姻關係，對司馬氏的專橫不滿的心理，已見於他三十四歲時所撰管蔡論中，他對當日毋丘儉、文欽起兵壽春，反對司馬氏，則隱予開脫辯護。

到了魏常道鄉公景元二年（二六一），他的母親及兄喜，都在這一年過世（與山濤絕交書有「吾新失母兄之歡，意常悽切。」），作有思親詩。這年山濤除吏部郎中，遷散騎常侍，想舉他自代，可能奉司馬昭的意思網羅他。他却因此去了一封長信，跟山濤絕交，自說：「不堪流俗，而非薄湯、武。」用譏司馬昭。世說新語棲逸篇注引嵇康別傳說：「蓋欲標不屈之節，以杜舉者之口耳」。他又說：

「今但願守陋巷，教養子孫，時與親舊，敍離闊，陳述生平，濁酒一盃，彈琴一曲，志願畢矣。」

由此，可見他當日身處亂世，欲求苟全性命的心境。

但沒想到次年，他就因呂安事件，被借故逮捕下獄。據干寶晉紀記載，大概情形是呂安，巽庶弟。巽染安妻。嵇康替他們排解，認爲家醜不可外揚，勸呂安容忍；沒料到巽却背言先下手誣告安誹謗，並說安打母親不孝。安牽引嵇康出來作證。他也義不負心，除了寫信跟呂巽絕交之外，並挺身出來爲安辯白。當時司隸校尉鍾會，惡康友巽，加以嵇康和魏宗室有親，又不肯受司馬氏羅致，已被猜忌。鍾會就藉此向大將軍司馬昭進讒說：

「康上不臣天子，下不事王侯，輕時傲世，不爲物用，無益於今，有敗於俗。昔太公誅華士，孔子戮少正卯，以其負才，亂羣惑衆也。今不誅康，無以清潔王道也。」

嵇康下獄後，太學生數千人請求赦免他，要他爲師。豪俊都自動跟他入獄。可見當日他名氣之大，得人心之深；也因此更爲當政者所忌，而加速其死。終竟以「言論放蕩，非毀典謨」，與安同誅。臨刑時，神氣自若，顧視日影，索琴而彈廣陵散；一曲終了說：「廣陵散於今絕矣。」像他這樣的名士，却終不免於季世，實在令人痛惜。時爲魏景元三年（二六二），康年四十歲。

嵇康善談理，能寫文章，他的詩清遠峻切。隋志有集十五卷，原書宋時佚亡，明黃省曾輯刻本凡十卷（今有四部叢刊影印本），詩今存五十三首，除七首秋胡行是四言爲主的樂府詩外；其餘四十六首中，四言有二十六首，數量最多，是嵇康最重要的作品。九首是五言，是他集中次要的作品。十首六言，都是枯淡如銘偈的詠史說理的詩，雖寫得不很高明；不過由這些詩句，如「不以天下私親」，「寧濟四海烝民」（惟上古堯舜）。「萬國穆親無事，賢愚各自得志」（唐虞世道治），「位高勢重禍基，美色伐性不疑，厚味腊毒難治，如何貪人不思？」（名行顯患滋）。「棄背膏粱朱顏，樂此屢空飢寒，形陋體逸心寬，得志一世無患。」（嗟古賢原憲）。都是用寫他對政治的希望，對養生的看法，對出處的態度。還有一首騷體思親詩，嗟悼母兄的逝世，情甚摧傷。因此，這裏要討論是嵇康的四言與五言的作品。

嵇康的四言寫得比較好，昭明文選所選的幽憤詩（卷二十三），贈秀才入軍（卷二十四），雜詩（卷二十九），此外還有酒會詩，都是四言體。幽憤詩是他爲呂安事下獄後所寫。五臣注引呂向說：「叔夜爲呂安事連罪收繫，遂作此詩。憤，怨也；言幽怨者，人莫能見明也。」寃抑之情，不能自已，自不免語多憤慨怨切，而如鍾嶸詩品所說「過於峻切，訐直露才，有傷淵雅之致」了。詩說：

「嗟予薄祜，少遭不造，哀煢靡識，越在襁褓。母兄鞠育，有慈無威，恃愛肆姐，不訓不師。爰及冠帶，憑寵自放，抗心希古，任其所尚。託好老莊，賤物貴身，志在守樸，養素全眞。曰予不敏，好善闇人，子玉之敗，屢增惟塵。大人含弘，藏垢懷恥；民之多僻，政不由己。惟此褊心，顯明臧否，感悟思愆，怛若創痏。欲寡其過，謗議沸騰，性不傷物，頻致怨憎。昔慚柳惠，今愧孫登，內負宿心，外恧良朋。仰慕嚴鄭，樂道閑居，與世無營，神氣晏如。咨予不淑，嬰累多虞，匪降自天，實由頑疎。理弊患結，卒致囹圄，對答鄙訊，縶此幽阻。實恥訟寃，時不我與！雖曰義直，神辱志沮。澡身滄浪，豈云能補?嗈嗈鳴雁，厲翼北遊，順時而動，得意忘憂。嗟我憤歎，曾莫能儔。事與願違，遘茲淹留。窮達有命，亦又何求？古人有言，善莫近名，奉時恭默，咎悔不生。萬石周慎，安親保榮。世務紛紜，祗攪予情。安樂必誡，乃終利貞。煌煌靈芝，一年三秀。予獨何爲？有志不就。懲難思復，心焉內疚。庶勗將來，無馨無臭，采薇山阿，散髮巖岫，永嘯長吟，頤性養壽。」

他的贈秀才入軍詩，是贈送其兄嵇憙（一作喜）舉秀才出仕之作（見李善注引劉義慶集林）。他早年和兄憙（一說弟、一說從兄），偕隱山陽白鹿山。後來司馬炎爲撫軍，選憙爲功曹（見北堂書鈔六十八嵇憙集）。憙字公穆，後歷官徐、揚州刺史、太僕、宗正卿。嵇憙捨他而去，使他很難過；作詩十九首，就是詠歎這件事。由詩意看來，最後一首五言，似爲後跋之作，現在先錄如下：

「雙鸞匿景曜，戢翼太山崖，抗首漱朝露，晞陽振羽儀，長鳴戲雲中，時下息蘭池，自謂絕塵埃，終始永不虧。何意世多艱？虞人來我疑。雲網塞四區，高羅正參差。奮迅勢不便，六翮無所施，隱姿就長纓，卒爲時所羈。單雄翻孤逝，哀吟傷生離，徘徊戀儔侶，慷慨高山陂。鳥盡良弓藏，謀極身心危；吉凶雖在己，世路多嶮巇。安得反初服，抱玉寶六奇？逍遙遊太淸，攜手長相隨。」

這首詩借「雙鸞匿景曜，戢翼太山崖」，言他們兄弟二人早先偕隱的自由快樂，就好像雙鸞似的優游塵埃之外。後來兄嵇憙被網羅而去，這就好像虞人把雙飛的鸞鳥捕去一隻，只剩下他一個人單獨遊翮了；這就無怪他要感傷離別了。其他十八首都是四言體。文選所選的幾首都是非常雋妙的。現錄如下：

「良馬既閑，麗服有暉，左攬繁弱，右接忘歸。風馳電逝，躡景追飛，凌厲中原，顧盼生姿。」（九）

註：新序曰：「楚王載繁弱之弓，忘歸之矢，以射兕於雲夢。」

這首詩描寫送他入軍，看他「顧盼生姿」的情形。

「攜我好仇，載我輕車，南凌長阜，北厲清渠，仰落驚鴻，俯引淵魚，盤于游田，其樂只且。」（十）

文選將這首和上面一首，連為一首，誤。這首追詠他們過去未別之前偕遊的快樂。

「輕車迅邁，息彼長林，春木載榮，布葉垂陰。習習谷風，吹我素琴；咬咬黃鳥，顧儔弄音。感悟馳情，思我所欽。心之憂矣，永嘯長吟。」（十二）

「浩浩洪流，帶我邦畿；萋萋綠林，奮榮揚暉；魚龍瀺灂，山鳥羣飛；駕言出遊，日夕忘歸。思我良朋，如渴如饑；願言不獲，愴矣其悲！」（十三）

「息徒蘭圃，秣馬華山。流磻平皋，垂綸長川。目送歸鴻，手揮五絃；俯仰自得，遊心

太玄。嘉彼釣叟，得魚忘筌；郢人逝矣，誰與盡言？」（十四）

「閑夜肅清，朗月照軒，微風動袿，組帳高褰。旨酒盈樽，莫與交歡？鳴琴在御，誰與鼓彈？仰慕同趣，其馨如蘭；佳人不存，能不永歎！」（十五）

十二至十五各首，都是寫別後的相思之詞。鄭振鐸說：「『像春木載榮，布葉垂陰；習習谷風，吹我素琴』；『目送歸鴻，手揮五絃；俯仰自得，遊心太玄』，如珠的好句，都是未之前見的；此種韶秀清玄的風格，也是未之前見的。」也就是鍾嶸所謂「託喻清遠，良有鑒裁，亦未失高流矣。」高潔空靈，就像「獨流之泉，臨高赴下，雖不能曲折瀠洄，然固瀓澈可鑒」也（取陳祚明說）。又雜詩說：

「微風清扇，雲氣四除，皎皎亮月，麗于高隅。興命公子，攜手同車，龍驥翼翼，揚鑣踟躕。肅肅宵征，造我友廬，光燈吐輝，華幔長舒。鸞觴酌醴，神鼎烹魚，絃超子野，歎過綿駒。流詠太素，俯讚玄虛，孰克英賢，與爾剖符。」

李善注：「言詠讚道妙，游心恬漠；誰能以英賢之德，與爾分符而仕乎？」可見他人品胸次之高邁，自然流出，故成佳構。他的酒會七首（六首爲四言），亦淡宕有致。現錄二首：

「淡淡流水，淪胥而逝；汎汎柏舟，載浮載滯。微嘯清風，鼓檝容裔；放櫂投竿，優游卒歲。」㈠

「婉彼鴛鴦，戢翼而遊，俯唼綠藻，託身洪流，朝翔素瀨，夕棲靈洲，搖蕩清波，與之沈浮。」(二)

非常淡遠，味如橄欖，清甜沁人心靈。

嵇康的五言詩，有答二郭（郭遐周、郭遐叔）、與阮德如、遊仙詩、述志詩、酒會詩之七，贈秀才入軍詩之十九。因爲他受老、莊及游仙思想的影響極深；嵇康在這些五言詩中，幾無首不詠及老、莊自然高蹈的道理，如：「樂道託萊廬」，「遺物棄鄙累」，「靈龜樂泥蟠」，「冲靜得自然，榮華安足爲」，「何爲人事間，自令心不夷」；因此，他自然有離開濁世、逍遙太清的想法了。他的游仙詩和秋胡行，都很能够表現出這個傾向的。其實嵇康詩除幽憤、思親兩三首外，都是表現這種遁世隱逸或嚮往神仙的人生觀。但當我們知道他是處身魏、晉交替之際，以及他終遭不幸的事蹟之後，就可以瞭解他這種欲求寡過，欲求恭默，欲求安親全身的迫切心理了；那麼，他在絕大部份的作品中託好老莊，寄情游仙，也就沒有什麼可怪的了。這正是他的眞情實思的流露；讀來不覺得空洞虛無，也就在此。現在就以他希望蟬蛻離世的遊仙詩作結束吧！

「遙望山上松，隆谷鬱青蔥；自遇一何高，獨立迥無雙。願想遊其下，蹊路絕不通；王喬棄我去，乘雲駕六龍。飄颻戲玄圃，黃老路相逢，授我自然道，曠若發童蒙。採藥鍾山隅，服食改姿容，蟬蛻棄穢累，結友家板桐。臨觴奏九韶，雅歌何邕邕；長與俗人別，誰能覩其蹤！」

七、阮　籍（二一〇—二六三）

阮籍字嗣宗，陳留尉氏（河南尉氏）人，生於漢獻帝建安十五年（二一〇）。父親瑀是有名的文士，爲建安七子之一，工詩文，長書札。他三歲死了父親，由母親扶養長成。容貌瓌偉，志氣宏放，傲然自得，任性不羈，喜怒不現於顏色。好讀書，愛山水，常常率意出游，不由徑路，遇到沒路走了，就痛哭而歸。偶登滎陽敖倉西三皇山上的廣武城，觀看楚霸王和漢高祖相拒交戰的地方，感歎說：

「時無英雄，遂使豎子成名！」

登武牢山，遠望洛京而歎，寫下了豪傑詩。由此，可見他原懷有濟世之志。當時崇尚老、莊，清談玄理；他博覽羣書，也特別喜好老、莊，著有達莊論，敍述無爲之貴；又著大人先生傳說：

「世之所謂君子，惟法是修，惟禮是克，手執圭璧，足履繩墨，行欲爲目前檢，言欲爲無窮則，少稱鄉黨，長聞鄰國，上欲圖三公，下不失九州牧。獨不見羣蝨之處褌中，逃乎深縫，匿乎壞絮，自以爲吉宅也；行不敢離縫際，動不敢出褌襠，自以爲繩墨也。然炎丘火流，焦邑滅都，羣蝨處於褌中，而不能出也。君子之處域內，何異夫蝨之處褌中乎？」

可見阮籍的胸懷本趣，看禮法的人士，好像仇人，竟拿蝨處褌襠來打比。他非常孝順，卻不看重禮教。他說：「禮豈爲我輩設邪？」他見到重禮的俗士，就用白眼看他；對知心的朋友，才從心裏喜悅，現在青眼。鄰家酒肆中的老板娘很漂亮，當壚賣酒，他喝醉了就躺在她的壚邊。聽說兵家少女美麗多才，沒出嫁，死了；他就去哭弔。母親死了，也不遵常禮，居喪竟然不哭，散髮箕踞，喝酒長號，兩次吐血好幾升，到了毀瘠骨立，幾乎滅性殞命的地步；爲文俗的人士，像何曾之流所仇視痛惡，甚至對他說：「你恣情任性，可說是敗壞風俗的人！」又在大將軍司馬昭的面前，說他不停飲酒吃肉。他這種放誕浪漫，不拘禮教的作風，跟三國魏晉時不停的戰亂，政局的動蕩，儒道的衰微，名教的毀喪，玄風的興起，人性的覺醒，都有關係；當日的名士，無不競尚無爲、自由、曠達的生活，而蔑棄禮法，想超越現實的世界。

他精劍術，能長嘯，善彈琴。每當琴彈到很得意的時候，常沈醉琴聲，忘卻形骸，時人多謂之癡。他曾上蘇門山，想和隱士孫登談太古無爲之道，論五帝三王之美，以及棲神導氣之術。也可見他平日的生活與理想。

魏齊王正始中，太尉蔣濟（按濟正始三年爲太尉，十年病卒），聽說他很有才幹，舉爲掾屬。他上書懇辭，並說：「方將耕於東皋之陽。」東皋謂春天。蔣濟大怒。於是同鄉都來勸他；他才勉強就職。沒多久，告病回鄉。又做過尚書郞，又因病免官。大概是在正始八年（二四七），大將軍曹爽要他爲參軍。他以生病辭官，隱居田里。過了一年多，曹爽被司馬懿所殺。時人佩服他有遠識。懿時爲太傅，命他做從事中郞。嘉平三年（二五一），司馬懿死了，又作大將軍司馬師的從軍中郞。至元元年（二五四），魏高貴鄉公卽位，封關內侯，遷爲散騎常侍。二年（二五五），出仕東平相，政令清簡。回來之後，司馬昭又引爲從事中郞。他聽說步兵廚營人很會釀酒，貯有美酒三百斛，就求爲步兵校尉。到任後，不理公事，每天跟劉伶在府舍裏喝酒。起初，司馬昭要替兒子司馬炎（卽晉武帝）向阮籍求婚，他却故意酣醉了六十天，使司馬昭沒有機會開口，只好算了。鍾會好幾次想拿當時政事問他，想由他可否，致之於罪；他都因酣醉得免。他雖飲酒迷醉，說話却很有玄理遠識，但是却非常謹愼，從不臧否人物，評論時事。魏常道鄉公景元四年（二六三）十月，詔封司馬昭晉公，加相國，備九錫。昭又再辭讓。司空鄭冲率領公卿，聯名勸進，而馳使立待阮籍作勸進文。文成，辭甚清壯。阮籍也就在這年冬天過世，享年五十四歲。

縱觀阮籍的一生事蹟，可以「曠達浪漫，佯狂避世」八字稱之。他跟嵇康，並有名於時，同屬魏、晉交替之際，但嵇康含寃屈抑，身喪東市；他却得典午籠絡，寵禮有加。蓋當時的政局，極度不安，魏帝尚且被廢被弒，名士更是動輒得咎，少有全者，像何晏，夏侯玄的滅族，慘酷無比。嵇康欲寡過保身，然性烈而才儁，識寡而輕時，所以不免於廣陵曲終；而阮籍則佯狂於世，寄情於酒，謹愼於口，苟合於時，爲韜晦自全計，所以他能够得到司馬氏的衞護而善終。但是生在命賤如狗而不如狗的亂世，阮籍的遭遇，也的確令後人同情了。宋人的詩話對阮籍勸進文，很有些微言，也就無法辯清了。

阮籍文采艷逸，流傳下來的作品也不少。隋志有魏步兵校尉阮籍集十卷，久佚；嚴可均輯全晉文收二卷，張溥輯漢魏六朝百三名家集中有阮步兵集，丁福保輯全晉詩中有他的詩，黃節著有阮步兵詠懷詩註一卷，最稱完善。今存詩八十七首，中八十二首爲五言詠懷詩，三首爲四言詠懷詩（讀書敏求記謂有十三首，今僅存三首），另有五言采薪歌一首，騷體大人先生歌一首。

阮籍的作品，以詠懷詩著稱；但這些詩篇大都用比興象徵的語言來表現，因此顯得特別神祕、隱晦、難懂。顏延之說：「阮籍在晉文代，常慮禍患，故發此詠耳。」劉勰說：「阮旨遙深。」李善說：「嗣宗身仕亂朝，常恐罹謗遇禍，因茲發詠，每有憂生之嗟，雖志在刺譏，而文多隱避。百世之下，難以情測。」鍾嶸也說：「厥旨淵放，歸趣難求。」可見他的詩遮蓋過一層神祕的帷幕，隔斷了一重象徵的面紗，使後人無法一眼看出她的面目。梁師容若進一步說：「阮籍脫略世事，寄情麴蘖，爲韜晦自保之計，惟是夜闌酒醒，難祛憂思；委蛇伴食，內慚神明；耿介與求生矛盾，曠達與良知互爭，悲涼鬱結，莫可告語，對天咄咄，發爲詩文。」指出他寫作的惡劣的環境與深憂複雜的心理狀態。阮籍第一首詠懷詩說：

「夜中不能寐，起坐彈鳴琴。薄帷鑑明月，淸風吹我衿。孤鴻號外野，朔鳥鳴北林。徘徊將何見？憂思獨傷心！」(一)

「徘徊將何見？憂思獨傷心！」正是他詠懷的中心詩境，也就是說，他把徘徊人世所看見的事情，深夜憂思所感傷的情懷，詠之於詩，故頗多感慨之詞。現在舉十幾首，以見他所要詠的懷抱！

「二妃遊江濱，逍遙順風翔。交甫懷環珮，婉孌有芬芳。猗靡情歡愛，千載不相忘。傾城迷下蔡，容好結中腸。感激生憂思，諼草樹蘭房。膏沐爲誰施？其雨怨朝陽。如何金石交？一旦更離傷！」(二)

註：列仙傳：「江妃二女出遊江濱，逢鄭交甫，遂解珮與之。交甫受珮而去，數十步，懷中無珮，女亦不見。」宋玉登徒子好色賦：「嫣然一笑，惑陽城，迷下蔡。

」「傾城迷下蔡」，言貌美傾人之城，迷人之邑。

這首詩藉江妃二仙贈珮鄭交甫的愛情故事，詠爲什麼像金石一樣的交情，一旦也會分離，而令人傷心。言友情的無常，君臣遇合的無常。劉履以爲這首是「諷刺司馬昭之背魏氏託任之重也。」

「嘉樹下成蹊，東園桃與李；秋風吹飛藿，零落從此始。繁華有憔悴，堂上生荆杞。驅馬舍之去，去上西山趾。一身不自保，何況戀妻子！凝霜被野草，歲暮亦云已。」(三)

劉履說：「此言魏室全盛之時，則賢才皆願祿仕其朝；譬猶東園桃李，春玩其華，夏取其實，而往來者衆，其下自成蹊也。及乎權姦僭竊，則賢者退散，亦猶秋風一起，而草木零落，繁華者於是而憔悴矣，甚至荆杞生於堂上，則朝廷所用之人從可知焉。當是時，惟脫身遠遁，去從夷、齊於西山，尚恐不能自保，何況戀妻子乎？篇末復謂『嚴霜被草，歲暮云已』者，蓋見陰凝愈盛，世運垂窮，朝廷終將變革，無復可延之理。是以情促詞絕，不自知其歎息之深也。」

「天馬出西北，由來從東道。春秋非有託，富貴焉常保？清露被臯蘭，凝霜霑野草。朝爲媚少年，夕暮成醜老；自非王子晉，誰能常美好？」(四)

註：王子晉，古仙人。

這首詩說富貴無常，青春易逝。吳淇說：言人當春秋鼎盛之時，何異淸露之被皋蘭；及當此衰落之時，何異凝霜之霑野草。然盛極必衰，曾不終朝；苟非仙人，誰能時常美好？

「平生少年時，輕薄好絃歌。西遊咸陽中，趙李相經過。娛樂未終極，白日忽蹉跎；驅馬復來歸，反顧望三河。黃金百鎰盡，資用常苦多。北臨太行道，失路將如何？」㈤

註：漢書何竝傳：「輕俠趙季、李款。」

這首是描寫他少年時代倜儻不羈的生活。後來李白的一些作品實受此影響。

「昔聞東陵瓜，近在青門外，連畛距阡陌，子母相鉤帶，五色曜朝日，嘉賓四面會。膏火自煎熬，多財爲患害；布衣可終身，寵祿豈足賴？」㈥

註：邵平，故秦東陵侯；秦亡，種瓜於長安城東，瓜美，故俗謂之東陵瓜。

這首詩由邵平的種瓜說到做官發財是靠不住的。膏以明自煎，人以財興累，都是自尋煩惱的事。何焯說：「言古人易代失侯，可以種瓜食力。何事不可固窮？欲事異姓乎？此又爲雖非黨惡而依違者諷也。」

「炎暑惟茲夏，三旬將欲移。芳樹垂綠葉，青雲自逶迤。四時更代謝，日月遞差池。徘徊空堂上，忉怛莫我知。願覩卒歡好，不見悲別離。」㈦

這首說他希望能永遠歡好，不要爲別離而悲傷。劉履說：「此篇蓋謂願見魏、晉君臣始終歡好，不致篡奪，而有乖離之傷也」。

「灼灼西隤日，餘光照我衣。迴風吹四壁，寒鳥相因依，周周尙銜羽，蛩蛩亦念飢。如何當路子，磬折忘所歸？豈爲夸譽名，憔悴使心悲？寧與燕雀翔，不隨黃鵠飛；黃鵠遊四海，中路將安歸？」(八)

這首說他自己寧願爲燕雀躭飢受冷，不願隨黃鵠高飛。用譏時人爲追求權勢而彎腰屈背，虛名而憔悴心悲。或謂黃鵠喻司馬氏。

「步出上東門，北望首陽岑。下有采薇士，上有嘉樹林。良辰在何許？凝霜霑衣襟。寒風振山岡，玄雲起重陰。鳴雁飛南征，鶗鴂發哀音。素質游商聲，悽愴傷我心。」(九)

註：采薇士，指隱居者。

阮籍有首陽山賦作於魏高貴鄉公正元元年秋。黃節說疑此詩與首陽山賦爲同時作也。這首詩蓋感時傷懷之作。按魏正元元年（即嘉平六年，西元二五四）九月，魏帝芳被大將軍司馬師廢爲齊王，十月改立高貴鄉公髦爲帝，時局突變。次年正月，鎭東大將軍毌丘儉，揚州刺史文欽起兵，不久失敗。此詩可能爲此而詠。寒風、玄雲，喻時局的轉變，鳴雁喻賢者遠去。鶗鴂喻小人哀鳴。商聲喻司馬師之權勢。素質自喻；或喻違時者，如毌丘儉等。陳祚明說：「采薇之士，猶有嘉樹可依；猜嫌之時，懼以異心致患；以違時之素質，當商風之摧殘，立節固嚴，而善全尤宜有術；此所以不羅叔夜之悔也。」

「北里多奇舞，濮上有微音，輕薄閒遊子，俯仰乍浮沉，捷徑從狹路，僶俛趣荒淫。焉見王子喬，乘雲翔鄧林？獨有延年術，可以慰我心。」㈩

註：史記殷本紀：「紂使師涓作新淫聲，北里之舞，靡靡之樂。」禮記樂記：「桑間濮上之音，亡國之音也。」

曾國藩說：「前六句似譏鄧颺、何晏之徒；後四句則自況之語。言雖不能避世高舉，猶可全生遠害耳。」按三國志魏志曹爽傳說：「作窟室，綺疏四周。數與晏等會其中，縱酒作樂。義深以爲大憂，數陳驕淫盈溢之致禍敗也。」

「朝陽不再盛，白日忽西幽；去此若俯仰，如何似九秋。人生若塵露，天道邈悠悠。齊景升丘山，涕泗紛交流。孔聖臨長川，惜逝忽若浮。去者余不及，來者吾不留。願登太華山，上與松子遊。漁父知世患，乘流泛輕舟。」(三十二)

註：晏子春秋曰：「景公遊於牛山，北臨其國而流涕曰：『若何滂滂去此而死乎？』」赤松子，神農時雨師。

以朝陽喻魏室。這首說魏室將要衰落，人生好像朝露；而言自己的感事傷時，盼望與神仙隱者相遊。

「危冠切浮雲，長劍出天外。細故何足慮，高度跨一世。非子爲我御，逍遙遊荒裔。顧謝西王母，吾將從此逝。豈與蓬戶士，彈琴誦言誓。」（五十八）

註：楚辭涉江曰：「帶長鋏之陸離兮，冠切雲之崔巍。」王逸注：「言己內修忠信之志，外帶長利之劍，戴崔巍之冠，其高切雲也。」史記秦本紀：非子，周孝王時牧馬，馬大蕃息。尙書大傳曰：「子夏曰：『窮居河濟之間，深山之中，作壞室，編蓬戶，彈琴瑟其中，以歌先王之風。』」蓬戶士，卽阮籍所謂禮法之士。謝西王母，言神仙亦不可期也。

這首詩寫自己欲逍遙天外，但仙界似乎也是虛無的，所以「顧謝西王母，吾將從此逝。」末二句似譏拘守禮法之士。

「儒者通六藝，立志不可干。違禮不爲動，非法不肯言。渴飲清泉流，饑食并一簞，歲時無以祀，衣服常苦寒，屣履詠南風，縕袍笑華軒，信道守詩書，義不受一餐，烈烈褒貶辭，老氏用長歎。」（六十）

註：舜歌南風（禮記樂記）。論語：「衣敝縕袍，與衣狐貉者立而不恥者。」莊子曰：「老聃曰：而儒、墨畢起，於是乎喜怒相疑，愚知相欺，善否相非，誕信相譏，而天下衰矣。」

魏、晉人尊崇老、莊。這首詩前十三句說儒者的種種；但從老、莊的觀點看來，這些都是使世界紛亂，人性泯滅的原因，所以最後一句收尾說：「老氏用長歎。」

「平晝整衣冠，思見客與賓；賓客者誰子？倏忽若飛塵。裳衣佩雲氣，言語究靈神。須臾相背棄，何時見斯人？」（六十二）

這首說穿好了衣服，想見客人，但是客人却突然像飛塵一樣的沒滅了。結語說：「須臾相背棄，何時見斯人？」人生的幻滅與短暫，未有比他所詠的，更令人感慨了。曾國藩說：「此首或指孫登、嵇康之流。」

「林中有奇鳥，自言是鳳凰，清朝飲醴泉，日夕棲山岡。高鳴徹九州，延頸望八荒，適逢商風起，羽翼自摧藏。一去崑崙西，何時復迴翔？但恨處非位，愴悢使心傷。」（七十九）

詩大雅卷阿：「鳳皇鳴矣，于彼高岡；梧桐生矣，于彼朝陽。」朱氏善說：「鳳凰者，賢才之喻；朝陽者，明時之喻。」世說新語賞譽篇說：「張華見褚陶，語陸平原曰：『君兄弟龍躍雲津，顧彥先鳳鳴朝陽，謂東南之寶已盡，不意復見褚生。』」論衡：「聖人之生，奇鳥吉物爲之瑞應。」蓋鳳凰本以鳴於盛代，賢者本應仕於明世。而今却處在令人傷心的亂代，無所展翅，展翅亦必鎩羽。詩說：「適逢商風起，羽翼自摧藏。」所以要遠飛高引也。結以

「但恨處非位，愴悢使心傷。」實以鳳凰自況，而悲傷自己的遭遇，所處非時。

我們按着他的作品的順序讀下去，幾乎覺得他的每一首都是很佳妙的。這八十二首，作非一時，詠非一意，反覆零亂，興寄無端，和愉哀切，雜集於中；或自抒情懷，或寄思疾邪，或批評史事，或反對禮教，或感傷人事離亂，或羨慕逍遙的神仙世界；他託情喻意，比興象徵，處處都寫得非常精妙自然。王船山說：「籍詩以淺求之，若一無所懷；而字後言前，眉端吻外，有無盡藏之懷；令人循聲測影而得之。」這些作品雖多用比喻象徵的方法寫成，却沒有一點琢鍊的痕跡，好像都是從性靈中陶冶出來的小詩，大抵像朵朵悠悠濃濃淡淡的愁雲，飄出了山岫，在高空中舒卷，你喜歡它，想攀下一片，但却是非常空靈飄忽的，而不易把握住它的實質。

八、劉伶

劉伶字伯倫，沛國（江蘇蕭縣）人，竹林七賢之一。生卒年不詳，大概在魏嘉平至景元間（二四九——二六三）與阮籍、嵇康相善。容貌很醜，特別喜歡喝酒。常坐鹿車，帶一壺酒，使人扛鍤子跟着說：「我死了，就埋我。」劉伶的妻子，認爲他喝酒太多，不合養生之道，要他戒酒。他說：「斷酒要向神發誓。」妻子準備了酒肉供神。劉伶祝告說：「天生劉伶，以酒為名，一飲一石，五斗解酲。婦兒之言，愼不可聽！」引酒吃肉，陶然復醉。曾因喝醉酒，跟人吵架，那人攘袂揮拳要打他。他說：「雞肋不足以安尊拳。」劉伶雖陶兀昏放，但機應不差，做過建威參軍。晉武帝泰始初（二六五）對策，盛言無爲之化，以無用罷。壽終於家。著有酒德頌。詩今存北芒客舍詩：

「泱漭望舒隱，黤黮玄夜陰。寒雞思天曙，擁翅吹長音。蚊蚋歸豐草，枯葉散蕭林。陳醴發悴顏，色歆暢眞心。縕被終不曉，斯歎信難任。何以除斯歎？付之與瑟琴。長笛響中夕，聞此消胸襟。」

寫夜半聞笛，愁歎頓消，甚是動人，風格接近阮籍。

乙、兩晉時代

一、傅　玄（二一七——二七八）

傅玄字休奕，北地泥陽（陝西耀縣）人，生於漢獻帝建安二十二年（二一七）。學問廣博，文章典雅，精通音律。州舉秀才，除郎中，參加撰集魏書的工作。歷官溫令、弘農太守、典農校尉、封鶉觚男。司馬炎爲晉王時，引爲散騎常侍。及炎受魏禪（二六五）爲帝，進子爵，加駙馬都尉。時武帝初即位，廣開言路，玄與皇甫陶共掌諫職。復遷侍中。有一次，他和陶爭論諠譁，被免官。不久，即泰始四年（二六八）又以爲御史中丞。五年遷太僕。後轉司隸校尉，剛勁亮直，不能容人短處。晉武帝咸寧四年（二七八）。景獻皇后崩，因爭位闖尚書免職。不久，卒於家，諡剛，年六十二歲。他位雖貴顯，平日不廢著述，作有傅子數十萬字，并他的詩文集，共一百餘卷。隋志有集十五卷，今佚。方濬師輯爲五卷。詩今存一百三十一首，徒詩僅十九首，其餘都是樂府歌詞，風格質樸自然，不涉靡麗，感情深摯動人。

傅玄的樂府有一半的歌詞是爲着郊廟宮庭而作的樂章。現分述如下：

(1)晉郊祀歌三首，泰始二年（二六六）作，用於郊祀明堂，爲祭祀天地五帝，祭神、迎送神、饗神的樂歌。

(2)晉天地郊明堂歌六首，泰始二年作，爲多至南郊祭天，夏至北郊祭地，明堂祭五帝及配祖先之樂歌。

(3)晉宗廟歌十一首，泰始中作，七廟祭祖之用，歌頌盛德功烈，廟異其文。

(4)晉四廂樂歌三首，泰始五年（二六九）作，用於正月元旦朝會行禮、上壽、食舉之時。多上壽祝頌語。奏於殿前東西廂，用黃鐘、太簇、姑洗、蕤賓等四廂之樂演奏，故稱四廟。

(5)晉鼓吹曲二十二首，於晉武帝受禪後，奉詔改漢短簫鐃歌而作，以代魏曲，詞用述晉宣帝、景帝及武帝等豐功偉業，懿德盛化。

(6)晉正德大豫舞歌二首，泰始九年作。當日郭瓊、宋識等作正德大豫之舞，玄與張華作舞歌。

(7)晉宣武舞歌四首、宣文舞歌二首。改魏昭武舞為宣武舞，歌舞戈矛劍弩的情形，宣揚武象。宣文舞，改魏羽籥舞，有羽籥、羽鐸二種，玄作亦頌晉德。

(8)晉鼙鼓舞歌五首，歌頌晉帝之作，最後言為君臣之不易。

(9)晉鐸舞歌，玄作雲門一篇，亦言功德教化。

從這一類的作品看來，在晉武帝泰始時，傅玄可以說是一個重要的宮庭詩人，所作都是有關國家盛典的樂歌，內容十之八九是歌功頌德的。這種樂府，不是這裏所要介紹的。我們這裏所要討論的，是他模仿民歌的部份，有許多用於敍述故事的，如：和秋胡行，詠秋胡戲妻；惟漢行，詠鴻門之宴；豔歌行，詠美女秦羅敷；豫章行，詠生為女身的痛苦；秦女休行，詠烈女報仇的義烈；雲中白子高行，詠陵陽子的成仙。也有許多是用於抒寫兒女之情的，如：短歌行、有女篇、董逃行、車遙遙篇、燕美人歌、昔思君、西長安行，有人說這是借他人之酒杯，澆我心之塊壘。在這兩類作品中，很有一些佳作。敍事的如：秦女休行：

「龐氏（一作秦氏）有烈婦，義聲馳雍涼。父母家有重怨，仇人暴且強；雖有男兄弟，志弱不能當。烈女念此痛，丹心爲寸傷，外若無意者，內潛思無方。白日入都市，怨家如平常。匿劍藏白刃，一奮尋身僵，身首爲之異處，伏尸列肆旁，肉與土合成泥，灑血濺飛梁。猛氣上干雲霓，仇黨失守爲披攘。一市稱烈義，觀者收淚並慨忼。百男何當益？不如一女良。烈女直造縣門，云：『父不幸遭禍殃。今仇身以（當作已）分裂，雖死情益揚。殺人當伏法，義不苟活隳舊章。』縣令解印綬：『令我傷心不忍聽。』刑部垂頭塞耳：『令我吏舉不能成。』烈著希代之績，義立無窮之名。夫家同受其祚，子子孫孫咸享其榮。今我作歌詠高風，激揚壯發悲且清！」

秦女休的故事，是漢人流傳下來的。魏左延年作秦女休行，敍秦女休爲燕王婦，爲宗報仇，而殺人都市之中，被關吏收捕後，被判死刑，正當要處刑的時候，忽下赦書，因此寬免。傅玄這一篇說：「龐氏有烈婦」，當也是根據民間的「秦女休爲宗報仇」的傳說寫成，而更加繁衍，說父母家有仇人兇暴有勢力，可是烈女終刺殺了他，血濺飛梁，然後去自首伏罪，可是當地縣長不忍判她罪，而爲她離職解印而去，而寫成了希代罕見的義烈事了。跟左延年所寫的內容，已有許多演變，過去像胡適之白話文學史，最近像邱燮友中國歷代故事詩都有很詳盡的考證與論述，這裏不再贅述了。又如秋胡行。

「秋胡納令室，三日宦他鄉。皎皎潔婦姿，泠泠守空房。燕婉不終夕，別如參與商。憂來猶四海，易感難可防。人言生日短，愁者苦夜長。百草揚春華，攘腕採柔桑。素手尋繁枝，落葉不盈筐。羅衣翳玉體，回目流采章。君子倦仕歸，車馬如龍驤。精誠馳萬里，既至兩相忘。行人悅令顏，借息此樹傍。誘以逢卿喻，遂下黃金裝。烈烈貞女忿，言辭厲秋霜。長驅及居室，奉金升北堂。母立呼婦來，歡樂情未央。秋胡見此婦，惕然懷探湯。負心豈不慚？永誓非所望。清濁必異源，凫鳳不並翔。引身赴長流，果哉潔婦腸！彼夫既不淑，此婦亦太剛。」

按傅玄的秋胡行，郭茂倩樂府詩集卷三十六收有二首，一首四言，一首五言。五言的一首，玉臺新詠卷二題作和班氏詩，就是上面所錄的這一首；很可能是追和班固已佚的詠史的詩。這首詩是根據漢劉向列女傳的秋胡戲妻，他的妻子終於投河死的故事寫成，用以讚美女性貞潔的節操。他把這些古代的故事與傳說都寫得很生動，這跟他的博學與史才都有關係。

傅玄抒情的樂府詩，如：

「長安高城，層樓亭亭，干雲四起，上貫天庭。蜉蝣何整？行如軍征。蟋蟀何感？中夜哀鳴。蚍蜉愉樂，粲粲其榮；寤寐念之，誰知我情？昔君視我，如掌中珠；何意一朝？

棄我溝渠。昔君與我，如影如形；何意一去？心如流星。昔君與我，兩心相結；何意今日？忽然兩絕。」（短歌行）

擬短歌行，而詠棄婦之情。按傅玄與皇甫陶於泰始三年前後，因細故爭言諠譁而被免官，故玄以棄婦之情喻之，曰：「昔君視我，如掌中珠。何意一朝？棄之溝渠。」

「皎皎明月光，灼灼朝日暉。昔爲春蠶絲，今爲秋女衣。丹脣列素齒。翠彩發蛾眉。嬌子多好言，歡合易爲姿。玉顏盛有時，秀色隨年衰；常恐新間舊，變故興細微。浮萍本無根，非水將何依？憂喜更相接，樂極還自悲。」（明月篇）

這首言當青春貌美，得夫歡心時，却怕將來年老色衰，丈夫愛新棄舊。所以詩說：「常恐新間舊，變故興細微。」描寫女人這種「憂喜相接，樂還自悲」的心理，很是深刻。陳沆以爲於泰始五年再起用時所作，蓋用喻君臣之遇合也。

「昔君與我兮形影潛結，今君與我兮雲飛雨絕。昔君與我兮音響相和，今君與我兮落葉去柯。昔君與我兮金石無虧，今君與我兮星滅光離。」（昔思君）

這首是九言騷體，言昔君與我相聚，今君與我相離的悲情；用反覆對比的句法，用比喻象徵的措辭，來襯託這種哀怨，委婉地表現這種思情。

「歷九秋兮三春，遺貴客兮遠賓，顧多君心所親，乃命妙伎才人，炳若日月星辰。（其一）序金罍兮玉觴，賓主遞起鴈行，杯若飛電絕光，交觴接卮結裳，慷慨歡笑萬方。（其二）奏新詩兮夫君，爛然虎變龍文，渾如天地未分，齊謳楚舞紛紛，歌聲上激青雲。（其三）窮八音兮異倫，奇聲靡靡每新，微笑素齒丹脣，逸響飛薄梁塵，精爽眇眇入神。（其四）坐咸醉兮沾歡，引樽促席臨軒，進爵獻壽翻翻，千秋要君一言，願愛不移若山。（其五）君恩愛兮不竭，譬若朝日夕月，此景萬里不絕，長保初醮結髮，何憂坐生胡越。（其六）攜弱手兮金環，上遊飛閣雲間，穆若鴛鳳雙鸞，還幸蘭房自安，娛心極意難原。（其七）樂既極兮多懷，盛時忽逝若頹，寒暑革御景迴，春榮隨風飄摧，感物動心增哀。（其八）妾受命兮孤虛，男兒墮地稱姝，女弱雖存若無，骨肉至親更疏，奉事他人托軀。（其九）君如影兮隨形，賤妾如水浮萍，明月不能長盈，誰能無根保榮，良時冉冉代征。（其十）顧繡領兮含輝，皎日回光側微，朱華忽爾漸衰，影欲捨形高飛，誰言往恩可追。（其十一）薺與麥兮夏零，蘭桂踐霜逾馨，祿命懸天難明，委心結意丹青，何憂君心中傾?!（其十二）」（董逃行）

選詩拾遺說：「此篇髣髴懽感，如在目前，經緯情感，若探衷曲，宮商曾疊，綺繪斐亹，其言有文焉，其聲有永焉。………嗚呼美矣、盡矣、麗矣、則矣。當為百世六言之祖也。」其旨則亦陳思妾薄命，恨燕私之歡之不久也，斯所以長吟而永慕，不得志於君王，而託之夫婦者也。

「所思兮何在？乃在西長安。何用存問妾？香橙雙珠環。何用重存問？羽爵翠琅玕。今我兮聞君，更有兮異心。香亦不可燒，環亦不可沉；香燒日有歇，環沉日自深。」（西長安行）

長安西北古城，爲漢惠帝發人徒所築（見通典）。這首似由卓文君白頭吟：「聞君有兩意，故來相訣絕」而起興，或即詠其事。因敍別離遠，君有異心，想與君決絕，香燒環沉，然亦不能自已，蓋思君之情，日深一日，如「環沉日自深」也。深怨婉曲，較漢鐃歌有所思篇，不如其質樸。

「車遙遙兮馬洋洋，追思君兮不可忘。君安遊兮西入秦，願爲影兮隨君身。君在陰兮影不見，君依光兮妾所願。」（車遙遙篇）

亦表現思情之作，語極恬適清俊。所以前人說：「休奕剛正疾惡，而善言兒女之情。」但陳沆却認爲他這些言情之作是「借他酒盃，澆我塊壘。」所以如此，他認爲「玄值不諱之朝，蒙特達之顧，生司喉舌，沒諡剛侯。人臣遭遇，如傅休奕亦僅矣；而猶霜禽夜吟，哀鶴秋唳，若大不得已於中者，何哉？考休奕於晉武元年，以散騎常侍掌諫職，遷侍中，旋以爭事諠譁免。泰始四年，復爲御史中丞。明年，轉司隸校尉，復以爭班次免。尋卒。再仕再已，一伸一屈，計其在朝日，正無幾耳。而且白簡正色，臺閣生風，貴游側目，橫孤根於疾颸，捍危石於驚浪，憂擠畏讒，其能已乎？」（見詩比興箋卷二）。陳沆的說法，有一大漏洞，就是將傅玄的一些「事蹟」及「卒年」搞錯了。按晉書傅玄傳，說他「泰始四年，爲御史中丞。五年（二六九）遷太僕。……轉司隸校尉。獻皇后崩，坐爭位，罵尚書，免官。尋卒。」玄傳在年代的交待上，因爲簡略，而不大清楚明白，致滋後人誤會。按景獻皇后羊氏崩於晉武帝咸寧四年（二七八）六月，見晉書武帝紀及景獻羊皇后傳，上距泰始五年，整整十年。又宋書樂志說：「晉泰始九年（二七三），荀勗使郭瓊、宋識等造正德、大豫之舞，而勗及傅玄、張華又各造舞歌。」故通鑑晉紀說：「武帝咸寧四年，前司隸校尉傅玄卒。」因此，陳沆考證，以爲傅玄卒於泰始五年，因推論說：「計其在朝日，正無幾耳。」眞是「無中生有」的結論了。至於傅玄創作這些情詩的原因，因缺乏佐證，就暫且闕疑吧。當然也可能有些作品是當他和皇甫陶爭言，而免去侍中時所作，借男女愛情寄託他希望復官的情思。

傅玄其他的詩篇，昭明文選卷二十九所收的一首雜詩頗佳。

「志士惜日短，愁人知夜長，攝衣步前庭，仰觀南鴈翔。玄景隨形運，流響歸空房。清風何飄颻！微月出西方。繁星依青天，列宿自成行。蟬鳴高樹間，野鳥號東廂。纖雲時髣髴，渥露霑我裳。良時無停景，北斗忽低昂，常恐寒節至，凝氣結爲霜，落葉隨風摧，一絕如流光。」

就是陳沆說的霜禽夜吟，哀鶴秋唳的作品。描寫夜景，詞甚清俊。

二、傅　咸（二三九——二九四）

傅咸字長虞，生於魏明帝景初三年（二三九）。他是傅玄的兒子。剛簡有大節，風格峻整，識性明悟，嫉惡如仇，推賢樂善。晉武帝咸寧四年（二七八）襲父爵。官至司隸校尉，京都肅然，貴戚懾伏。晉惠帝元康四年（二九四）卒，謚貞。他好作文論，雖綺麗不足，而言成規鑒。庾純嘗讚歎說：「長虞之文，近乎詩人之作矣。」隋志有集十七卷，梁三十卷，今佚。詩今存十七首，一如他的爲人之嚴正。作有七經詩，今存孝經、論語、毛詩、周官、周易、左傳六經，都只是些行道事君之類的格言罷了。如：

「克己復禮，學優則仕。富貴在天，爲仁由己。以道事君，死而後已。」（論語詩第二章）

「立身行道，始於事親；上下無怨，不惡於人；孝無終始，不離其身；三者備矣，以臨其民。」（孝經詩第一章）

因此，前人說他的詩「繁於經言」。其他如與尚書同僚詩，贈褚武良詩，答潘尼詩，都是普通贈答酬應之作，無甚深意，只有愁霖詩：

「舉足沒泥濘，市道無行車。蘭桂賤朽腐，柴粟貴明珠。」

描寫久雨成災的情況，泥濘滿路，柴米飛漲，文字平白，很有味道。

三、張　華（二三二——三〇〇）

張華字茂先，范陽方城（河北固安）人，生於魏明帝太和六年（二三二）。博識多通，辭藻溫麗。阮籍以爲有王佐之才。在魏朝時，官至中書郎。晉武帝受禪，以爲黃門侍郎。平吳之役，以參讚謀謨之功，封廣武縣侯。晉惠帝元康六年（二九六）爲司空。永康元年（三〇〇），趙王倫之變，被害，夷三族，死時家無餘財，只有文書滿几篋。他博物洽聞，能識災祥異物，著博物志四百卷，今存十卷。隋志有集十卷。亦善作詩，今存七十六首。其中三十一首爲郊廟宮庭的樂歌，如晉四廂樂歌、正旦大會行禮、多至小會、宴會、中宮所奏、宗親會、凱歌、正德大豫舞、白紵舞、杯盤舞、拂舞等歌詩。和荀勗、傅玄都是晉武帝泰始時的宮庭詩人。其他三十五首，有樂府，有古詩，內容包括贈答、祖道、遊獵、俠客、勵志、情詩、游仙、擬古、雜詩、招隱等等。鍾嶸詩品說：

「其源出於王粲。其體華艷，興託不奇，巧用文字，務爲妍冶，雖名高曩代，而疏亮之士，猶恨其兒女情多，風雲氣少。謝康樂云：『張公雖復千篇，猶一體耳。』」王船山說他：「始爲輕俊。」可見他華艷的詩歌，對太康的文風，有一些關係。他位譽旣高，又喜歡掖賞後進，自不能說沒有影響。後來陸機擧體華美，多多少少受他的鼓勵。他的情詩、雜詩、答何劭、勵志、門有車馬客行，都寫得很好。如情詩：

「清風動帷簾，晨月照幽房。佳人處遐遠，蘭室無容光。襟懷擁靈景，輕衾覆空牀。居歡惜夜促，在慼怨宵長。拊枕獨嘯歎，感慨心內傷。」（其三）

「游目四野外，逍遙獨延佇，蘭蕙緣清渠，繁華蔭綠渚。佳人不在茲，取此欲誰與？巢居知風寒，穴處識陰雨；不曾遠別離，安知慕儔侶？」（其五）

他的情詩五首，都是寫兒女的多情。像「佳人處遐遠，蘭室無容光。」「不曾遠別離，安知慕儔侶？」辭很穠麗，意很懇切。

「晷度隨天運，四時互相承。東壁正昏中，固陰寒節升。繁霜降當夕，悲風中夜興。朱火青無光，蘭膏坐自凝。重衾無暖氣，挾纊如懷冰。伏枕終遙昔，寤言莫予應？永思慮崇替，慨然獨撫膺。」（雜詩）

註：禮記：「仲冬之月，日昏東壁中。」遙昔猶言長夜。昔，夜也。

「朱火青無光，蘭膏坐自凝。重衾無暖氣，挾纊如懷冰。」描寫冬夜的寒冷。全詩言在寒風悲嘯中，不能入睡，而思緒紛繁。這當是鍾嶸所謂「興託不奇，巧用文字」之作。又如：

「吏道何其迫？窘然坐自拘。纓緌爲徽纆，文憲焉可踰？恬曠苦不足，煩促每有餘。良朋貽新詩，示我以遊娛；穆如灑清風，煥若春華敷。自昔同寮寀，於今比園廬。衰疾近辱殆，庶幾並懸輿，散髮重陰下，抱杖臨清渠，屬耳聽鶯鳴，流目玩儵魚，從容養餘日，取樂於桑榆。」（答何劭）

註：老子：「知足不辱，知止不殆。」

何劭字敬祖，官至司徒，優游自足，不貪權勢，與張華交誼甚深。晉惠帝初，劭爲太子太師，華爲太子少傅。這首蓋相約劭一起告老致仕。認爲年老了，應該優游林下，頤養晚景。「屬耳聽鶯鳴，流目玩儵魚。」是清虛高妙，搖筆散珠的好句。又如：

「門有車馬客，問君何鄉士？捷步往相訊，果是舊鄰里。語昔有故悲，論今無新喜。」

（門有車馬客行）

明白曉暢，深摯感人。張華的詩，雖因筆力不足，變化不多，但聲情的秀逸，却很能引人入勝。

四、張　載

張載字孟陽，安平（河北深縣）人。博學有文章，傅玄看到他的濛汜池賦，派車子接他，言談盡日，爲之延譽，於是知名。父親收做蜀郡太守。晉武帝太康初（二八〇），到四川省父，著劍閣銘。起家著作佐郎，累遷弘農太守。長沙王乂請爲記室督。拜中書侍郎，復領著作。晉惠帝永寧、太安之際（三〇一——三〇三），他見世方亂，稱病告歸卒。隋志有集七卷。詩今存十四首，多感慨人生，悼亡傷別之言。鍾嶸說他遠不如其弟景陽。昭明文選收有七哀詩二首（卷二十三），擬四愁詩一首（卷三十）。今舉七哀詩一首：

「北芒何壘壘，高陵有四五。借問誰家墳？皆云漢世主。恭、文遙相望，原陵鬱膴膴。季世喪亂起，賊盜如豺虎。毀壞過一抔，便房啓幽戶。珠柙離玉體，珍寶見剽虜。園寢化爲墟，周墉無遺堵。蒙蘢荆棘生，蹊逕登童豎。狐兔窟其中，蕪穢不復掃。頹隴並墾發，萌隸營農圃。昔爲萬乘君，今爲丘中土。感彼雍門言，悽愴哀往古。」（其一）

註：恭、文、原陵，指漢安帝陵墓恭陵，靈帝文陵，光武帝原陵。桓子新論：「雍門周以琴見孟嘗君曰：『臣竊悲千秋萬歲後，墳墓生荆棘，狐兔穴其中，樵兒牧豎，躑躅而歌其上，行人見之悽愴。』」

韻語陽秋說：「七哀詩起曹子建。其次則王仲宣、張孟陽。」皆爲一事而陳極哀也。張載的七哀詩，在敍述東漢皇帝的陵墓古蹟，在晉季喪亂的時代裏，都被人盜掘破壞的悽愴。亦寄人生無常之思。

五、張　協（二九五前後）

張協字景陽，張載的弟弟。少有俊才，與載齊名，官至河間內史，清簡寡欲。那時諸王相攻，天下大亂，徧地寇盜，他就棄絕人事，隱居草澤，守道不競，以屬詠自娛。晉懷帝永嘉初（三〇七），徵爲黃門侍郎，託疾不就，終於家。隋志有集三卷。詩今存詠史一首，雜詩十一首，遊仙半首。他和張華、張載稱爲三張。他在三張中詩才最高。鍾嶸詩品，列之上品，說「其源出於王粲，文體華淨，少病累。又巧構形似之言，雄於潘岳，靡於太冲。風流調達，實曠代之高手。調彩葱蒨，音韻鏗鏘，使人味之，亹亹不倦。」今錄雜詩三首：

「秋夜涼風起，清氣蕩暄濁，蜻蛚吟階下，飛蛾拂明燭。君子從遠役，佳人守煢獨。離居幾何時，鑽燧忽改木。房櫳無行跡，庭草萋以綠。青苔依空牆，蜘蛛網四屋。感物多所懷，沈憂結心曲。」（一）

註：燧人氏鑽木取火，四時所取木不同：如春取楡柳，夏取棗杏。鑽燧忽改木，蓋言季節忽然轉變。

這首寫秋夜閨思。敍君子遠役後，家中景況的淒涼，因而憂結心曲。

「金風扇素節，丹霞啓陰期，騰雲似涌煙，密雨如散絲。寒花發黃采，秋草含綠滋。閑居玩萬物，離羣戀所思。案無蕭氏牘，庭無貢公綦。高尚遺王侯，道積自成基。至人不嬰物，餘風足染時。」(二)

註：蕭育與朱博爲友，王吉與貢禹相交，著聞於世，此用喻嘉友。

這首寫秋日感懷，由秋景的清美，而感念好友，結述高懷素志。

「述職投邊城，羈束戎旅間。下車如昨日，望舒四五圓。借問此何時?蝴蝶飛南園。流波戀舊浦，行雲思故山。閩越衣文蛇，胡馬願度燕。風土安所習，由來有固然。」(三)

註：蘇武書曰：「越人衣文蛇，代馬依北風，君子於其國也，悽愴傷於心。」

這首寫從軍思鄉。蓋思鄉之情，係出於天性自然。

景陽寫景很生動。許學夷說：「華彩俊逸，實有可觀。」像「房櫳無行跡，庭草萋以綠，青苔依空牆，蜘蛛網四屋」，寫家中淒清冷落的景象；「騰雲似湧煙，密雨如散絲；寒花發黃采，秋草含綠滋。」寫煙雲、細雨、黃花、秋草的形色；「借問此何時?蝴蝶飛南園。流波戀舊浦；行雲思故山。」無論寫春景，寫鄉思：都是華采俊逸，透脫絕人的妙句。

六、潘　岳（?—三〇〇）

潘岳字安仁，滎陽中牟（河南中牟）人。總角辯慧，美姿容，詞清艷，鄉邑稱爲奇童，舉秀才。晉泰始四年（二六八），武帝躬耕藉田，他作賦稱美這事，才名冠世，爲衆所疾。遂棲遲十年，出爲河陽令，勤於政務，縣中滿種桃李，人以爲美談。轉懷令。晉惠帝永熙元年（二九〇）爲太傅楊駿主簿。駿誅，除名。不久，選爲長安令，作西征賦。累遷黃門侍郎。與石崇友善，諂事賈謐。謐出，每和石崇望塵而拜。爲謐二十四友之首。永康元年（三〇〇），趙王倫專權，孫秀爲中書令。先孫秀爲小史，岳嘗數撻辱之。秀以舊仇，誣岳及石崇、歐陽建等謀奉淮南王允、齊王冏爲亂，被誅，夷三族。隋志有集十卷。潘岳與潘尼。合稱二潘。岳詩今存二十首，辭藻絕美。鍾嶸詩品說：

「翰林嘆其『翩翩然如翔禽之有羽毛，衣服之有綃縠，猶淺於陸機。』謝混云：『潘詩爛若舒錦，無處不佳。陸文如披沙簡金，往往見寶。』嶸謂：益壽輕華，故以潘爲勝；翰林篤論，故嘆陸爲深。余常言：『陸才如海，潘才如江。』」

今舉岳的悼亡詩如下：

「荏苒多春謝，寒暑忽流易，之子歸窮泉，重壤永幽隔。私懷誰克從，淹留亦何益？僶俛恭朝命，迴心返初役。望廬思其人，入室想所歷，幃屏無髣髴，翰墨有餘跡，流芳未及歇，遺掛猶在壁，悵怳如或存，周遑忡驚惕。如彼翰林鳥，雙棲一朝隻；如彼游川魚

，比目中路析。春風緣隙來，晨溜承簷滴，寢息何時忘？沈憂日盈積！庶幾有時衰，莊缶猶可擊。」(一)

註：之子，謂妻也，莊子至樂篇：「莊子妻死。惠子弔之。莊子則方箕踞鼓盆而歌。」成玄英疏：「盆、瓦缶也。莊子知生死之不二，達哀樂之為一，是以妻死不哭，鼓盆而歌。」蓋言莊子能勘破生死之關。

「皎皎窗中月，照我室南端，清商應秋至，溽暑隨節闌。凜凜涼風升，始覺夏衾單。豈曰無重纊，誰與同歲寒？歲寒無與同，朗月何朧朧。展轉眄枕席，長簟竟牀空。牀空委清塵，室虛來悲風；獨無李氏靈，髣髴覩爾容。撫襟長歎息，不覺涙霑胸。霑胸安能已？悲懷從中起。寢興目存形，遺音猶在耳。上慙東門吳，下愧蒙莊子。賦詩欲言志，此志難具紀。命也可奈何？長戚自令鄙。」(二)

註：詩：「豈曰無衣，與子同袍。」列子：「魏有東門吳者，死子而不憂。」

「曜靈運天機，四節代遷逝。淒淒朝露凝，烈烈夕風厲。奈何悼淑儷，儀容永潛翳。念此如昨日，誰知已卒歲。改服從朝政，哀心寄私制。茵幬張故房，朔望臨爾祭。爾祭詎幾時？朔望忽復盡。衾裳一毀撤，千載不復引。亹亹朞月周，戚戚彌相愍。悲懷感物來，泣涕應情隕。駕言陟東阜，望墳思紆軫。徘徊墟墓間，欲去復不忍！徘徊不忍去，徙

倚步踟躕。落葉委埏側，枯荄帶墳隅。孤魂獨煢煢，安知靈與無？投心遵朝命，揮涕強就車。誰謂帝宮遠？路極悲有餘。」（三）

註：曜靈，太陽也。儷，謂伉儷，妻子。引，陳也。

這三首都是悼念亡妻李氏的詩篇，說自己未嘗片刻忘情，但希望有時能够忘情。所以說：「庶幾有時衰，莊缶猶可擊。」第一首寫看到往日的事物引起的哀思。第二首寫入夜單眠獨宿的感傷。第三首寫臨別徘徊墳上的悲懷。用詞偶有不醇，但所表現的情感却是很深的，宛轉曲折，恍忽迷離，深摯感人。這種情深之語，在陸機的集子裏是找不到的。李充翰林論謂：「潘猶淺於陸機」，恐非從情感上立論吧！

七、潘　尼（？—三一一左右）

潘尼字正叔，潘岳從子。少有清才，性靜退不競，惟以勤學著述為事。太康中（二八四左右）舉秀才，為太常博士。晉惠帝元康初（二九一），拜太子舍人，入補尚書郎，轉著作郎。齊王冏引為參軍。永興末（三〇五），為中書令。晉懷帝永嘉中，遷太常卿。五年（三一一）匈奴將陷洛陽，攜家屬要同鄉里，路上遇賊不得前，病卒於塢壁。隋志有集十卷。尼詩今存二十首，大都是像侍皇太子宴玄圃，贈陸機出為吳王郎中令之類應制及贈答詩。今錄迎大駕一首：

「南山鬱岑崟，洛川迅且急。青松蔭脩嶺，綠蘩被廣隰。朝日順長塗，夕暮無所集。歸雲乘幰浮，淒風尋帷入。道逢深識士，舉手對吾揖。世故尚未夷，崤函方嶮澀。狐狸夾兩轅，豺狼當路立。翔鳳嬰籠檻，騏驥見維縶。俎豆昔嘗聞，軍旅素未習。且少停君駕，徐待干戈戢。」

按晉惠帝永興元年（三〇四）冬，河間王顒遣將張方逼晉惠帝西幸長安。二年七月，東海王越自徐州（江蘇下邳）起兵入關，討顒，至長安，奉迎惠帝大駕還洛陽，事在光熙元年（三〇六）四月。這首當於晉惠帝永興二年（三〇五），經洛川，準備西入函谷關，奉迎車駕時所作。借深識之士，言世事正値紛亂，崤函艱險，而暗寄暫時退隱的心志。詩品評此詩說：「季鷹黃華之唱，正叔綠蘩之章，雖不具美，而文彩高麗，並得虬龍片甲，鳳凰一毛。」季鷹，張翰字，吳郡吳人。

八、陸機（二六一——三〇三）與陸雲（二六二——三〇三）

陸機字士衡，吳郡華亭（江蘇松江西）人，生於吳景帝永安四年（西元二六一，魏景元二年）。祖父遜、父親抗，都是東吳名將。次年，弟雲出世，字士龍。晉太康元年（二八〇），吳國滅亡，機時年二十歲，與弟雲退居華亭，閉門勤學十年，遂譽流洛京。其間，機作有文賦，成了我國第一篇完整而重要的文學理論，超過了前代如揚雄的論賦，王充的論文，曹丕的典論論文，開拓了後來劉勰文心雕龍、鍾嶸詩品進步的文學批評論著的基礎。

晉武帝太康十年（二八九），和弟雲及顧榮，同時被徵入洛，號爲「三俊」。作有赴洛道中詩二首。路上結交了戴若思。若思後爲征西將軍。入洛後，太常張華激賞機、雲之才，爲延譽公卿間，謂機兄弟爲「龍躍雲津」。機身高七尺多，聲音響亮，語多慷慨。雲文弱可愛。

晉惠帝卽位（二九〇），楊駿輔政，辟機爲祭酒。次年元康元年（二九一）三月，駿被誅。又徵機爲太子洗馬。這時與散騎常侍賈謐，太子舍人潘尼、馮文羆等相交。弟雲尋亦補太子舍人，出爲浚儀令，郡守忌其才，乃去官。三年，機作懷思賦，言念鄉之情。轉著作郎，參與商議晉書限斷之事。四年，兄弟二人同拜吳王晏郎中令，得往淮南（安徽當塗縣），靠近故鄉，可以回家。這時皇太子及東宮同人賈謐、潘尼、畢軌餞送他，因此他有皇太子賜讌，祖道畢雍孫劉邊仲潘正叔，答潘正叔等詩。六年冬，調回洛京，爲尚書中兵郎，後轉殿中郎。弟雲也同時被徵爲尚書郎，作有贈弟詩十首，雲有答詩。這時，他姑姊見背，先業全隳，所遺惟兄弟相守，故情詞悽楚。又和顧榮同事，有贈尚書郎顧彥先詩；他和雲均作有爲顧彥先贈婦詩等。八年，機出補著作郎，有答張士然詩。

永康元年（三〇〇）三月，賈后殺太子，政局突變。四月趙王倫爲太子報仇，廢弒賈后。張華及賈謐黨人潘岳、石崇等數十人被殺。機是太子的舊臣，似曾參與趙王的廢后事。他作的愍懷太子誄，至稱賈后爲「牝鷄司晨，潛肆鴆毒。」趙王倫輔政，引機爲相國參軍，賜爵關中侯。倫性貪智庸，受制於嬖人孫秀，所立均邪佞，惟競榮利。永寧元年（三〇一），趙王倫以機爲中書侍郎。正月篡位。三月，齊王冏、成都王穎、河間王顒起兵討滅倫。冏疑禪位文，出機手筆，遂全家下獄。賴成都王穎、吳王晏救免。

當時中國多故，他的同鄉、朋友如顧榮、戴若思都勸他兄弟回吳。機負才望，志匡世難，不肯回鄉。出獄後，作園葵詩，謝成都王穎。當時，成都王穎勞謙下士，機、雲既感穎救援的恩德，又見朝廷時有變難發生，謂穎一定能夠復興晉室，於是委身於穎。六月，穎爲大將軍，以機參大將軍軍事。太安元年（三〇二），成都王以雲爲清河（河北清河）內史。齊王冏亂政，穎以雲爲前鋒都督，討誅齊王冏。穎又以機爲平原（山東平原）內史，調雲回來，爲右司馬。可見當時成都王穎是非常重用他們兄弟二人。

太安二年（三〇三）八月，成都王穎與河間王顒聯合舉兵伐長沙王乂。穎以機爲後將軍河北大都督（通鑑作前將軍前鋒都督），率北中郎將王粹、冠軍將軍牽秀、十護軍石超等二十餘萬衆，圍攻洛陽。時機以羈旅入宦，頓居羣士之上，牽秀、王粹都不滿意。機就固辭都督職，穎不許。十月，長沙王乂擊破機軍，斬大將十餘人，死者無數。於是被忌者像左長史盧志，怨家宦人孟玖，牽秀等人所譖，說他想造反；長沙王乂給成都王牋，又虛言離間。成都王大怒，使牽秀祕密收機，遂遇害，夷三族。弟雲、耽，同時被殺。機臨刑歎氣說：「華亭鶴唳，可復聞乎？」機死時年四十三，雲四十二。孫惠說：

「不意三陸，相攜闇朝，一旦湮滅，道業淪喪。痛酷之深，荼毒難言，國喪儁望，悲豈一人?!」

陸機與陸雲的著作，隋志有陸機集十四卷、陸雲集十二卷。機詩今存九十九首，雲存二十八首。陸機與陸雲並稱爲二陸。雲詩是不能和機作相比。詩品說：

「清河之方平原，殆如陳思之匹白馬，於其哲昆，故稱二陸。」

陸雲的四言詩大多是篇幅冗長的作品，像答兄平原書一首，詩長九百六十字，稱道先世，內容既庸腐，又缺乏詞采，在這炎熱的夏夜讀來，實在覺得厭厭然、昏昏然，不能終篇。五言詩就拿昭明文選所選的幾首，如爲顧彥先贈婦詩，也是寫得不好。

陸機的詩，過去的批評家的觀點，可分兩類。喜歡美藻麗辭的，讀陸機擧體華美的作品，就篇篇稱善。詩品稱他說：「才高詞贍，擧體華美。」如葛洪稱他文字「猶玄圃之積玉，無非夜光焉；五河之吐流，泉源如一焉。其弘麗妍贍，英銳飄逸，亦一代之絕乎！」（機本傳引），以為他「天才綺鍊，當時獨絕。」不喜歡俳語偶句的，或譏之呆板，或以為俳偶雕刻，太失詩體。甚至說：「平原五言樂府，一味排比敷衍，間多硬句，且踵前人步伐，不能流露性情，實晉詩中之下乘，無足觀也。」其實，他自然不是絕代之天才，但是也不至於無足觀也。他的詩只是如鄭振鐸所說「只是圓穩華贍罷了，並無如何高致深情」。陸機擬的漢樂府古詩，滿篇駢詞儷句。這種風氣，由曹丕、王粲開端的，到陸機趨於全盛。沈德潛批評他說：「意欲逞博而胸少慧珠，筆又不足以舉之，遂開出排偶一家。西京以來空靈矯健之氣不復存矣。降自梁、陳，專工對仗，邊幅復狹，令閱者白日欲臥，未必非士衡為之濫觴也。」試看這些詩句：

「和風飛清響，鮮雲垂薄陰。蕙草饒淑氣，時鳥多好音。」（悲哉行）

「振策陟崇丘，安轡遵平莽。夕息抱影寐，朝徂銜思往。」（赴洛道中）

「凝冰結重磵，積雪被長巒；陰雲隱巖側，悲風鳴樹端。不覩白日景，但聞寒鳥喧。猛虎憑林嘯，玄猿臨岸歎。」（苦寒行）

「清川含藻景，高岸披華丹。馥馥芳袖揮，泠泠纖指彈。悲歌吐清響，雅舞播幽蘭。」（日出東南隅行）

對偶工整，文字華美，做句用字，雕琢匠造，詞皆極華艷，也足使人目眩。今錄猛虎行：

「渴不飲盜泉水，熱不息惡木陰。惡木豈無枝，志士多苦心。整駕肅時命，杖策將遠尋。飢食猛虎窟，寒棲野雀林；日歸功未建，時經歲載陰。崇雲臨岸駭，鳴條隨風吟，靜言幽谷底，長嘯高山岑，急弦無懦響，亮節難爲音。人生誠未易，曷云開此衿？眷我耿介懷，俯仰愧古今！」

擬古猛虎行，而述己情懷也。當作於晉惠帝永寧元年（三〇一）秋。先是永康元年（三〇〇）三月，賈后廢殺太子遹。四月趙王倫爲太子復仇，廢賈后，誅賈謐。陸機舊爲太子洗馬，遂不計倫貪虐，而參與誅謐。正所謂「鋤惡不暇擇器」也。次年即永寧元年正月，趙王倫篡位。三月，齊王冏、成都王穎、河間王顒討滅倫。冏以機時爲中書侍郎，九錫及禪位文，遂誣出機手，因而下獄；幸得成都王救免之（見晉書陸機傳）。機此詩當係被誣之後自悔昔事趙王倫之作也。故其前言「渴不飲盜泉水，熱不息惡木蔭」，中言「人生誠未易，曷云開此衿」，末言「眷我耿介懷，俯仰愧古今」也。

「置酒高堂，悲歌臨觴。人壽幾何？逝如朝霜。時無重至，華不再揚，蘋以春暉，蘭以秋芳。來日苦短，去日苦長。今我不樂，蟋蟀在房。樂以會興，悲以別章。豈曰無感！憂爲子忘。我酒既旨，我肴既臧。短歌有詠，長夜無荒。」

陸機短歌行曰：「置酒高堂，悲歌臨觴。」亦魏武帝「對酒當歌，人生幾何」之意。言人生無幾，當及時爲樂也。當爲陸機入洛後作品。

九、左　思（？——三〇六）

左思字太沖，齊國臨淄（山東臨淄）人，生年不詳，大約卒於晉惠帝光熙元年（三〇六）前後。他小時候學書法、彈琴，都沒有成就。後來受父親的激勵，發憤勤學，兼善陰陽之術。他長相很醜，口才也不好，可是文章却寫得很壯麗。他自己說：

「弱冠弄柔翰，卓犖觀羣書。著論準過秦，作賦擬子虛。」（詠史詩之一）

晉武帝泰始八年（二七二），他的妹子左芬，因爲文名流傳被徵入宮爲修儀（見晉書左貴嬪傳），他就搬家到洛陽。後爲祕書郎。晉惠帝元康時，爲祕書監賈謐講漢書（王隱晉書說謐「元康末爲祕書監」）。永康元年（三〇〇）四月，謐被趙王倫所殺。他退居宜春里，專意典籍。次年，齊王冏命他作記室督，辭疾不就。及太安二年（三〇三）八月，河間王顒遣張方進逼洛陽；九月張方進擾京城，死者萬計；他大概在這時舉家遷往冀州（在河北高邑西南）。沒幾年，病死冀州。隋志有集二卷，梁有五卷，錄一卷，今不傳。

左思是以辭賦而名盛一時。他早年曾作齊都賦，一年乃成，大概寫他的家鄉臨淄的盛況；在嚴可均輯全晉文中還收有一些零句。他到洛京後又想作蜀都成都、吳都建鄴、魏都洛陽的三都賦，要跟班固的兩都賦，張衡的二京賦比美。他自泰始八年（二七二）搬家洛陽之後，爲增加見聞，蒐集作賦材料，就自請爲祕書郎；並且向曾在蜀郡呆過的著作郎張載，請教有關西蜀岷邛的事情，因爲張載的父親曾爲蜀郡太守；他的門庭藩溷都放有紙筆，遇有所得，就馬上寫下。經過了十年，大概在武帝太康二年（二八一），他的三都賦才告完稿，請皇甫謐替他作序。晉書皇甫謐傳，說謐「太康三年卒」；又魏都賦說：「成都迄已傾覆，建鄴則亦顛沛。」「覽麥秀與黍離，可作謠於吳會。」顛沛，傾倒也。則三都賦成於蜀、吳均亡之後；而吳國滅亡，在太康元年（二八〇）。所以三都賦的完成，當在太康二年前後。賦作成之後，他自述作三都賦的態度，說：

「其山川城邑，則稽之地圖；其鳥獸草木，則驗之方志；風謠歌舞，名附其俗；魁梧長者，莫非其舊。」（三都賦自序）

力求眞實有依據。賦寫成後，時人未之重，甚至有人譏訾。左思自謂不輸班、張，但怕「以人廢言」，他除請高士皇甫謐作序外；還有張載爲注魏都，劉逵爲注吳、蜀，衞瓘（全晉文注瓘乃權之誤）爲作略解序；因此見重於時。大概在元康六年（二九六）以後，司空張華（見晉書惠帝紀）見而讚美說：「使讀之者，盡而有餘，久而更新。」由是豪貴的人家，競相傳寫，洛陽爲之紙貴。起初陸機也想作三都賦，聽說左思正在寫，就在給他的弟弟陸雲的信上說：「此間有傖父欲作三都賦，須其成，當以覆酒甕耳。」等到左思的賦出來，陸機却非常讚賞佩服，以爲不能寫得再好了。以後，收在昭明文選中，傳佈更盛。後人稱他爲一代作手，即使名重像潘岳，像陸機，也不能與之比埒。其實現在看來，三都賦的文彩爛然，足與漢人比美；但由於他苦心琢鍊，刻意成篇，雖然精麗宏博，然而在骨力上，却無驅運跌宕之致，並沒有什麼新創的意境和風格，也沒有什麼動魄驚心的奇思與妙情，可說仍然離不開漢賦的路子。

左思除賦作得好外，詩也極有名，他是太康詩壇代表詩人之一，詩的價值應當在他辭賦之上。王士禎以左思、劉琨、郭璞爲「晉詩三傑」。他的詩今存十四首（見丁福保所輯全晉詩），悼離贈妹詩二首爲四言，係送妹芬入宮而作。其餘均爲五言，詠史詩八首，招隱詩二首，雜詩一首，均收入昭明文選卷二十一、二十二、二十九；嬌女詩一首見玉臺新詠卷二，都是極好的作品。鍾嶸列其詩於上品，評謂：「其源出於公幹（劉楨），文典以怨，頗爲精切，得諷諭之致。雖野於陸機，而深於潘岳。謝康樂嘗言：『左太沖詩、潘安仁詩，古今難四。』」現在，先介紹他的詠史詩如下：

「弱冠弄柔翰，卓犖觀羣書。著論準過秦，作賦擬子虛。邊城苦鳴鏑，羽檄飛京都。雖非甲冑士，疇昔覽穰苴。長嘯激清風，志若無東吳。鉛刀貴一割，夢想騁良圖。左眄澄江、湘，右盼定羌、胡。功成不受爵，長揖歸田廬。」（一）

這首詩先敍述自己的才學與高志，由於邊城緊張，希望能一試大才。所以詩說：「鉛刀貴一割，夢想騁良圖。左眄澄江湘，右盼定羌胡。」按晉武帝泰始、咸寧間，孫吳尙割據江南，到了太康元年（二八〇）才被晉所滅（晉書武帝紀）；雍、涼（今陝、甘）一帶羌胡也屢爲邊患，到了咸寧五年（二七九）多，馬隆斬樹機能，涼州羌亂始平（袁樞通鑑紀事本末羌胡之亂）。這一首詩寫他要爲國立功的想法，當係泰始八年（二七二），他遷家洛京之後的作品。

「鬱鬱澗底松，離離山上苗。以彼徑寸莖，蔭此百尺條。世冑躡高位，英俊沈下僚。地勢使之然，由來非一朝。金、張藉舊業，七葉珥漢貂。馮公豈不偉？白首不見招。」（二）

漢朝金日磾、張湯的後人，屢爲侍中，馮唐白首，却屈身郎署。這首詩藉馮唐的事，說有些人雖然很有才幹，只是因爲出身低微，不能够騰達。「世冑躡高位，英俊沈下僚。」這是自古以來，許多才士的悲哀與感傷。左思出身於寒族，父親雍做殿中侍御史官也很小，妹芬雖然入宮，而「姿陋無寵」，難期藉以騰達；所以在晉朝看重出身，看重門第的時代裏，也只好怨歎「以彼徑寸莖，蔭此百尺條。」這是有感而發的作品，令人感慨不已。

「吾希段干木，偃息藩魏君。吾慕魯仲連，談笑卻秦軍。當世貴不羈，遭難能解紛。功成不受賞，高節卓不羣。臨組不肯緤，對珪寧肯分。連璽燿前庭，比之猶浮雲。」(三)

戰國時代，段干木懷君子之道，隱處窮巷，德播天下，使秦人不敢攻打魏國；魯仲連能替人排難解紛，事情成功之後，却不肯接受趙王封賞。這首詩說自己視富貴如浮雲。

「濟濟京城內，赫赫王侯居。冠蓋蔭四術，朱輪竟長衢，朝集金、張館，暮宿許、史廬，南鄰擊鐘磬，北里吹笙竽。寂寂揚子宅，門無卿相輿，寥寥空宇中，所講在玄虛，言論準宣尼，辭賦擬相如，悠悠百世後，英名擅八區。」(四)

金、張喻權臣，許、史指外戚。金日磾，漢武帝崩，受遺詔輔政；張湯，漢武帝時官至御史中丞，數行丞相事；一說指湯子安世，昭帝時拜右將軍，宣帝時拜大司馬；許廣漢、史高二人，都是漢宣帝時的外戚，均一門四侯，最爲寵貴。西漢末，外戚王莽，權臣董賢執政，時人皆奔走其門，獨揚雄清靜無爲，不求富貴，閉門著述，仿周易的玄妙虛無作太玄經，象論語的答問體例作法言，擬司馬相如辭賦的弘麗溫雅作校獵、甘泉、長楊、河東等賦。左思這一首詩所說的情形，跟晉惠帝元康時候的情形很相類。當時，賈謐是賈皇后姊姊的兒子。晉書賈謐傳說：「賈后專恣，謐權過人主。……開閤延賓，海內輻湊，貴游豪戚及浮競之徒，莫不盡禮事之，或著文章稱美謐，以方賈誼。石崇、歐陽建、潘岳、陸機、陸雲、繆徵、杜斌、摯虞、諸葛詮、王粹、杜育、鄒捷、左思、崔基、劉瓌、和郁、周恢、索秀、陳眕、郭彰、許猛、劉訥、劉輿、劉琨，皆附會於謐，號曰二十四友。」左思傳說：「祕書監賈謐請講漢書。」按賈謐做祕書監，時在晉惠帝元康末（見北堂書鈔五十七引王隱晉書）。不久，賈謐就被趙王倫所誅。可見左思被賈謐羅致門下，爲時可能很晚，可能來往也並不親密，與「潘岳、石崇等諂事賈謐，每候其出，與崇輒望塵而拜。」自不能同日而語。所以賈謐及其黨被誅，並不與難。這首詩當是有感於當時游士朝臣，每日奔走權臣貴戚的門下而發也；並用揚子雲的寂寞自守，努力著作自喻也。所以陳祚明說：「太沖，其雄在才，其高在志。」

「皓天舒白日，靈景耀神州。列宅紫宮裏，飛宇若雲浮。峨峨高門內，藹藹皆王侯。自非攀龍客，何爲欻來遊？被褐出閶闔，高步追許由，振衣千仞崗，濯足萬里流。」(五)

這首詩說他自己不是趨炎附勢的人，寧願被褐，追蹤堯時高士許由，遁耕箕潁。「振衣千仞崗，濯足萬里流」二句，有抖落世塵、洗清俗垢的意思，使人讀了有飄飄然要脫離這個世界的感覺。

「荊軻飲燕市，酒酣氣益振。哀歌和漸離，謂若傍無人。雖無壯士節，與世亦殊倫。高

眄邈四海，豪右何足陳？貴者雖自貴，視之若埃塵；賤者雖自賤，重之若千鈞。」（六）

荊軻和狗屠、高漸離，酣飲燕市。漸離擊筑，荊軻慷慨和歌，旁若無人。後來他入秦，想行刺秦王。這首蓋借荊軻事，寫出他對當日豪家貴族的輕視心理。秦王雖貴，而荊軻刺之；狗屠雖賤，軻與之相飲。「高眄邈四海，豪右何足陳？」眞是看輕天下豪貴了。

「主父宦不達，骨肉還相薄。買臣困采樵，伉儷不安宅。陳平無產業，歸來翳負郭。長卿還成都，壁立何寥廓。四賢豈不偉？遺烈光篇籍。當其未遇時，憂在塡溝壑。英雄有迍邅，由來自古昔。何世無奇才？遺之在草澤。」（七）

這首歷敍漢時主父偃、朱買臣、陳平、司馬相如未遇時情形；言英雄窮困，從古就有。諷示每一時代都有奇才，只是當局沒有去發掘他們，重用他們，把他們遺棄民間罷了。

「習習籠中鳥，舉翮觸四隅。落落窮巷士，抱影守空廬。出門無通路，枳棘塞中塗。計策棄不收，塊若枯池魚。外望無寸祿，內顧無斗儲。親戚還相蔑，朋友日夜疎。蘇秦北遊說，李斯西上書，俛仰生榮華，咄嗟復彫枯。飲河期滿腹，貴足不願餘。巢林棲一枝，可爲達士模。」（八）

蘇秦北去燕趙，遊說諸侯，合縱抗秦，佩六國相印，後來却被齊人刺殺而死；李斯西入秦，上書秦王，助秦幷吞天下，官至丞相，後被趙高構陷，夷滅三族。說榮華富貴的無常。所以詩說：「俛仰生榮華，咄嗟復彫枯。」結語採莊子逍遙遊語：「鷦鷯巢於深林，不過一枝，偃鼠飲河，不過滿腹。」言人貴在知足，能够知足，可作達士的楷模。

由上面的分析，我們可以知道左思的詠史詩表面看來是評論史事，其實是藉此自抒他不平的際遇，高曠的心志，與詠懷詩相似。左思博學高才，胸懷大志，想在軍事、政治上有所貢獻，但以生長寒門，進身無路，難期騰達，因詠史以抒其鬱結。晉政不綱，貴倖庸劣，依附既不甘，高蹈亦難得，論古傷時，愁腸百結，貌爲豪放沈雄，實極悲涼激越。他筆力雄邁，揮灑自如，用典精切，極具風力。張玉穀分析左思以詠史抒懷的方法說：「太沖詠史，或先述己意，而以史事證之；或先述史事，而以己意斷之；或止述己意，而史事暗含；或止述史事，而己意默寓。」（古詩賞析卷十）。胡應麟也說：「詠史之名，起自孟堅，但指一事；魏杜摯贈毋丘儉，疊用八古人名，堆垛寡變；太沖題實因班，體亦本杜，而造語奇偉，創格新特，錯綜震蕩，逸氣干雲，遂爲古今絕唱。」後來陶潛的詠史詩，從左思而出。現在再看左思的嬌女詩：

「吾家有嬌女，皎皎頗白皙。小字爲紈素，口齒自清歷。鬢髮覆廣額，雙耳似連璧。明朝弄梳臺，黛眉類掃跡。濃朱衍丹唇，黃吻瀾漫赤。嬌語若連瑣，忿速乃明㦎。握筆利彤管，篆刻未期益。執書愛綈素，誦習矜所獲。其姊字蕙芳，面目粲如畫。輕妝喜樓邊，臨鏡忘紡績。舉觶擬京兆，立的成復易。玩弄眉頰間，劇兼機杼役。從容好趙舞，延袖象飛翮。上下絃柱際，文史輒卷襞。顧眄屏風畫，如見已指擿。丹青日塵闇，明義爲隱賾。馳騖翔園林，菓下皆生摘。紅葩綴紫蔕，萍實驟抵擲。貪花風雨中，眒忽數百適。務躡霜雪戲，重綦常累積。并心注肴饌，端坐理盤槅。翰墨戢函按，相與數離逖。動爲鑪鉦屈，屣履任之適。止爲荼菽據，吹噓對鼎䥶。脂膩漫白袖，煙熏染阿錫。衣被皆重池，難與沉水碧。任其孺子意，羞受長者責。瞥聞當與杖，掩淚俱向壁。」

寫他的兩個女兒紈素和蕙芳，純用白描，語極質樸，而情態活現。詩中頗多方言詞，如「懥」「⿰目粲」「舉觶」「鑪鉦屈」。丁福保說：「『⿰目粲』字，說文、玉篇皆不載，似非梁以前字，疑當作粲，然宋刻玉臺如是，姑存，俟考。」（見全漢三國晉南北朝詩全晉詩卷四），陸侃如說：「其所以能刻畫盡致，也實在爲了這一點。在駢儷漸盛的時候，這篇的確是很可貴的作品了。」（中國詩史頁三四一）。他的招隱詩有兩首，今錄第一首如下：

「杖策招隱士，荒塗橫古今。巖穴無結構，丘中有鳴琴。白雲停陰岡，丹葩曜陽林。石泉漱瓊瑤，纖鱗或浮沈。非必絲與竹，山水有清音。何事待嘯歌，灌木自悲吟。秋菊兼餱糧，幽蘭間重襟。躊躇足力煩，聊欲投吾簪。」（一）

這是魏、晉遁世隱逸的思想下所產生的作品。漢淮南小山作招隱，原極道山中窮苦的情狀，想諷切避世的隱士，離山出仕；但左思這首招隱詩，却是描寫自然環境的優美，讚美隱者生活的自由，充滿着詩情畫意，如「石泉漱瓊瑤，纖鱗或浮沈」，「非必絲與竹，山水有清音」，都是一些讀來令人悠然神往的詩句，是一種清美玄默的境界，所以去招隱的反過來也想投簪不仕的了。雜詩說：

「秋風何冽冽，白露爲朝霜。柔條旦夕勁，綠葉日夜黃。明月出雲崖，皦皦流素光。披軒臨前庭，嗷嗷晨雁翔。高志局四海，塊然守空堂。壯齒不恆居，歲暮常慨慷。」

這首詩係感慨時光流逝，年已衰老。文選李善注，以爲「賈充徵爲記室，不就；因感年老，故作此詩。」按此於思傳無據；而且賈充早在晉武帝太康三年（二八二）卒，當左思三都賦寫成不久，正是他壯盛之年。如何云老？李善當係將「齊王冏請左思爲記室督，不就」一事，誤記作賈充吧！他的悼離贈妹詩凡二首，是他早年的四言詩。現舉第二首中兩章如下：

「以蘭之芳，以膏之明，永去骨肉，內充紫庭。至情至念，惟父惟兄，悲其生離，泣下交頸。」（第二首之二）

「將離將別，置酒中堂，銜杯不飲，涕洟縱橫。會日何短，隔日何長？仰瞻曜靈，愛此寸光。」（第二首之四）

表現他深厚手足之情。妹富有文采，而被招入宮，生離類同死別；他在悲傷中蘊含雄邁的意致。

左芬，少好學，善綴文，晉武帝聞而納之，於泰始八年入宮拜修儀，雖然姿陋無寵，但以才德見禮，後爲貴嬪，所作賦、誄、頌，均甚清麗動人，梁有左九嬪集四卷亡，唐志作一卷。她的詩今僅存啄木詩與感離詩二首。感離詩，一作「離思」，是同答左思悼離之作。現在附錄如下：

「自我去膝下，倏忽踰再期。邈邈浸彌遠，拜奉將何時？披省所賜告，尋玩悼離詞，髣髴想容儀，欷歔不自持。何時當奉面，娛目於書詩？何以訴辛苦，告情於文辭！」

此詩雖質樸無彩，却也是至情之作。

左思在太康時代偏重辭藻注意雕琢的詩風裏，能獨標異幟，以渾厚高曠，莽蒼激越的風格，出現詩壇上，或藉詠史以抒己懷，或託山水以寄清音，或因時序以述感慨，雖然作品不多，却都蘊含寄託諷喻之意致，尙有漢魏詩渾厚自然的風格。黃子雲說他「修詞造句，全不沿襲前人一字，落落寫來，自成一家。」（野鴻詩的），又豈是潘、陸、三張所能比埒？後來，陶潛集其大成，遂達到最高的成就。

十、石　崇（二四九—三〇〇）

石崇字季倫，小名齊奴，渤海南皮人，生於魏嘉平元年（二四九），卒於晉永康元年（三〇〇），年五十二歲。少敏慧，爲散騎郎。元康初（二九二左右）累遷荆州刺史。嘗刼遠使商客，致富不貲。於洛陽置金谷別墅，富麗甲一時。頃拜太僕，元康六年（二九六）出爲征虜將軍，監徐州諸軍事，鎭下邳。免官，復拜衞尉，與潘岳共事賈謐，又與貴戚王愷等以奢靡相尚，及賈謐被誅，崇以黨與免官，時趙王倫專權，崇有妓曰綠珠，美艷異常，孫秀使人求之，不與。秀乃勸倫矯詔殺之，綠珠亦墮樓死，一門皆被害。有文集五卷。崇長於詩，以王明君辭（見文選）爲最著：

「我本漢家子，將適單于庭，辭訣未及終，前驅已抗旌。僕御涕流離，轅馬悲且鳴，哀鬱傷五內，泣淚濕朱纓。行行日已遠，遂造匈奴城。延我於穹廬，加我閼氏名。殊類非所安，雖貴非所榮。父子見陵辱，對之慙且驚。殺身良不易，默默以苟生。苟生亦何聊，積思常憤盈。願假飛鴻翼，乘之以遐征。飛鴻不我顧，佇立以屏營。昔爲匣中玉，今爲糞上英。朝華不足歡，甘與秋草并。傳語後世人，遠嫁難爲情。」

王明君，爲相和歌吟歎曲名（古今樂錄引張永元嘉技錄），原漢人所製曲，詠昭君和番故事。漢元帝竟寧元年正月，匈奴呼韓邪單于入朝，自言願壻漢氏以自親。元帝以後宮良家子王牆、字昭君，賜單于，號寧胡閼氏。呼韓邪單于卒，再嫁呼子雕陶莫皋單于，生二女。（見漢書元帝紀及匈奴傳）。一說「漢人憐其遠嫁，爲作此歌。」一說昭君恨元帝不見遇，而作此歌。此篇乃晉武帝太康中，石崇妓綠珠善舞，崇以此曲教之，而自製新歌辭（見古今樂錄）。以王昭君的口吻，抒述她遠嫁匈奴的離思哀情。又思歸引說：

「思歸引，歸河陽；假余翼，鴻鶴高飛翔。經芒阜，濟河梁，望我舊館心悅康。清渠激，魚傍徨，鴈驚泝波羣相將。終日周覽樂無方；登雲閣，列姬姜；拊絲竹，叩宮商；宴華池，酌玉觴！」

石崇思歸引序曰：「余……弱冠登朝，歷位二十五年，五十以事去官。晚節更樂放逸，篤好林藪，遂肥遁於河陽別業。……歘復見牽羈，婆娑於九列，困於人間煩黷，常思歸而永歎。尋因覽樂篇，有思歸引，有弦無歌，今爲作樂辭，以述余懷。」石崇有別館曰金谷園，在河南洛陽西北。崇金谷詩序曰：「余有別廬，在河南界金谷澗中，有清泉茂樹，衆果竹柏藥物備具，又有水碓魚池土窟。」按太僕、衞尉，均爲九卿之列。詩言願如鴻鶴，飛歸河陽，過其遊樂之生活也。詞旨超逸朗爽，頗有漢人古調。

十一、劉　琨（二七一—三一八）

劉琨字越石，中山魏昌（河北無極）人，生於晉武帝泰始七年（二七一）。從小有雋朗之目。起初，他和祖逖作司州主簿，同睡一牀。半夜，聽到鷄鳴聲，就一同起舞。後來聽到祖逖被用，打敗了敵人，他給親友的信說：「吾枕戈待旦，志梟叛逆；常恐祖生先我著鞭。」其意氣相期如此。晉惠帝時爲范陽王虓司馬，共破東平王楙，斬石超，降呂朗，以勳封廣武侯。懷帝永嘉元年（三〇七）爲并州（時治晉陽，今山西太原）刺史，加振威將軍，領匈奴中郎將。雁門烏丸反，琨親率精兵出禦；匈奴劉聰乘虛襲晉陽，琨父母都遇害。愍帝建興三年（三一五）爲司空，都督并、冀、幽三州軍事。後遇石勒埋伏，兵敗勢弱，遂從飛狐口，入薊，依幽州刺史鮮卑段匹磾。與匹磾聯婚立誓，約共獎晉室。時長安失陷，元帝稱制江左。琨乃令長史溫嶠勸進，率河朔征鎭夷夏一百八十人連名上表。帝進琨侍中、太尉。元帝建武元年（三一七），段匹磾從弟末波，跟匹磾不和，謀以琨代匹磾爲幽州刺史；遂致段匹磾猜嫌，琨終被縊死，時年四十八。子姪六人，也同時被害。除子羣外，一門都殉於國難，悲壯英烈。隋志有集九卷，琨詩今存答盧諶、重贈盧諶、扶風歌等三首。又胡姬年十五一首，當爲他人僞作摻入。詩品說他：「善爲悽戾之詞，自有清拔之氣。琨既體良才，又罹厄運，故善敍喪亂，多感恨之詞。」陳祚明說：「越石英雄失路，滿衷悲憤，即是佳詩，隨筆傾吐，如金筎成器，本擅商聲，順風而吹，嘹飄悽戾，足使櫪馬仰憤，城烏俯咽。」今錄兩首如下：

「朝發廣莫門，暮宿丹水山。左手彎繁弱，右手揮龍淵。顧瞻望宮闕，俯仰御飛軒。據鞍長歎息，淚下如流泉。繫馬長松下，發鞍高岳頭。烈烈悲風起，泠泠澗水流。揮手長相謝，哽咽不能言。浮雲爲我結，歸鳥爲我旋。去家日已遠，安知存與亡。慷慨窮林中，抱膝獨摧藏。麋鹿遊我前，猨猴戲我側。資糧既乏盡，薇蕨安可食。攬轡命徒侶，吟嘯絕巖中。君子道微矣，夫子故有窮。惟昔李騫期，寄在匈奴庭，忠信反獲罪，漢武不見明。我欲竟此曲，此曲悲且長，棄置勿重陳，重陳令心傷。」（扶風歌）

沈德潛說：「此詩悲涼酸楚，不知所云。」未確。按劉琨扶風歌當係作於晉懷帝永嘉元年（三〇七）九月，由洛陽赴幷州任刺史的途中。晉書劉琨傳曰：「永嘉元年琨爲幷州刺史，加振威將軍，領匈奴中郎將（讀史舉正以爲應在前一年，即晉惠帝光熙元年）琨於路上表曰：『九月末得發，道嶮山峻，胡寇塞路，輒以少擊衆，冒險而進，頓伏艱危，辛苦備嘗，即日達壺口關。臣自涉州疆，目覩困乏。惟有壺關，可得告糴。』詳觀扶風歌，寫朝辭洛陽，夕至丹水，路上烈烈風悲，備嘗危困，去家日遠，資糧乏盡之情境，正與琨傳所言相合。其詞曰：「朝發廣莫門，夕宿丹水山。」廣莫門，爲魏晉時洛陽北城靠東之一門，漢舊名穀門。丹水，在山西高都縣東南丹谷（見水經注），南距洛陽約二百八十里左右（見讀史方輿紀要卷四十三澤州條），騎馬而行，不需一日，爲北上壺口關中途，往幷州（晉治晉陽，今山西太原）必經之通道。其詞又曰：「惟昔李（陵）騫期，寄在匈奴庭」，當與劉琨兼領「匈奴中郎將」事有關，先匈奴左賢王劉元海已反於離石，自號大單于，進犯幷州一帶，琨因有所感，兼詠及之。按琨表又曰：「臣伏思此州（幷州），雖云邊朔，實邇皇畿。」而扶風爲漢京畿三輔要地之一；故歌名扶風，或亦取義於此也。理解了他寫作的背景後，並不難解。又如：

「握中有懸璧，本是荆山球。惟彼太公望，昔是渭濱叟。鄧生何感激，千里來相求。白登幸曲逆，鴻門賴留侯。重耳任五賢，小白相射鉤；能隆二伯主，安問黨與讐？中夜撫枕歎，想與數子遊。吾衰久矣夫，何其不夢周。誰云聖達節，知命故不憂。宣尼悲獲麟，西狩泣孔丘。功業未及建，夕陽忽西流。時哉不吾與！去矣如雲浮。朱實隕勁風，繁英落素秋；狹路傾華蓋，駭駟摧雙輈。何意百鍊剛？化爲繞指柔！」（重贈盧諶，此詩據晉書劉琨傳）

註：鄧生，鄧禹也。二伯，重耳、桓文也。數子，謂太公以下也。

晉書劉琨傳說：「琨爲匹磾所拘，自知必死，爲五言贈其別駕盧諶。琨詩託意非常，攄暢幽憤，遠想張（良）陳（平），感鴻門、白登之事，用以激諶。諶素無奇略，以常詞酬和，殊乖琨心。」盧諶字子諒，范陽涿人，琨敗，往投遼西段末波，清敏有思理，亦善作詩文。

十二、郭　璞（二七六—三二四）

郭璞字景純，河東聞喜（山西聞喜）人，生於晉武帝咸寧二年（二七六）。好經術，博學有高才，詞賦爲東晉中興之冠。嘗從郭公受青囊書，由是洞知五行、天文、卜筮之術，善占禍福。時國事日非，遂避地過江。元帝重之，以爲著作佐郎，遷尙書郎。大將軍王敦以璞善卜筮，起璞爲記室參軍。晉明帝太寧二年（三二四），王敦將舉兵反，使璞卜筮，凶。璞說：「無成。」又說：「明公起事，必禍不久。」敦怒收斬璞，時年四十九。及敦亂平，追贈弘農太守。

郭璞著作極富，嘗注爾雅、山海經、穆天子傳、楚辭、方言，子虛、上林等賦，數十萬言。所作詩賦，亦數萬言，隋志有集十七卷。詩今存二十二首。他的傑作自然是十四首游仙詩。漢魏兩晉人作的游仙詩很多，如曹操、曹植、嵇康、張華、張協、陸機，均有作品。不過「游仙」二字實始見於曹植樂府的游仙篇。郭璞的游仙詩，有些係借游仙之名，而詠懷其實。詩品說：

「憲章潘岳，文體相輝，彪炳可玩，始變永嘉平淡之體，故稱中興第一。但游仙之作，辭多慷慨，乖遠玄宗。而云『奈何虎豹姿』，又云『戢翼棲榛梗』，乃是坎壈詠懷，非列仙之趣也。」

他的游仙詩雖有些藉以詠懷，但其中有許多仍是直詠神仙世界，未必盡如鍾嶸所論定。他文采艷逸，尤勝於潘岳的「爛若舒錦」。今舉四首：

「京華遊俠窟，山林隱遯棲。朱門何足榮？未若託蓬萊。臨源挹清波，陵岡掇丹荑。靈谿可潛盤，安事登雲梯？漆園有傲吏，萊氏有逸妻。進則保龍見，退爲觸藩羝；高蹈風塵外，長揖謝夷齊。」

註：進，謂仕進。

沈德潛曰：「言爲保全身名之計，退則類觸藩之羝，孰若高蹈風塵，從事於遊仙乎？」

「青溪千餘仞，中有一道士。雲生梁棟間，風出窗戶裏。借問此何誰？云是鬼谷子。翹迹企潁陽，臨河思洗耳。閶闔西南來，潛波渙鱗起。靈妃顧我笑，粲然啓玉齒。蹇修時不存，要之將誰使？」

註：閶闔，指風而言。

「翡翠戲蘭苕，容色更相鮮。綠蘿結高林，蒙籠蓋一山。中有冥寂士，靜嘯撫清絃。放情凌霄外，嚼蕊挹飛泉。赤松臨上遊，駕鴻乘紫煙。左挹浮邱袖，右拍洪崖肩。借問蜉蝣輩，寧知龜鶴年！」

「雜縣寓魯門，風暖將爲災。呑舟涌海底，高浪駕蓬萊。神仙排雲出，但見金銀臺。陵陽挹丹溜，容成揮玉杯，姮娥揚妙音，洪崖頷其頤。升降隨長煙，飄颻戲九垓。奇齡邁五龍，千歲方嬰孩。燕昭無靈氣，漢武非僊才。」

註：雜縣，卽爰居。五龍皇，皆人而龍身，分治五方。燕昭王曾使人入海求蓬萊、方丈，瀛洲三仙山。漢武帝亦篤信神仙長生不老之說也。

其中，如「放情凌霄外，嚼蕊挹飛泉」，「神仙排雲出，但見金銀臺」，「升降隨長煙，飄颻戲九垓」，造語可稱工緻奇傑。劉大杰說他的作品是仙心的玄虛文學的代表，能假玄語以託中情，意境高遠，在談玄說理的詩歌中是比較可讀的。比起孫綽、許詢、桓溫、庾亮的枯淡之作，高明多了。同時在詩人游仙之作中，可說沒有一人能比郭璞寫得更好了。

十三、孫綽

孫綽字興公，太原中都（山西平遙）人，生卒年不詳。少有高志，住在會稽（浙江紹興），遊放山水十幾年，作天台山賦，古人稱爲有「仙心佛意」之作，刻畫山水，描寫自然，都有過人的技巧，辭致極工。他自己對友人范榮期說：「卿試擲地，當作金石聲。」他自負如此。後除著作佐郎，遷散騎常侍。晉穆帝永和後，轉廷尉卿，領著作郎。當時才筆之士，綽爲其冠；溫嶠、王導、郗鑒、庾亮諸公之薨，必須綽爲碑文，然後刋石。文譽之隆，由此可見。隋志有集二十五卷。詩今存十一首，其中八首四言，三首五言。鍾嶸詩品說：「（晉懷帝）永嘉時（三〇七—三一二），貴黃老，尙虛談，于時篇什，理過其辭，淡乎寡味。爰及江表，微波尙傳，孫綽、許詢、桓（溫）、庾（亮）諸公詩，皆平典似道德論（何晏著有道德論）。」世說新語注引續晉陽秋說：「過江物理尤盛，……詢及太原孫綽，轉相祖尙，又加三世之辭，詩、騷之體盡矣。」由此可見孫綽、許詢的詩風。大體說來，孫綽的四言詩，正如詩品所說，多是說理談玄的文字，好像歌偈，枯淡乏味，晦澀難解。如：

「大樸無像，鑽之者鮮。玄風雖存，微言靡演。邈矣哲人，測深鈎緬。誰謂道遼？得之無遠。」（贈溫嶠詩第一章）

「仰觀大造，俯覽時物。機過患生，吉凶相拂。智以利昏，識由情屈。野有寒枯，朝有炎鬱。失則震驚，得必充詘。」（答許詢詩第一章）

這些都是較長篇的作品，一連數章或十餘章，連篇論理，讀來厭然。不過孫、許的詩，未盡平典，也間有姸鍊的文詞。如剡溪詩話引孫綽秋日詩：「疎林積涼風，虛岫結凝霄。」（見丁福保輯全晉詩卷五）。許詢詩：「青松凝素髓，秋菊落芳英。」「丹葩耀芳蕤，綠竹蔭閑敞。」「曲欞激鮮飈，石室有幽響。」（所引詢諸詩，丁刋全晉詩卷五均未收），均善造狀寫景。孫綽情人碧玉歌二首，都是情韻綿綿的民歌。

「碧玉破瓜時，郎爲情顚倒；感郎不羞赧，回身就郎抱。」（其二）

碧玉歌，一名千金意。樂府詩集說是「汝南王作」。玉臺新詠卷十說是孫綽作。碧玉是小家女兒，嫁給汝南王爲妾；其事盛傳民間，所以文士多詠之。這當是孫綽模倣江南的民歌作的，風格跟晉、宋間吳聲歌曲相類，熱情大膽而纏綿。所以跟孫綽其他詩的作風不類。

十四、許　詢（三四五前後）

許詢字玄度，高陽（山東高密）人，大約晉穆帝永和元年（三四五）前後在世。總角秀惠，人稱神童。長而風情簡素。善屬文，與孫綽並稱爲一時文宗。好遊山水，體便登涉，所以時人說：「詢非徒有勝情，實有濟勝之具。」辟司徒掾，不就，隱居永興（浙江蕭山）究山。隋志有集八卷。他長於五言詩，「善恬淡之詞」，司馬昱稱他「妙絕時人」。詩今存竹扇一首：

「良工眇芳林，妙思觸物騁；篾疑秋蟬翼，團取望舒景。」

註：望舒、月也。

這首寫竹扇以蟬翼、月景爲喻，雖恬淡，亦甚美。

十五、陶　潛（三七二—四二七）

陶潛是東晉時代最偉大的隱逸派的田園詩人。他的詩文辭賦都表現着最高的藝術。鍾嶸詩品說：「陶潛詩源出於應璩，又協左思風力，文體省淨，殆無長語，篤意眞古，辭興婉愜，每觀其文，想其文德。」在崇尙豔麗雕琢的文風的晉南北朝，他曠達自然的作品，雖未被當時文學批評家另眼看待。像劉勰文心雕龍才略篇，沈約宋書謝靈運傳論，論敍晉代詩流名家，獨遺陶潛；鍾嶸僅將他列爲中品。但這都不足以抑低他的作品眞正價値，梁昭明太子就非常欣賞陶潛的作品，替他標章遺集，作傳記，作序說：

「其文章不羣，辭采精拔，跌宕昭彰，獨超衆類，抑揚爽朗，莫之與京，橫素波而傍流，干青雲而直上，語時事則指而可想，論懷抱則曠而且眞，加以貞志不休，安道苦節，不以躬耕爲恥，不以無財爲病。……觀淵明之文者，馳競之情遣，鄙吝之意袪，貪夫可以廉，儒夫可以立。」

可見不但他的文章是第一流的，而且人品高潔，感人至深。其實陶潛偉大的地方，「是能將他的生活與作品溶成一片」，沒有一些虛僞和造作，因此能够不朽，對於後代的影響極大。唐代大詩人王維、孟浩然、儲光羲、柳宗元諸人都是學陶詩出名的（見沈德潛說詩晬語）；

韋應物、白居易、薛能、鄭谷更仿效其體作詩（見蔡寬夫詩話）。他在文學史上的地位逐漸提高，如杜甫將他與謝靈運並舉，白居易將他與韋應物等類，薛能將他與李白同列。這時，有些人喜歡他的飲酒，有些人喜歡他的清高峻潔的志節，有些人喜歡誦讀他的詩歌。如錢起詩說：「林端忽見南山色，馬上還吟陶令詩。」有些人喜歡用他的軼事作詩，像賦重九、歸來、縣令、隱居諸題多用陶潛的故事。到宋朝，他的文名更盛，桃花源記，歐陽修推爲魏晉時代第一等散文；蘇軾謫居儋耳時，住在羅浮山下，前後追和陶潛詩一百零九首，並且親自繕寫陶集鐫版；他說：「淵明作詩不多；然其詩質而實綺，癯而實腴。自曹（植）、劉（楨）、鮑（照）、謝（靈運）、李（白）、杜（甫）諸人，皆莫及也。」從此之後，無論評論家，詩人幾萬人同聲的推贊陶詩，是屈原、曹植之後最著名的詩人。

陶潛字淵明，一說名淵明字元亮。據梁啓超氏考證，他生於晉簡文帝咸安二年（三七二），卒於宋文帝元嘉四年（四二七），潯陽柴桑（今江西九江西南）人。他是東晉名將陶侃的曾孫。陶侃做過八州都督，封長沙郡公，卒後追贈大司馬。當陶侃平定蘇峻等亂，功高震主，有陶侃要篡位的傳說；其實陶侃却是心地恬淡的人。因此他在命子詩中頌揚他的曾祖父說：「功遂辭歸，臨寵不忒。孰謂斯心，而近可得。」祖父茂做過武昌太守，父親做過姿城太守，也都是淡漠名利，潔身自好的人。他的母親是征西大將軍桓溫的長史孟嘉先生的第四女兒。嘉是當時名儒，文章超卓，行不苟合，言無夸矜，喜歡飲酒，胸襟廣闊。這樣的家庭環境，對陶潛一生可說影響極大。

陶潛在少年時代就養成高潔的志趣，努力向學。又因生長農村，也就特別酷愛自然和田園生活。他在與子儼等疏說：

「少學琴書，偶愛閑靜，開卷有得，便欣然忘食；見樹木交蔭，時鳥變聲，亦復歡然有喜；常言五六月中，北窗下臥，遇涼風暫至，自謂是羲皇上人。」

可見他少年時生活的一斑。在他青年時期正是東晉偏安江南，胡人盤據中原；這時，他熱血滿腔，胸懷猛志，崇拜的是田疇、荆軻之類的英雄。在他中年和晚年的作品如雜詩、擬古詩中，還常常流露出他這種少壯時代的奇情壯思。陶潛雖抱經濟之器，想振復國家。可是晉自太元八年（三八三）肥水之役，戰敗苻堅後，不久謝安、謝玄，相繼過世，孝武帝沈溺酒色，京師人士，莊園主人也多耽於苟安的生活，不打算恢復中原。孝武帝又被張貴妃所弒。安帝即位後，大臣會稽王司馬道子和他的兒子元顯當國，招權納賄，政治黑暗，時局就更加不安定，先有王恭等舉兵反，後又有海賊孫恩擄掠州邑，孫恩敗後，餘黨盧循復起，接着是荆、江八州都督桓玄的叛亂，入建康，殺元顯，篡帝位，接着劉裕等起兵討滅桓玄。自孝武帝太元中至安帝義熙初二十餘年間，戰爭黨禍，盜賊飢荒，瀕臨人間，人民生活非常困苦。懷正志道，潔己清操的陶潛，當他一接觸到這種黑暗社會，動亂時代，就發現己與物相忤，不過早先他還時常露出憤世的熱情。如在感士不遇賦序所說：

「自眞風告逝，大僞斯興；閭閻懈廉退之節，市朝驅易進之心。」

又說：

「哲人無偶，淚淋浪以灑袂；何曠世之無才，罕無路之不澀。伊古人之慷慨，病奇名之不立。」

寫盡了他自己的孤獨不遇的悲哀，及對社會頹風的無限痛心。到了後來却產生厭惡的心理，想脫離這汚濁的樊籠塵網，想回歸故園。不過，他在三十四歲前，爲了母老家貧，還屢次爲祿而仕。晉孝武帝太元十八年（三九三）到江州（時治潯陽）爲祭酒。以不堪吏職，自動辭歸。又召爲州主簿，不就。晉安帝隆安三年（三九九），做前將軍劉牢之參軍。四年五月，他回鄉省親。十一月，劉牢之遷爲鎭北將軍；他仍在軍幕。時劉牢之率軍東征海賊孫恩；他曾隨軍遠至東海隅。五年七月，他奉命往江陵，有詩說：「懷役不遑寐，中宵尙孤征。」這一年冬天，他的母親過世。丁憂在家。安帝元興二年（四〇三）十二月，桓玄簒位。三年，劉裕起義兵討玄。他又出任建威將軍江州刺史劉敬宣的參軍。敬宣是劉牢之的兒子。次年義熙元年（四〇五）桓玄亂平。三月，他代表建威將軍出使京都，對時局還寄有新希望；

但看到的是桓玄的跋扈，轉爲劉裕的專橫，安帝不過是傀儡罷了。黑暗紊亂，一如往昔；他大失所望，就有退隱避世的意思。不久，劉敬宣解職，他也就跟着罷官；但因「家貧，耕植不足以自給，幼稚盈室，缾無儲粟，生生所資，未見其術，親故多勸余爲長吏」（見歸去來辭序），於是他想當一名小小的縣令。他對親友說：「聊欲絃歌，以爲三徑之資，可乎？」八月，他的叔父陶弘推薦他做彭澤縣（今江西湖口縣東）縣令。可是他只做了八十幾天就不幹了；原因是郡裏派督郵到縣裏視察，他又看不慣這些官僚的臭架子，「不願爲五斗米而折腰」，於是辭職回家，賦下「歸去來辭」。這是他個人的生命歷史中的一個轉捩點，從此他決心永遠不再做官了，做一個勤耕力作的農夫，不斷歌頌田園自然美的詩人了。因宅邊有五柳樹，自號五柳先生。

至於陶潛爲什麼不愛做官？那樣的看不慣當時的社會，厭惡官場生活，除了上面所說的時代動亂，政治黑暗，以及本性使然，同時還是由於他自己有一套理想的社會組織。由他的「桃花源記及詩」，我們可以了解陶潛的理想的安樂社會，是跟現實的動亂社會衝突的，因此我們可以了解他爲什麼要辭官歸隱了。他既無力撥亂反正，又不願同流合污，覺得自己做官是「心爲形役」，「飢凍雖切，違己交病」的事，覺得應該回去尋找自己的和平安樂的世界，經過一番心靈與肉體的交戰之後，他遂介然拂衣回歸田園。

從晉安帝義熙元年（四〇五），中經晉恭帝、宋武帝、宋廢帝，至宋文帝元嘉四年（四二七），共二十三年，他一直在潯陽隱居，不再做官了。這時，他日夕在耕，灌園自欣，生活雖苦，淡泊處之。閒暇時，他或在水邊吟詩，或帶着子姪去遊山玩水，或殺鷄請鄰居親友高興的喝酒，高興的談天，或彈琴讀書，自得其樂，以忘其憂，在另一個世界中創立他理想的桃花源。義熙四年戊申（四〇八）六月，他遭到回祿，房子燒光。六年，遷居南村。後來，和顏延之、殷景仁、龐通之等結交，「奇文共欣賞，疑義相與析。」相處甚樂。當地的要人多仰慕他的高潔。如江州刺史王弘、柴桑丁縣令，名詩人顏延之都跟他來往。十年（四一四），釋慧遠在廬山東林寺般若精舍和劉遺民、周續之、張野等人結白蓮社，也邀他參加。他却覆信說：「若准許飲酒便入社。」他和周續之、劉遺民，時人稱為「潯陽三隱」。他的晚年生活更加清淡。十四年（四一八），他四十七歲，劉裕弒安帝立琅邪王德文為晉恭帝。元熙二年（四二〇），劉裕又逼恭帝禪位，自立為宋武帝，晉祚於是亡。晉亡後八年，宋文帝元嘉四年（四二七），徵為著作郎，不就。不久，陶潛也就過世了，葬於江西星子縣北二十五里。遺有子五人，身後蕭條。自作有挽歌三首及自祭文一篇。文說：「匪貴前譽，孰重後歌?!」但他亙古不朽的令名，却長存世間。當時友人私諡他靖節先生。到明李夢陽嘗為置田祭祀，並設立靖節書院，以紀念他。

陶潛的著作不少，在他卒後，不到一百年，梁昭明太子替他編全集，凡七卷，連同序、傳爲八卷；北齊陽休之又編爲十卷；隋志作九卷；唐志有二十卷及五卷兩種。今流行本，有陶靖節集十卷及八卷、六卷、二卷等四種。他的詩的單行本，在宋紹熙三年就有曾集編訂陶淵明詩一卷發行。而有關陶集、陶詩的箋注評說研究校批者更多。據丁福保陶詩箋注所收陶詩除幾首他人的作品摻入外，還有一百二十六首，除九首四言詩外，其餘均爲五言。現略舉幾首，以見其作品之一斑，例如：

「弱齡寄事外，委懷在琴書。被褐欣自得，屢空常晏如。時來苟冥會，宛轡憩通衢；投策命晨裝，暫與園田疎。眇眇孤舟逝，綿綿歸思紆。我行豈不遙，登降千里餘；目倦川途異，心念山澤居。望雲慚高鳥，臨水愧游魚；眞想初在襟，誰謂形迹拘？聊且憑化遷，終返班生廬。」（始作鎭軍參軍經曲阿）

這首寫他剛剛離鄉，出任鎭軍參軍，就心念故居，作隨時回鄉的打算，所以詩說：「暫與園田疎」，「終返班生廬」。他這次作參軍，大概是機緣偶合，隨運遷化罷了。所以又說：「時來苟冥會」，「聊且憑化遷」。這跟世人的苦心鑽營，夤緣力求之道不同。至「高鳥」、「游魚」二句，很有深味；「高」字「游」字，都含有逍遙自由而很難籠羈網羅之意。這些都是從他的心中流出的眞實話，沒半點矯飾，冲淡之極。

「白髮被兩鬢，肌膚不復實；雖有五男兒，總不好紙筆。阿舒已二八，懶惰故無匹；阿宣行志學，而不愛文術；雍、端年十三，不識六與七；通子垂九齡，但覓梨與栗。天運苟如此，且進杯中物！」（責子）

陶潛有儼、俟、份、佚、佟五個男孩子（見與子儼等疏）；阿舒、阿宣、雍、端、通，是他們的小名。黃庭堅說：「觀淵明之詩，想見其人豈弟慈祥，戲謔可觀也。」（見豫章黃先生文集卷二十六書淵明責子詩後）。

「疇昔家上京，六載去還歸。今日始復來，惻愴多所悲。阡陌不移舊，邑屋或時非；履歷周故居，鄰老罕復遺。步步尋往迹，有處特依依。流幻百年中，寒暑日相推，常恐大化盡，氣力不及衰。撥置且莫念，一觴聊可揮。」（還舊居）

這首詩寫回到舊居之後看見的情形，和過去不同，「邑屋非而鄰老亡」，使人感傷人生百年就像流水一樣的空幻。他在歸園田居之四中說：「人生似幻化，終當歸空無。」飲酒之三中說：「一生復能幾？倏如流電驚。」之八中又說：「吾生夢幻間，何事紲塵羈？」他這種思想，無疑是受佛家視現界一切，皆是塵中緣影，如夢如幻，如露如電的空觀思想的影響。「撥置且莫念，一觴聊可揮」，却是想借酒來解脫這種人生空幻看法的煩惱，求達到心淨常樂，返回自然的境界。

「少時壯且厲，撫劍獨行遊。誰言行遊近？張掖至幽州。飢食首陽薇，渴飲易水流，不見相知人，惟見古時邱。路邊兩高墳，伯牙與莊周；此士難再得，吾行欲何求!?」（疑古八）

這首詩追憶他少年時代的心事；可見他絕不是隱逸忘世，而是意氣飛揚的人。少時胸懷猛志，撫劍遠遊，想要訪求夷、齊之流高士，荆軻之類義俠，作自己的知交；可是找不到這類的朋友，見到只是伯牙、莊周兩墳；伯牙因鍾子期卒而絕絃，莊周因惠施死而深瞑，都是由於知己朋友的過世，而碎琴寢言；今世既無高士義俠之類的知己，又何必遠遊呢？前後呼應，寫得非常出色，而年輕時超卓的志節，也不期然盡情流露了出來。

「憶我少壯時，無樂自欣豫，猛志逸四海，騫翮思遠翥。荏苒歲月頹，此心稍已去，值歡無復娛，每每多憂慮。氣力漸衰損，轉覺日不如。壑舟無須臾，引我不得住。前塗當幾許？未知止泊處。古人惜寸陰，念此使人懼」（雜詩五）

這首詩是寫老年人的心境，用語很平常，却刻畫得非常深刻。像「憶我少壯時，無樂自欣豫」，寫出青年人的胸襟純一，天天充滿着快樂，無憂無慮地過活；而且「猛志逸四海」，都想幹一番驚天動地的大事業，所謂「騫翮思遠翥」也。但隨着年齡的增長，這種歡情猛志，就逐漸冷淡下去。「值歡無復娛」，寫的正是這種人漸老去的心情。這時由於工作日忙，情感日淡，體力日衰，於是遇到值得歡娛的事情，却常感力不從心，時不我與了；而且百憂感心，萬慮煩神，頭髮白了，形貌老了，體力也遠不如從前了，這時才會猛然驚覺，時日無多，人生無幾，要愛惜一分一寸的光陰了。他寫自己這種老去的心理，可說深刻動人，能用常意說出人生的至理。這是一首成功的作品。

「代耕本非望，所業在田桑；躬親未曾替，寒餒常糟糠。豈期過滿腹？但願飽粳糧；御多足大布，麤絺以應陽。正爾不能得，哀哉亦可傷！人皆盡獲宜，拙生失其方；理也可奈何，且爲陶一觴！」（雜詩八）

註：孟子萬章篇下：「祿足以代其耕也。」代耕，謂出仕食祿也。莊子逍遙遊篇：「偃鼠飲河，不過滿腹。」正爾，如此也。

這首詩自述其「彭澤歸來，饑寒窮困之狀，而卒安於命也。」（邱嘉穗東山草堂陶詩箋卷四）。「拙生」，謂拙於謀生也。因爲「拙生失其方」，所以生活貧困，固理所當然，非命也。

「少無適俗韻，性本愛邱山，誤落塵網中，一去三十年。羈鳥戀舊林，池魚思故淵；開荒南野際，守拙歸園田。方宅十餘畝，草屋八九間，榆柳蔭後檐，桃李羅堂前。曖曖遠人村，依依墟里煙，狗吠深巷中，鷄鳴桑樹巔。戶庭無塵雜，虛室有餘閒。久在樊籠裏

，復得返自然。」（歸園田居一）

「種豆南山下，草盛豆苗稀，晨興理荒穢，帶月荷鋤歸；道狹草木長，夕露霑我衣；衣霑不足惜，但使願無違。」（歸園田居三）

這大概作於晉安帝義熙元年（四〇五）歸隱田園之後。塵網蓋指宦網。這全用白描的手法，不加修飾，却有無窮妙味。第一首寫他鄉居的情形。第三首寫草盛苗稀，晨興而作，帶月夜歸，道狹露多，寫出農家生活的一些苦況；但望與願無違，雖苦亦樂。像「久在樊籠裏，復得返自然」，說盡歸田的快樂，擺脫了塵網的牽制本性。「晨興理荒穢，帶月荷鋤歸。」寫出農家早出晚歸的生活，表現非常自然放逸的情致。又如「曖曖遠人村，依依墟里煙，狗吠深巷中，鷄鳴桑樹巔」，後二句用漢樂府鷄鳴行中語，描寫農村景色極村樸生動。正像蘇東坡所說：「初視若散緩，孰視有奇趣」，「大匠運斤，無斧鑿痕」的傑作（見釋惠洪冷齋夜話引），都是「不待安排，從胸中自然流出」的好詩（見朱子文集）。

「結廬在人境，而無車馬喧。問君何能爾？心遠地自偏。採菊東籬下，悠然見南山。山氣日夕佳，飛鳥相與還。此中有眞意，欲辨已忘言。」（飲酒詩五）

這首寫結廬人境閒遠自得的心意，若超然宇宙之外（見蔡寬夫說）。「采菊東籬下，悠然見南山」，表現的情趣很閒適，景象很悠遠，所謂情景融會，忘我忘情的極佳句。王荆公說：

「淵明詩有奇絕不可及之語，如『結廬在人境』四句，由詩人以來無此句。」這些詩不在文字的精粗，在意趣的高遠，所以妙味無窮。

「秋菊有佳色，裛露掇其英。汎此忘憂物，遠我遺世情。一觴雖獨進，杯盡壺自傾。日入羣動息，歸鳥趨林鳴。嘯傲東軒下，聊復得此生。」（飲酒詩七）

終篇寓意高遠，都是由菊而發的（見定齋說）。蓋由持菊獨飲，寫自己傲嘯東軒、卓然遺世的高情。葛常之韻語陽秋說：「陶潛、謝眺，詩皆平澹有思致，非後來詩人鉥心劌目雕琢者所爲也。」王元美藝苑巵言也說：「淵明託旨沖澹，其造語有極工者，乃大入思來，琢之使無痕迹耳。」就像「秋菊有佳色」，他並沒有在菊色上著上濃豔的色彩，只拈出一「佳」字，就寫活了菊花高雅的神情來（郭銀田說）。艮齋說：「『秋菊有佳色』一句，洗盡古今塵俗氣。」又寫他一人獨飲，飲到「杯盡壺自傾」，至今仍可使我們想到他的酩酊醉態。蘇東坡說：「靖節以無事自適爲得此生，則凡役於物者，非失此生耶？」

「居止次城邑，逍遙自閒止。坐止高蔭下，步止蓽門裏。好味止園葵，大懽止稚子。平生不止酒，止酒情無喜。暮止不安寢，晨止不能起。日日欲止之，營衞止不理。徒知止不樂，未知止利己。始覺止爲善，今朝眞止矣。從此一止去，將止扶桑涘。清顏止宿容，奚止千萬祀？」（止酒詩）

淵明生活之自求清淡，由此可見。胡仔說：「坐止於樹蔭之下，則廣廈華堂，吾何羨焉；步止於蓽門之裏，則朝市聲利，吾何趨焉；好味止於啜園葵，則五鼎方丈，吾何欲焉；大懽止於戲稚子，則燕歌趙舞，吾何樂焉。」何燕泉曰：「此言四者，止之久矣，所未止者酒耳。故歷舉此四止，而繼之以『平生不止酒』之語。」而言今連酒亦欲止之也。每句嵌有一個「止」字，在修辭上創一特別的格式。

「嬴氏亂天紀，賢者避其世。黃綺之商山，伊人亦云逝。往迹寖復湮，來逕遂蕪廢。相命肆農耕，日入從所憩。桑竹垂餘蔭，菽稷隨時藝。春蠶收長絲，秋熟靡王稅。荒路曖交通，鷄犬互鳴吠。俎豆猶古法，衣裳無新製。童孺縱行歌，斑白歡游詣。草榮識節和，木衰知風厲。雖無紀曆誌，四時自成歲。怡然有餘樂，于何勞智慧？奇蹤隱五百，一朝敞神界。淳薄既異源，旋復還幽蔽。借問游方士，焉測塵囂外。願言躡輕風，高舉尋吾契。」（桃花源詩）

這是一首以故事爲題材的寓言詩，是從老子的「寡民小國」的思想演變出來的，主要寫他自己的理想的社會形態。他的桃花源詩幷記所表現的只是他理想中的東方式的烏托邦罷了。在這烏托邦中，和平快樂，人人有工作，家家豐衣足食。再由記中「避秦時亂」的話看來，也是不滿意於世局的動亂使然，因而產生了這樣的寓言性的作品。桃花源，只是詩人筆下的夢境，可是後人却在湖南常德縣附會造出一個桃花源的遺蹟，把附近的一座山，叫做桃源山；山下一個洞，叫做桃源洞；洞外現有石碑堵住，上題「古桃花源」四字，據說是唐劉禹錫的手筆。宋朝更在這洞附近設置桃源縣。畫家也繪之於圖，詩人也頌之於歌，作劇者如清尤侗更作桃花源劇曲，就是演陶淵明辭官歸隱桃花源的故事。

「孟夏草木長，遶屋樹扶疎，衆鳥欣有託，吾亦愛吾廬，既耕亦已種，時還讀我書。窮巷隔深轍，頗迴故人車，歡然酌春酒，摘我園中蔬。微雨從東來，好風與之俱，汎覽周王傳，流觀山海圖，俯仰終宇宙，不樂復何如？」（讀山海經一）

至於他用神話作題材寫成的作品，有讀山海經詩十三首。這是他居家閒暇的時候，讀穆天子傳、山海經之類的異書寫成的，創作時代大概是在他歸隱的後期。陶潛讀山海經詩，是將我國古代的神話故事寫成詩歌，可以說是他的作品中最浪漫的部份。這一首敍述自己讀這些異書穆天子傳、山海經的快樂，可以窮盡宇宙，神遊八荒，是全部作品的總冒頭。

「夸父誕宏志，乃與日競走，倶至虞淵下，似若無勝負。神力既殊妙，傾河焉足有？餘迹寄鄧林，功竟在身後。」（九）

山海經大荒北經：「夸父，不量力，欲追日景，逮之於禺谷」，海外北經：「渴欲得飮，飮於河、渭；河、渭不足，北飮大澤，未至，道渴而死，棄其杖，化爲鄧林。」註

：「夸父，神人之名也。」禺淵，日入處；禺同虞。

「精衞銜微木，將以塡滄海；形夭無千歲，猛志固常在；同物既無慮，化去不復悔。徒設在昔心，良晨詎可待？」（十）

山海經北山經：「精衞，炎帝之少女，名曰女娃。女娃游於東海，溺而不返，故爲精衞，常銜西山之木石，以堙東海。」精衞鳥，其狀如烏，文首，白喙，赤足。

夸父跟太陽競走，精衞想塡平東海，這些奇想猛志，都令人羨慕。

「天地長不沒，山川無改時；草木得常理，霜露榮悴之。謂人最靈智，獨復不如茲；適見在世中，奄去靡歸期。奚覺無一人，親識豈相思？但餘平生物，擧目情悽洏。我無騰化術，必爾不復疑。願君取吾言，得酒莫苟辭！」（形贈影）

「存生不可言，衞生每苦拙；誠願游崑華，邈然茲道絕。與子相遇來，未嘗異悲悅；憩蔭若暫乖，止日終不別。此同既難常，黯爾俱時滅。身沒名亦盡，念之五情熱。立善有遺愛，胡爲不自竭？酒云能消憂，方此詎不劣！」（影答形，立善謂立德、立功、立言）

「大鈞無私力，萬理自森著；人爲三才中，豈不以我故？與君雖異物，生而相依附，結託善惡同，安得不相語！三皇大聖人，今復在何處？彭祖愛永年，欲留不得住！老少同一死，賢愚無復數。日醉或能忘，將非促齡具？立善常所欣，誰當爲汝譽？甚念傷吾生，正宜委運去，縱浪大化中，不喜亦不懼，應盡便須盡，無復獨多慮！」（神釋）

註：大鈞謂上帝。縱浪猶放浪。大化猶今云自然變化。列子天瑞篇：「人自生至終，大化有四：嬰孩也，少壯也，老耄也，死亡也。」莊子大宗師篇：「古之眞人，不知悅生，不知惡死。」

這三首可以稱得上純爲着闡說哲理的詩篇。這種託形、影、神三者的對答來論理的方式，宋周密說是「祖之列子力、命之論。」（請參閱列子力命篇）。他又說：「靖節作『形、影相贈』、『神釋』之詩，謂『貴賤賢愚，莫不營營惜生，故極陳形、影之苦，而以神辨自然』，以釋其惑。形贈影曰：『願君取吾言，得酒莫苟辭。』影答形曰：『立善有遺愛，胡可不自竭？』形累於養而欲飲，影役於名而求善：皆惜生之惑也。故神釋之曰：『日醉或能忘，將非促齡具？』所以辨養之累。曰：『立善常所欣，誰當爲汝譽？』所以解名之役。………又極其釋，曰：『縱浪大化中，不喜亦不懼，應盡便須盡，無復獨多慮。』此乃不以死生，禍福動其心，泰然委順，乃得神之自然耳。」（見齊東野語卷九）。此詩蓋歸於道家老莊的思想，勸人從整天講「保養生命，追求虛名」的煩惱中，解脫了出來，將一切委寄自然的境界。所以葉夢得讚美他說：「此公天姿超邁，眞能達生而遺世」啊！

陶潛一生的事蹟是極平凡的，所以能永垂不朽的是他的生活，人格與作品。他不但是一個偉大的田園詩人，而且是人格高潔的貧士，是不肯同俗合汚的避世隱居的高賢的宗師，也是主張勞動神聖的農人，樂天知命的有名的酒仙。東坡說他「欲仕則仕，不以求之爲嫌；欲隱則隱，不以去之爲高；飢則扣門而乞食，飽則雞黍以迎客。古今賢之，貴其眞也。」因此他的作品與人格高出後代的一般作家。在作品本身，他另創一種質野、沖淡、敦厚、曠遠、浩瀚的風格，一般人不易模仿。與晉太康以來注重浮豔華美、滿篇駢辭麗句的文風，迥然不同。「過江以後，正始詩風又盛，陶潛就是集正始詩風的大成」，成爲兩漢以還第一等大詩人。許彥周詩話說：「陶彭澤詩，顏（延之）、謝（靈運）、潘（岳）、陸（機），皆不及者，以其平昔所行之事，賦之於詩，無一點愧辭，所以能爾。」讀他的作品，「貪夫可使清廉，懦夫可使卓立」，含有感化他人人格的力量，領略到清高峻潔人格的感召力。歷代對他的詩的評價甚多，無法一一列舉。總結陶詩的特點，在風格高騫，情感豐富，比興深微，藻采不豔，託旨平澹，意境閒遠，韻致放逸，說理精警，言語佳妙，有天然自得的奇趣，無斧鑿痕，煙火氣，使後人愛慕嚮往不能自已。而對唐人的影響，尤其深遠。沈德潛說詩晬語說：「陶詩胸次浩然，其中有一段淵深樸茂不可到處。唐人祖述者：王右丞（維）有其清腴；孟山人（浩然）有其閒遠；儲太祝（光羲）有其朴實；韋左司（應物）有其沖和；柳儀曹（

宗元）有其峻潔；皆學焉而得其性之所近」。唐人雖學陶，也有許多不能得其奧妙的。如蔡寬夫詩話說：「淵明詩，唐人絕無知其奧者，唯韋蘇州，白樂天，嘗有效其體之作；而樂天去之亦自遠甚。太和後，風格頓衰，不特不知淵明而已，然薛能、鄭谷。乃皆自言師淵明。能詩云：『李白終無敵，陶公固不刋』。谷詩云：『愛日滿階看古集，只應陶集是吾師』。」可見陶詩對於後人的影響的情形。